명당 찾기의 참된 길잡이

한국의 재혈풍수

鳳田 鄭日均 지음

下

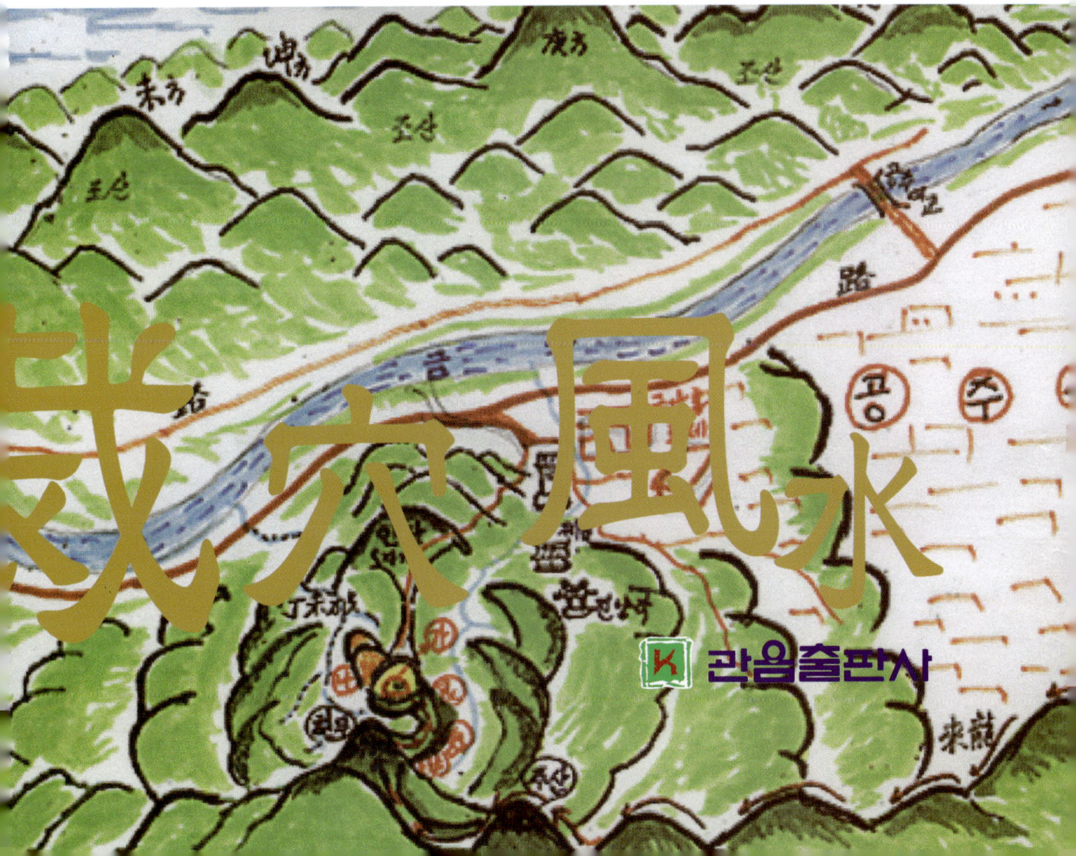

관음출판사

풍수지리 연구회원들과 간산을 겸한 겨울여행 길에 경기도 남양주시 고종황제의 홍릉에 들렸다. 손진(巽辰)→묘을(卯乙)→갑묘(甲卯)에 기대어 능이 조성되었다. 당시 김광석 등 국풍들이 지금도 선명히 드러난 간축(艮丑)룡의 혈성을 못 보았을리 없을텐데……. 의아스러움이 발길을 무겁게 했다.

풍수지리 연구써클 '금윤회' 회원들과 군신봉조형의 명혈 인근에 쓰여진 산소를 간산하고, 곤신, 경유맥의 과맥에 소점한 연유를 되짚어 보았다.

충남 천안시 은석산 아래 '장군대좌형'의 어사 박문수 묘. 4회에 걸쳐 간산했으나 간축(艮丑)→자계(子癸)룡의 매조지 부분에 정혈한 당시 국풍의 깊은 뜻을 헤아리기 어려웠다. 우선 작혈 와국(臥局)의 건술(乾戌) 혈을 지나쳤을리 만무하다. 다시 가볼 참이다.

조선 초기 제2차 왕자난 때 밀려나 희생된 태종(방원)의 형 회안공 방간의 유택(전주시) 국풍을 내려보내 "길지에 잘 모시라!" 명하고는, 제왕연출의 대지라는 보고를 접한 뒤에 주룡의 열군데에 뜸을 떠 권력암투의 깊은 상처가 새겨졌다.
곤미, 오정, 손진에 이은 묘을의 장원룡 매조지에 쓰여진 이 자리가 과연 제왕지지일까? 현무봉 아래의 회두결작인 간축 혈성이 돋보인 것은 필자만의 미혹함일까.

경기도 남양주시 덕소리 석실 후산 김번의 묘, '옥호저수형'의 이 자리는, 艮, 乾, 坎의 二胎交의 진혈임이 분명하다. 그러나 횡룡입수에 낙산대신 孝順沙가 감싼 보국이 아쉽고 속기처의 정혈로, 재견수, 고압한 자기 안산 등 조선 8대 대지라는 평가는 안동김씨 세도와 학조대사의 소점에 의해 과대 평가된 것이라는 생각을 떨쳐버릴 수 없다.

필자와 인연이 닿아 소점 용사한 김해김씨 선영의 간산을 마치고 회원들과 당주(맨 앞)와 함께……, 김용한 어른은 4회에 걸쳐 이곳에 답산한 회원들을 환대했다. 坤兌乾坎艮震巽의 四胎交穴이다.(전남 보성군 회천면 군학리 소재)

금호 평생교육원 풍수지리반 전두환대통령 선조묘 간산 기념 2009.11.20

11년째 인연을 맺어 온 금호평생교육관 연수회원들과 다시 찾은 전두환 전 대통령 조부 전영수의 묘 앞에서……. 곤미, 오정, 손진의 이태교 진혈임이 분명했다.

동작동 국립묘지 일우에 자리잡은 창빈 안씨의 유택, 공작포란형의 시장지이다. 장
군묘역으로 부터 건술(乾戌)→신유(辛酉)→곤미(坤未)의 우선 태교혈이다. 이 묘역
상단 좌측 너머 15m쯤 거리에 고 김대중 전 대통령의 유택이 들어섰다.

국립 헌충원 묘역에 자리잡은 김대중 전 대통령의 유택. 역시 장군 묘역을 기점으로
행룡교도가 건술→신유룡에 쓰여졌다. 창빈 안씨 묘역으로 회두하는 곤미(坤未)룡
직전의 신유룡에 의지하여 정혈된 셈이다.

'금윤회' 연수반 회원들과 간산을 마치고 간산자료를 놓고 상호 의견을 교환하며 토론하고 있다.(○표가 필자)

첫눈이 내리던 2009년 12월 중순 초급반 연수회원 일부와 충주 박씨 입향조(광주 매월동 절골) 산소의 간산을 마치고……, (원내가 필자)

필자가 소전하며 용사하는 음택혈의 외광에 이어 내광을 위해 분금을 측정하고 있다.

천장지비의 명혈 석상와우형
(石上臥牛形)의 간산 도중에
입석(立石) 상부에 굴착하여
쓰여진 괴묘를 보고 있는 필자.
후손의 위선사에 대한 집념에
그저 놀라울 따름이었다.

전북 부안군 석상와우형의 수
구(水口)를 지키는 북신(北辰)

한국의
재혈풍수

下

鳳田 鄭日均 지음

머리말

재혈풍수(裁穴風水) 상권에 이어 그 하권을 동시에 출간하게 된 것을 매우 기쁘고 뜻 깊게 생각한다.

상권의 내용이 재혈론에 따른 교구통맥법의 도출과정과 이법적 근거에 이은 적용방법을 체계적으로 정립하여 집성한데 비하여, 하권은 교구통맥법의 재혈론에 무게를 두고 전국의 유명한 음·양택 명당을 실제 답산하며 그 진혈 여부등 간산평과 소감을 소개한 '풍수기행문'이라고 할 수 있다.

이 내용은 2007년 9월 부터 남도일보 월요판에 전면게재의 규모로 2년 동안 81회에 걸쳐 소개한 바 있다. 이를 근간으로 삼아 풍수지리학적으로 더욱 심화 보충하여 깊이 있고 전문적인 내용이 되게 개작하였다.

본서에는 필자가 현장을 직접 돌아 본 60여개소의 음·양택에 대한 간산체험을 통해 국중(國中) 인물이 배출되었던 명혈을 비롯 조선시대의 왕릉 16개소, 선현들이 남긴 예언성 지명(地名)에 대하여 그 연유를 풍수지리적으로 접근하여 그 연원을 밝혀 보는 내용을 담아 보았다.

풍수기행을 통하여 얻어진 결론은 '인걸은 지령'이라는 풍수지리학의 명구가 실증적인 진리로서 구명되었다는 것이다.

그리고 음·양택간에 길흉(吉凶)의 근원은 지기(地氣)의 진위로서 변별된다는 것을 실제적 체험으로 밝힐 수 있었다는 것 또한 큰 소득이었다.

후천지기(後天之氣)는 동(動)하는 바 그 움직임에는 반드시 일정한 법칙이 있어야 어느 한 곳에 이르러 지기가 응결 승기하는 혈(穴)을 맺을 수 있고 합도에 어긋나면 오직 난동이 있을 뿐 결혈의 뜻을 이루지 못한다는 것을 깨우쳐 교구통맥법의 재혈론을 실증적으로 터득한 점도 답산의 큰 보람이었다고 생각된다.

또한 이런 과정을 거쳐 형기(形氣)를 도외시하면 穴을 맺게 하는 성신과 용맥의 특징을 변별할 수 없고, 이기(理氣)를 간과하고서는 은졸하게 숨어있는 진혈을 정확하게 찾아서 소점키 어렵다는 사실을 구명할 수 있었음도 매우 소중한 체험적 교훈이었다.

이런 소견이 필자 개인의 자기만족적인 예언이거나 자기모순에 기인한 협량한 견해가 아니라, 객관성과 신뢰성이

확보된 정론으로 자리매김할 수 있도록 본서 상권에서 문헌적 이론으로서 밝혔다고 믿는다. 그러나 독자들과 전문가의 평가를 받아 학문적인 설득력을 받을 때까지 정진하고 또 정진할 것을 다짐하면서 이 책이 나올 수 있게 격려와 아낌없는 성원을 보내주신 모든 이들의 마음에 깊은 감사를 드린다.

2010년 9월
71회 생일을 맞이하며

정일균이 씀

[목차]

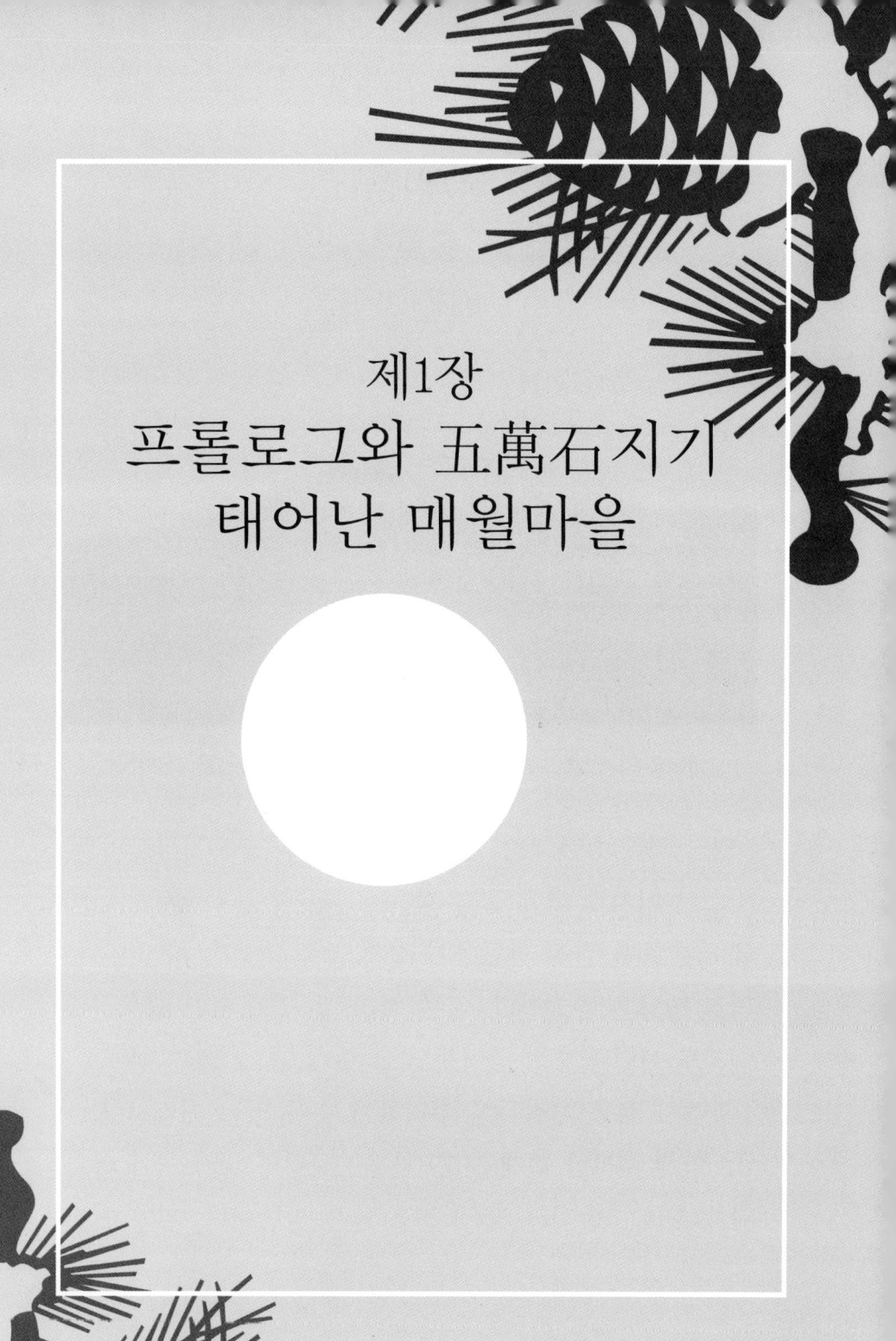

제1장
프롤로그와 五萬石지기
태어난 매월마을

[제1장]
프롤로그와 五萬石지기 태어난 매월마을

[매월마을의 전경. 개금산의 금성체가 부국의 양택을 예지한다.]

　명당(明堂)이란 과연 존재하는 것인가. 풍수지리학의 신비스런 이치로 밖에 설명 할 수 없는 명당대지(明堂大地)에 궁금증을 가진 사람들이 적지 않을 것이다. 그러나 분명코 명당은 존재한다. 굳이 멀리 갈 것도 없이 광주시내에서도 어렵잖게 그 증거를 찾을 수 있다.

　광주시 서구 매월동에 수려하게 솟아 있는 개금산(蓋金山) 밑에 자리한 회재(懷齋) 朴光玉선생의 생가 터가 바로 당대(當代) 5만석(五萬石) 꾼을 낳은 명당이다. 필자가 한

창 풍수지리의 오묘한 이치에 흠뻑 빠져 그 진실여부를 밝혀 본답시고 이곳저곳을 가리지 않고 정신없이 뛰어다니던 30대 초반쯤으로 기억되는 어느 날, 개금산의 수려함에 홀려서 한 시간여를 걸어 당도한 곳이 바로 개금산 아래의 매월마을이었다.

풍수지리학의 이치대로라면 이 마을 어디엔가 몇 만석꾼 정도의 큰 부자가 났을 것이라는 믿음을 가졌다. 이를 확인하기 위해 그 마을의 촌장격(村長格)이 될 만한 어르신(현재 생존해 있음)을 찾아뵈었다. 그 어른은 박정규씨(忠州 朴氏)로 매월마을에서 오랜 세월 살아오고 있는 터였다. 때마침 툇마루에 앉아 산서(山書:풍수지리학에 관한 서적)를 보고 있었기에 반가운 마음과 한편으론 조심스럽게 다가가 인사를 드린 후, 예의 궁금증에 대한 질문을 드렸다. 그 어른은 **"그렇다오. 이 마을에서 조선시대 임진왜란 때쯤인가 5만석꾼이 나왔다는데 그분이 바로 음성 박씨(陰城 朴氏)인 회재 선생이었다오."**라고 답을 주었다. 이어서 그 어른은 "그런데 안타깝게도 대궐같이 컸다는 그 부잣집은 전란 통에 불타 없어지고 지금은 여기저기서 나오는 기왓장 조각만이 그때의 영화를 말해주고 있다오"라고 말하는 게 아니겠는가.

필자는 그저 놀라울 뿐이었다. '후룡(後龍:집터나 묘터의

뒤쪽에 솟아 있는 산봉우리, 즉 주산(主山)을 겸한 현무봉에서 발달한 산맥을 의미함)이 특립특출(特立特出)하면 큰 인물이 태어나는 명당임을 예고한다고 하지만 풍수지리학의 원리가 이토록 맞아 떨어질 수 있다니…' 그저 놀라고 놀랄 따름이었다.

또한 그 재혈의 교구통맥의 마무리 교도가 巽辰→卯乙→艮丑으로 작혈했으니 辰·丑의 교구가 巨富를 기약한다는 단험론이 적중한 셈이어서 더욱 신비롭다. 화산(花山)마을(광주시 동구 소태동-다음회 소개)의 신비함을 확인한지 1년이 지나 찾아간 매월마을에서의 이런 성과는 풍수지리의 신비함을 또 다시 확인한 터라 경탄과 흥분을 가라앉힐 수 없을 정도였다면 너무 과장된 표현일까. 나중에 확인한 사실이지만, 회재선생의 재산은 원래 2만석이었는데 영광, 함평의 현감을 지내면서 선정을 베풀어 그 공을 높이 평가받아 2만석의 사패지를 기본으로 재산증식의 가속도가 붙었다고 한다.

후에 확인한 일이지만 당대의 거부(巨富)가 된 회재 선생은 광주시사(光州市史)에도 그 업적이 기록될 만큼 그 많은 재산을 자신만을 위해 쓰지 않고 군량미로 쾌척하는 등 나라와 이웃을 위해 사용했던 청부(淸富)로서의 본을 보인

명사였던 것이다. 그야말로 '**노블리스 오블리주**[1](noblesse oblige)'의 전형이 아닐 수 없다. 요즘 재벌을 비롯한 있는 사람들이 회재 선생의 본을 받아야 할 부분이 아닐까 생각해 본다. 이른바 축재(蓄財)보다는 용재(用財)를 실천한 사람이 회재선생이었던 것이다. 회재 선생의 이런 업적을 기리기 위해 지금의 풍암지구로 통하는 6차선 도로를 '**회재로**'라고 명명하고 있다.

 회재 선생은 매월마을 앞에 저수지를 만들어 이웃들이 가뭄에도 걱정 없이 농사짓도록 배려했다고 전해지고 있다. 역시 회재 선생의 따뜻한 이웃사랑 실천을 엿볼 수 있는 대목이 아닐 수 없다. 이 저수지는 현재 '전평제'로 불리고 있는데 서구청이 이곳에 나무도 심고 편의시설을 설치한 후 시민들의 발길이 끊임없이 이어지고 있다. 400여 년 전에 만들어진 전평제가 당시에는 물 걱정을 덜어주고 지금은 시민들의 쉼터로 사랑받고 있는 것이다. 이런 사례는 앞으로 회를 거듭할수록 숱하게 제시될 것이다.

---

1) 노블레스 오블리주는 '혜택받은 자들의 책임' 또는 '특권계층의 솔선수범'으로 번역되며, 시오노 나나미의 「로마인이야기」에서 로마 천년을 지탱해 준 철학이라고 강조한데서 자주 쓰여진 말이다.

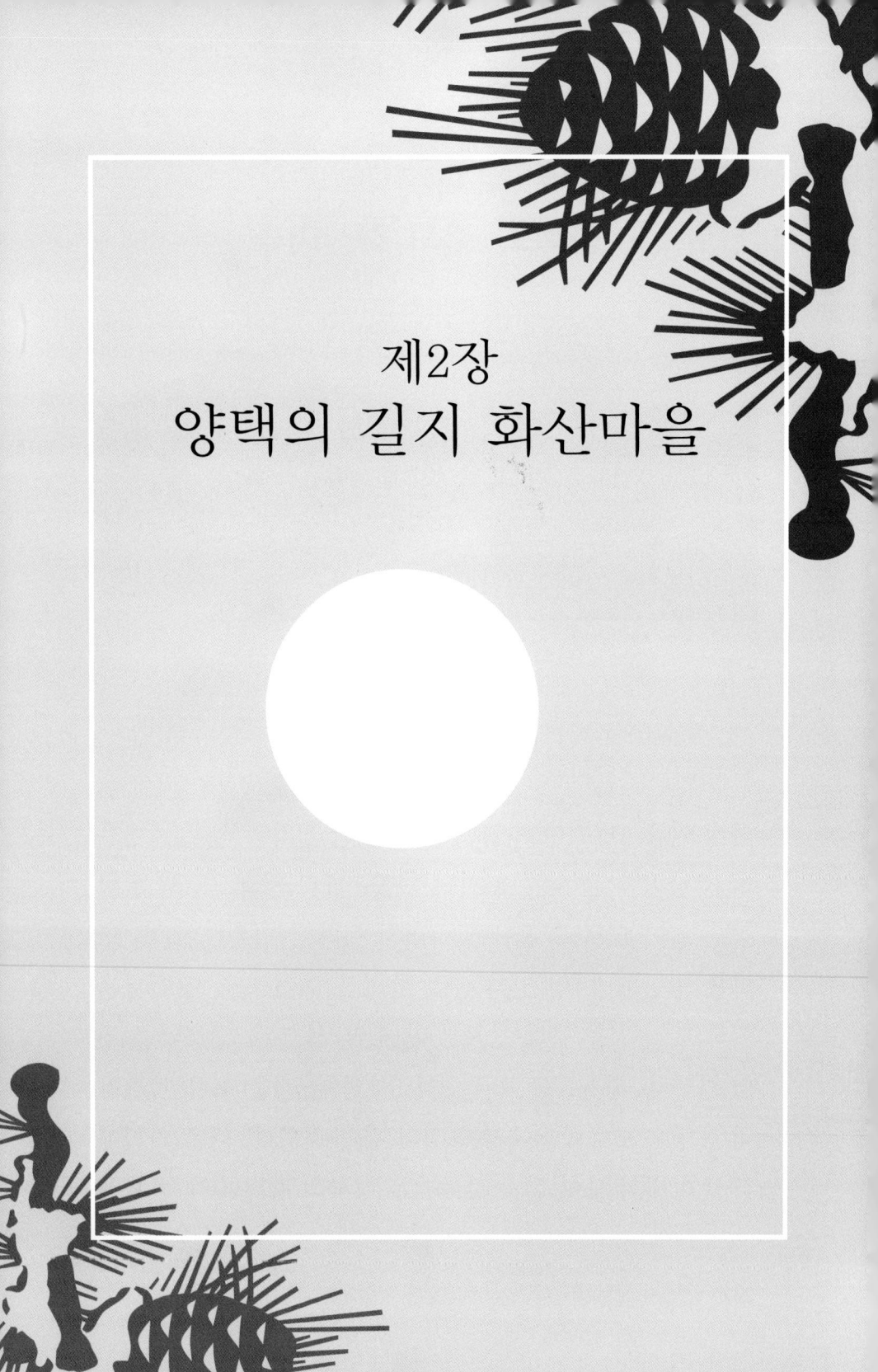

제2장
양택의 길지 화산마을

[제2장]
양택의 길지 화산마을

[노적봉하의 화산마을 전경]

　양택(陽宅:집터)의 길지(吉地)란 과연 존재하는 것인가. 분명히 존재한다고 주장하고 싶다. 다음 회(3회)에서 소상하게 언급하겠지만 지금은 고인이 된 필자의 선고는 쌍둥이 39쌍이 나온 당시의 집터가 싫은데다 양택으로서의 아쉬운 점이 있다고 판단한 나머지 구례땅 일우(一隅)에 또다른 명당(明堂)의 집터(다섯 마리의 鳳이 집을 찾아가는 형국의 집터)를 구해 정착했다. 이후 선고는 5남 5녀를 두었을 만큼 대가족을 이루었다. 사형(舍兄)을 포함한 필자와 동생은 초등학교에서 교직의 길을 걸었다. 다음 기회에 다섯 마리의 봉이 집을 찾아가는 형국의 집터에 대해 자세

히 설명할 기회가 있으므로 이번 회에서는 생략한다.

1960년대 말 무렵 필자가 평교사로 여기저기를 전전하다 경쟁률이 매우 심했던 광주시내(光州市內) N초등학교로 전근와서 도시교육에 적응하기 위해 무던히도 애를 썼다. 1968년 3월이었고 필자 나이 32세 때였다. 광주로 전근해 온 필자는 부임 첫해에 3학년 2반 담임이 되면서 당시 필수과정인 가정 방문길에 나섰다.

당시만 해도 시골길을 돌고 돌아 산골 깊이 자리한 아주 작은 마을을 찾았다. 그런데 그 마을 어귀에 다다른 필자는 마을뒷산(현무봉)의 수려함과 빼어난 기상에 놀라움을 금치 못했다. 가정방문의 본디 목적을 순간 잊어버린채 수봉(秀峰)으로 솟아 오른 그 산세(山勢)에 정신을 빼앗겨 버린 것이다. 예의 풍수지리에 대한 호기심이 발동된 것이다. 그리고는 마음속으로 작은 마을이지만 정녕 이 마을에서는 예사롭시 않은 인물들이 배출됐을 것이라는 나름내로의 가설적인 확신을 가졌다.

가정방문보다 이런 상상에 더 정신이 팔려 스스로 우습기도 했지만 당시엔 어느 곳을 가든지 그렇듯 턱없는 호기심과 풍수지리학적인 예상을 버릇처럼 하곤 했다. 1960년대만 해도 교사가 시골마을에 가정방문을 하면 교사 주위에 어린 제자들이 몰려들었고 마을 이장도 동구 밖까지 나

와 반겨주던 그런 낭만이 있었다. 마을로 안내 하려던 이장을 붙잡고 "이장님 이 마을에서 판·검사급 인물이 족히 서넛 명은 나왔지요."라는 다소 생뚱맞은 질문을 던졌다.(그 시절은 판·검사정도가 배출돼야 인물이 난 것으로 여겨지던 시대였다.) 이장은 때 아닌 질문에 "아니 우리 마을에 대해 어찌 그리 잘 아는지 궁금하다."고 오히려 되묻는 게 아닌가.

지금 생각해보면 경망스럽기 짝이 없는 질문이었다. 말 그대로 기고만장해진 채로 "이장님 틀림없는 사실이지요. 이 마을에서 그 정도의 인물이 배출된 것이…"라고 또다시 다그쳐 물었다. 이에 대해 이장은 "선생님 말처럼 이 마을은 비록 8~9세대 정도의 작은 마을이지만 사시(司試) 합격자가 4명이나 배출됐다."고 확인해 줬다. 그 뒤 중장 예편의 무관도 배출된 것을 확인했다. 가정방문을 마치고 나오면서 그리고 그 다음에도 시안(試眼)이라고 할 것 까지는 아니어도 호기심반 확신반 정도로 풍수지리에 대한 이치를 현장에서 확인하곤 한다. 당시 어설픈 시도에서 나온 질문이 틀림없는 사실로 드러나자 필자는 놀라움을 넘어섰으며 남들이 비웃거나 이상하게 여겨도 풍수지리학을 진지한 관심거리와 진지한 연구과제로 삼아야겠다는 의지를 되새겼다.

몇 해가 지난 뒤에도 예의 그 마을을 다시 찾아가 두루 살펴볼 기회를 가졌다. 마을 가운데를 굽이쳐 흐르던 도랑은 복개돼 도로로 변했다. 현대식으로 단장한 집들이 더 많이 들어서 그 마을은 처음 본 것처럼 큰 규모로 낯설게 변해가고 있었다. 그 가운데 김모 검사의 집과 모 변호사의 집만 나이 많은 부모들이 지키고 있을 뿐(근래 들렸더니 그 부모들은 현재 타계했다고 함) 외지인들이 이사 와서 그 터를 지키고 있었다. 그때 확인한 사실이지만 중장(中將)으로 예편한 모 인사가 빨간 양옥집을 신축해 살고 있었다. 그동안의 망설임을 무릅쓰고 이제까지 익명으로 소개했던 그 마을의 소재를 밝히고자 한다.

　왜냐하면 그 작은 마을에서 왜 그토록 많은 인물들이 배출됐는가를 풍수지리학의 관점에서 한번쯤 진지하게 생각해보자는 제안을 하고 싶은 까닭이다. 행정구역상으론 광주광역시 동구에 속해 있는 화산마을이다. 광주대에서 제2순환도로를 타고 화순방면의 나들목이 나오기 전 오른쪽으로 올려다보면 빼어난 산봉을 발견하게 된다. 그 산이 곧 노적봉이고 그 건너편, 손에 잡힐 듯이 가까운 산이 화산(花山:꽃봉오리 같은 모양의 산)이다. 그래서 이 마을 이름도 화산마을이라 했을 것이라고 생각한다. 화산마을을 형성시키기 위해 우뚝 솟은 노적봉은 그 본원(本源)이 무

등산으로부터 비롯된다.

무등산은 광주 · 전남지역 모든 산의 발원처(發源處:처음 시작되는 태조산)가 되는 조종산(祖宗山)이다. 다만 곡성군 옥과면의 뒤쪽 산맥인 설산(雪山)으로부터 발달한 큰 산줄기(幹龍脈)가 호남고속도로에서 크게 비룡(飛龍:산맥이 치솟아 오름)한 연후에 한 줄기 큰 산맥은 만덕산을 거쳐 무등산을 일으켜 세우지만, 그 중 한 줄기의 큰 산줄기는 꾀꼬리봉을 거쳐 곡성군 통명산(通明山 해발 765고지)을 세운 뒤 곡성군 일대 섬진강 서쪽과 서남쪽으로 연이어 지지만, 무등산의 큰 산봉우리는 전남 · 광주의 모든 산을 통솔하는 태조산(太祖山:한 지역의 산봉과 산맥이 시작되는 모태적인 산)의 위용을 떨치고 있다.

그 무등산의 한 줄기 산맥이 굽이굽이 꿈틀꿈틀 생기있게 돌고 돌아서 화순과 광주 경계인 너릿재를 돌아 지원동 녹동마을의 후산인 분적산을 세운 뒤 낙맥(落脈:산맥이 비탈을 이루며 내리쏟은 상태), 비룡(飛龍), 좌우로 뱀장어가 헤엄치 듯 흔들면서 전진 등을 거듭하다가 한 줄기는 광주시 영역의 모든 산을 커버하는 쥐봉을 솟구쳐 세우고 다른 한 가닥의 용맥이 갈라져 이내 치솟아올라 수려하면서도 힘차게 솟아오르는 노적봉을 만들었다.

그 양옆으로 노적봉으로 이어진 중심산맥을 옹호하는 산

맥이 있으니 그 한줄기가 화산에서 노적봉을 옹위하며 멈춰 섰다. 화산마을에서 노적봉을 바라보고 오른쪽(화산마을에서는 靑龍에 해당)에는 또 다른 산맥이 호종(護從:같이 따라오며 옹호함)하는 산맥이 있으니, 노적봉에 모아진 땅의 기운(地氣)이 예사롭지 않게 서리어 있는 까닭에 큰 인물들을 배출한 것이다. 이곳 양택지의 결혈작국도 巽巳→丙午→坤申의 좌선 교구통맥의 태교혈로 형성되었다.

이는 풍수지리학적 접근 방법일 뿐이다. 현대적인 해석을 곁들이자면 작은 마을이지만 한 집안에서 사시에 합격하자 그 영향을 받은 동네 후배들도 열심히 노력해 연이어 사시합격자가 나온 것으로 여겨진다. 역시 길지에 자리한 집안에선 3성 장군까지 배출했다.

양택의 길지인 화산마을이 공부(면학)하는 분위기가 더해져 훌륭한 인물을 배출했다는 얘기다. 자식 교육에 열성을 쏟아 부은 부모들의 노력도 인재배출에 있어 큰 영향을 미친다고 볼 수 있다. 여염집만 해도 큰 형이 열심히 노력해 일류대학에 가서 고시에 합격하면 농생들도 형의 그런 영향을 받아 열심히 공부하는 이치와 같다고나 할까.

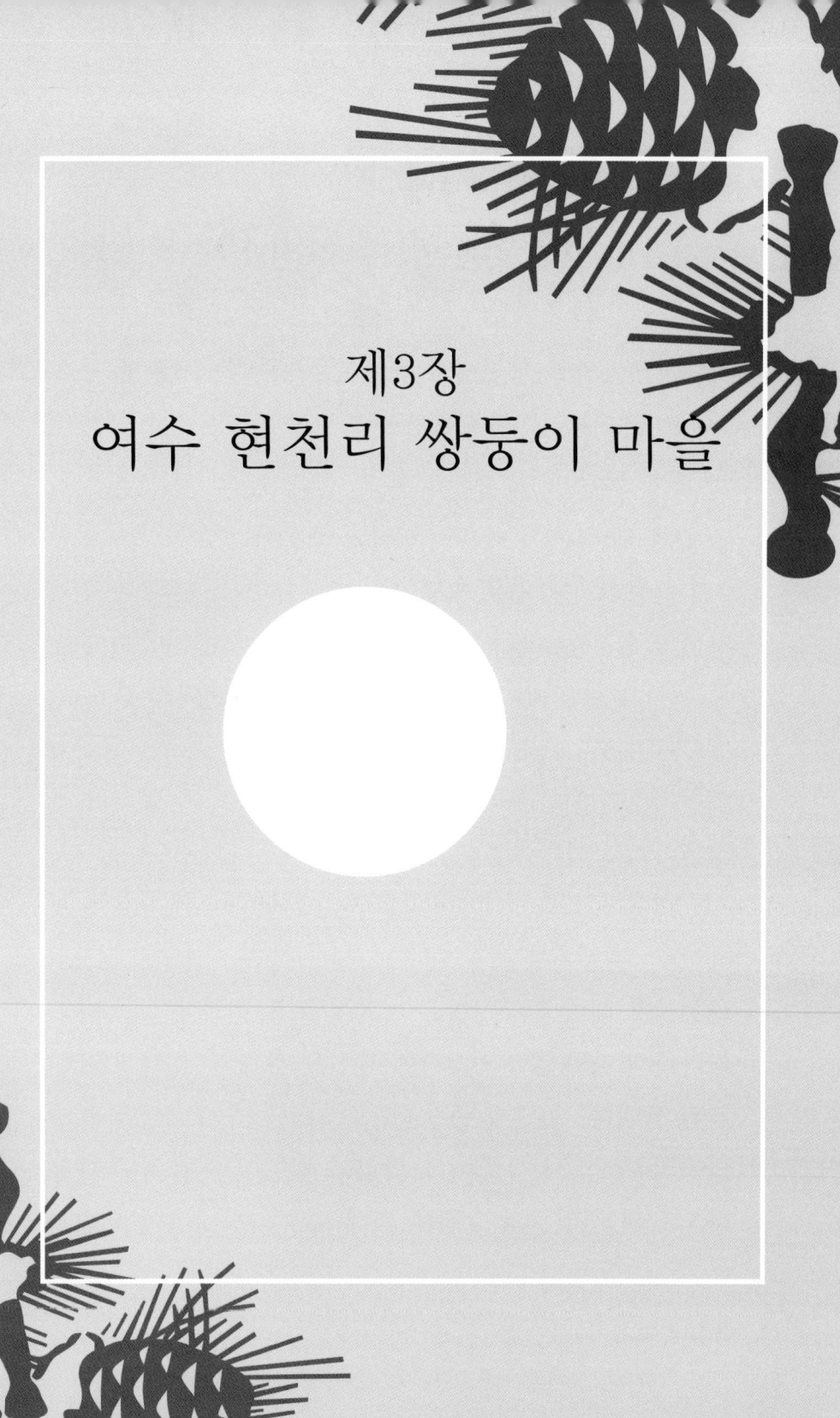

제3장
여수 현천리 쌍둥이 마을

[제3장]
여수 현천리 쌍둥이 마을

필자가 풍수지리학에 남다른 관심을 기울인 까닭은 어쩌면 운명적이라는 생각을 지울 수 없다. 풍수지리학에 관심을 갖게 된 동기가 매우 흥미롭기 때문이다.

필자가 태어난 곳은 요즘 관광지로 유명한 구례 땅 섬진강변의 일우에 자리 잡은 농촌마을이다. 하지만 선고(先考:돌아가신 아버지)의 고향은, 그러니까 필자의 본향(本鄕)은 여수시 소라면 현천리 중촌마을이다. 그곳은 필자로 해서 8代祖부터 자리 잡고 200년 넘게 살아온 鄭家의 집성촌이기도 하다.

이 마을은 1970년대 중반 무렵부터 쌍둥이 마을로 유명해졌다. 본향이자 조상 대대로 살아 온 땅이 바로 39쌍의 쌍둥이가 태어나 중앙방송 매체를 통해 전국에 알려졌다. 따라서 필자가 풍수지리학에 관심을 두게 된 인연으로 연결된 셈이다. 70년대 중반쯤으로 기억된다. KBS TV 중앙방송의 저녁 9시뉴스에 느닷없이 쌍둥이 마을이 소개됐다. 그 뒤 시청자의 요청에 의해 또 한 번 방송이 되면서

현천리는 전 국민의 관심과 흥미의 대상이 됐고, 결국 세계적인 진기록으로 인정받아 기네스북에 오르게 될 만큼 유명해졌다.

[마을을 싸고 도는 산봉이 연꽃잎 같다는 쌍둥이 마을의 산도로 주산과 현무봉에서 쌍맥이 출맥, 쌍태아 다출을 기약한다. Ⓐ, Ⓑ, Ⓒ의 3마을 중에서 Ⓐ마을인 중촌에서만 쌍둥이가 태어났다.]

그때까지만 해도 필자는 종가(宗家)의 마을이지만 자주

현천리에 들리지 못했다. 그저 쌍둥이가 많이 태어난다는 이야기만 전해 들었을 뿐, 그토록 전국의 톱 뉴스거리가 될 줄은 전혀 모른 채 어린 시절을 보냈다. 그런데 세계적인 진기록이 될 만큼 쌍둥이가 많이 태어난 마을을 종가로 두고 있는 인연이 바로 풍수지리학에 관심을 갖기 시작했기 때문에 운명적인 것이 아니냐는 생각이 든 것이다.

[중촌마을과 그 주산]　　　　　[멀리 쌍태봉이 보인다]

　그리고 돌아가신 선친이 가무내(玄川) 종가의 둘째 아들로서 호의호식한 처지인 당시의 좋은 생활을 마다하고 굳이 멀리 떨어진 구례 땅 일우에 새 터를 잡아 어려운 객지 생활을 택한 이유가, 풍수지리학적인 조건 때문에 쌍둥이가 많이 태어났고, 그 쌍둥이 터가 싫어 그곳을 떠났다고 한다. 또 쌍둥이 마을터가 부(富)만 있지 귀(貴)가 없는(인

물이 나지 않는 터) 그 곳이 오래 살만한 양택지(陽宅地)로서도 마땅찮아 22살 약관의 나이에 이향(離鄕)한 사실을 알면서 부터 과연 풍수지리학이 미신이 아니라 그 속에 불가사의한 이치가 깃들어 있지 않나 하는 생각을 떨쳐 버릴 수 없게 한 것이다.

그리고 선고가 틈만 나면 '인걸(人傑)은 지령(地靈)'이라는 말로써 풍수지리학적으로 좋은 땅에서 훌륭한 인물이 난다는 것을 강조 하곤 했다. 쌍둥이 마을로 유명해진 현천리 중촌 마을은 마을 어귀에 가뭄에도 마르지 않은 샘물이 있는데 아들딸을 못 낳아 애태운 사람들이 그 샘물을 많이 떠다가 마셨다고 한다. 이 뿐만이 아니었다.

학계에서도 쌍둥이가 많이 태어나는 원인을 규명해보자는 노력이 시작됐다. 그리고 유명하다는 지관(地官:풍수지리가)들의 발길도 끊이지 않았다. 당시 서울의 K의대에서 그와 관계된 전문 학자들을 쌍둥이 마을 현지에 싱주시켜 특별연구시설을 마련한 뒤 3년에 걸쳐 그 신비스런 출생의 비밀을 캐내려는 의욕석인 노력을 펼쳤나. 그렇지만 이렇다 할 성과를 거두지 못한 채 미완의 장을 남겨두고 철수했다고 한다.

당시 필자의 선고는 "인걸은 지령인 것을…"이라면서 시큰둥한 반응을 보였다. 그러면서 "이미 몇백년전에 풍수

지리에 정통한 일지(一指)스님이 그 현천땅을 일러 연화부수형(蓮花浮水形:연꽃이 물위에 떠 있는 모양의 명당)의 양택길지라는 말을 남겼고, 발복(發福)과 더불어 백년쯤 지나면 큰 부자가 나고 더불어 쌍둥이가 줄을 지어 태어날 것이라고 예언을 했으니, 풍수지리학을 너무 무시해서는 안 된다"고 강조하곤 했다. 아닌게 아니라 쌍둥이 마을에서는 만석꾼이 세번이나 나왔을 만큼 부촌(富村)으로도 알려졌으나 이상하리만치 귀(貴)라고 일컬어지는 인물은 나오지 않았던 것이다.

고승 일지스님의 예언이 이토록 적중해 예증된 것을, 마냥 허무맹랑한 미신이나 속설로만 치부할 수 없겠다는 생각이 필자의 마음속 깊이 자리잡으면서 풍수지리학에 대한 호기심과 연구의지는 높아만 갔다. 쌍둥이 마을을 간산(看山:터를 풍수지리학적 관점에서 자세히 살피는 것)하고 평가했던 옛 선사의 예언이 관점이나 이론적 근거 없이 내킨 대로 제시되지 않았을 것이라는 믿음으로 현재까지 풍수지리학에 매달리고 있는 것이다.

일지스님은 연화부수형의 양택지이니 물 관리를 잘해야 한다는 당부를 잊지 않았다고 한다. 이 예언 또한 필자를 놀라게 한다. 왜냐하면 쌍둥이 마을은 원래 면소재지인 덕양으로 연결된 곳을 제외하곤 3면이 바다로 둘러싸였던

반도형국의 지형적 특성을 안고 있었다. 그러나 일제 때 마을 뒷산너머의 바다를 막아 간척지를 만든 뒤부터 마을 앞 소라남초등학교 부근의 언덕까지 넘실거리던 바닷물이 끊겨 버렸다. 그 이후론 그렇게 부촌이던 마을이 쇠락의 길로 접어들었고, 풍요를 누리던 옛 부자마을의 모습은 어디에도 찾아볼 수가 없게 됐다고 한다. 안타까운 일이 분명하다.

풍수지리학에서는 땅(星辰과 龍脈)과 물은 음·양의 합국(合局)으로 조화를 이루는 중요한 변인이어서 그 두 변인이 갖추어진 것과 그렇지 못한 것은 매우 큰 차이가 난 것으로 규정하고 있다. 이는 연화부수형의 명당에만 적용되는 변수가 아니라 양택이든 음택(陰宅:죽으면 묻히는 땅)이든 산세와 수세는 서로 조화를 이루는 주요 요인이라는 것이 옳을 것이다.

39쌍의 쌍둥이, 그도 75세대의 단위마을 중 그 가상(家相)의 향방(向方·뒤 主山을 뒤꼍으로 삼고 동쪽을 바라본 집-山圖참고)이 같은 35세대의 집과 11개 성씨의 가정에서만 출생된 엄연한 사실을 과학이 따라잡지 못했다고 해서 어쩌다 일어난 현상이거나 믿어서는 안 될 미신으로만 치부해 버릴 수는 없을 것이다.

한번쯤 진지하게 고민하고 사색하며 탐구해볼 분야라고

여겨진다. 그리고 일제가 우리 민족의 정기를 말살하기 위해 명산과 명당에 쇠말뚝을 박아버린 만행을 저질러 왔다.

그래서 이런 쇠말뚝을 제거하려는 민간단체가 왕성하게 활동하고 있다. 쌍둥이 마을도 물길을 막아 버린 일제에 의해 쇠락의 길을 걸었다는 점을 감안하면, 국력은 역시 강해야 한다는 사실을 역설적으로 증명해주고 있는 셈이다. 이 양택에 관한 내용은 ㊖권의 프롤로그에 상술했으니 참고하면 된다.

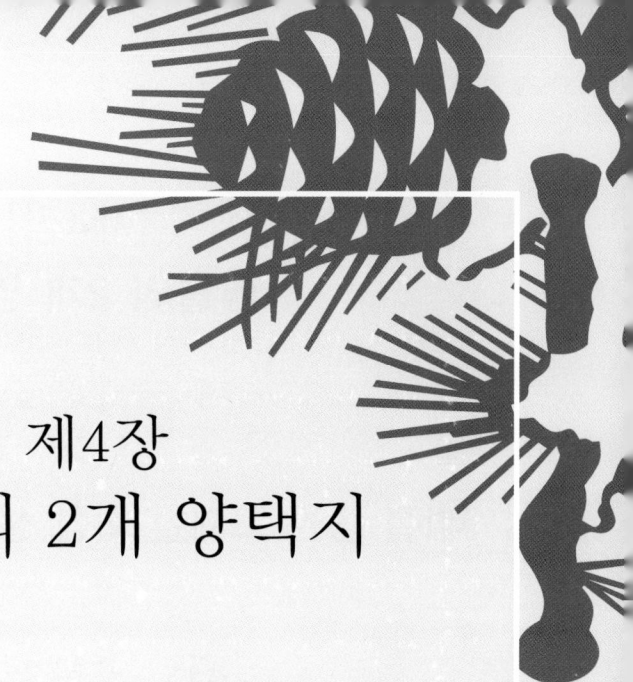

제4장
西倉의 2개 양택지

[제4장]
西倉의 2개 양택지

제1절 송원 고제철 회장 생가 구룡 마을

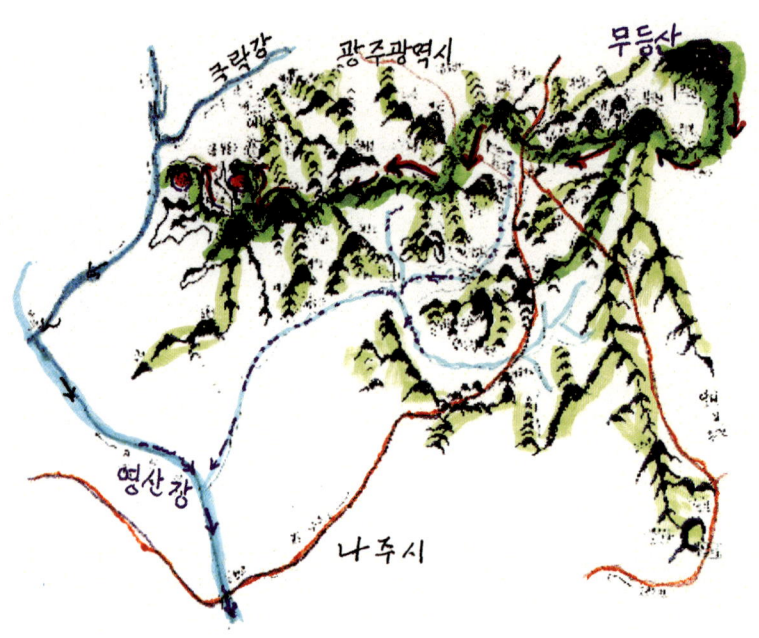

[용두동 봉황산하의 2대 양택 명당이 형성 작혈되기까지의 본원의 용맥 행도과정도]

어느 고을이든 큰 부자(富者), 큰 인물(人物)이 배출되면 그 인물이 태어난 생가터(陽宅)가 명당이라고 생각한다. 아니면 그 인물의 윗대 선조(先祖)들의 묘터가 명혈대지(名穴大地:이름이 날만큼 큰 명당)에 자리 잡아 음덕(蔭德)을 입어서 그렇게 된 것이라고 믿게 된다. 그러한 과정에서 어느 곳은 음택(陰宅:사람이 죽어 묻히는 곳) 명당의 땅이고 또 어느 고장은 양택(사람이 현세의 삶을 누리는 곳) 명당의 터로서 더 유명해진다. 즉 생거진천(生居鎭川:살아서는 진천땅), 사후용인(死後龍仁:죽어서는 용인땅)과 같은 전설이 곧 그 것을 의미해 준다.

전남지역도 그러한 전설이 고장마다 전해지고 있으나 지금은 몇몇 고령층의 터줏대감들 사이에서나 기억될 따름이다. 광주땅 역시 마찬가지다. 생거두암(生居斗岩:살아서는 두암땅) 사후본량(死後本良:죽어서는 본량땅)이라는 말이 전해진다. 아마 꼬두뫼라고 옛 사람들이 불렀던 그곳에 양택 명당이 있다는데서 '살아서는 두암땅'이라는 말이 전설처럼 불리어졌을 것이다.

또 본량의 용진산 아래에 아직도 주인을 기다리고 있다는 호남 8대 명당인 만월괘서형(滿月掛西形:보름달이 서쪽에 걸려있는 듯한 형세)이 있다고 전해진 까닭에 죽은 뒤에는 본량의 명당에 들어가고 싶은 염원에서 그런 말이

진해진다고 본다. 필자가 조사한 바로는 본량땅에도 주택지로서의 훌륭한 터가 존재하고, 그 양택의 길지에서 이미 상당수의 인물들이 배출되고 있다. 광주땅에서 풍수지리학의 이치대로라면 생거두암도 물론 그에 합당한 삶의 터전이지만 그에 못지않게 생거서창(生居西倉)이라 불리어도 손색이 없지 않나 싶다.

그 것은 풍수지리학의 이론에 입각해서도 상락(上落), 중락, 하락 중 그러니까 명당터를 형성하게 하는 원리에서, 그 터를 형성하는 태조산(太祖山:명당혈을 형성하게 하는 발원의 산봉우리)의 곧장 아래의 땅(상락) 보다 더 부드러워진 중락을 거쳐 살기(殺氣)를 완전히 벗고 서기(瑞氣)로 변화돼 온후한 하락의 위치에 있는 땅이 명당으로서의 요건이 더 갖춰진 터라고 한다.

이런 이치에 비춰 봐도 광주·전남의 태조산이라 할 수 있는 무등산 바로 가까운 터보다는 박환(剝換:조악하고 딱딱하며 거친 산맥이 점점 아름답고 부드러워지는 과정)이 잘 돼 좋은 지기가 가득 서리어진 서창땅이 양택 명당으로 적정한 곳이 아닐까 싶다.

예컨대 과일이 해묵고 거친 원둥치의 나무보다 새로 돋아난 부드러운 가지에서 맺는 이치에 비교된다. 이는 이론뿐만 아니라 이미 태조산인 무등산의 용맥(龍脈)이 기복

(起伏), 이위(꾸불꾸불 생동감 있는 움직임), 박환의 과정을 거쳐 황룡강 가까이에 자리 잡은 봉황산(鳳皇山) 아래의 구룡마을과 봉학마을로 이어진다. 따라서 구룡마을에선 호남 거부인 송원그룹 고제철 회장이 배출되고 봉학마을에선 국중인물(國中人物)의 반열에 오른 김동신 전 국방부장관이 배출됐다. 또 시장 및 교육감 등 요직에 오른 인물도 많다.

[복원된 고제철 회장의 생가]

고장은 물론 나라의 발전에 기여해 온 인물들이 줄지어 태어났다는 사실에서도 대촌(大村)을 포함한 서창 땅이 더할 나위 없는 풍수지리학적 명당 요건을 갖춘 곳임이 입증된다. 명당의 핵심을 한마디로 말하면 용진혈적(龍眞穴的:

산봉우리는 빼어나고 거기에서 이어진 산맥은 생기있게 내려와 서기가 가득히 서려 응축된 터를 적확하게 형성하는 것과 이런 곳을 어김없이 찾아내는 이치)이라고 정의하는 데는 이론의 여지가 없다.

풍수지리를 연구하고 관심을 갖는 학자는 물론이고 일반적인 상식을 갖고 있는 사람들 사이에 그 주의주장이 십인십색(十人十色)일 만큼 서로 다르긴 하다. 그러나 용진혈적이 풍수지리학의 핵심적 원리라는 데에는 이론의 여지가 없다. 생거서창이라고 할 만큼 그곳은 용진혈적의 풍수지리적 이치에 합법한 땅일까. 수년전 어느 날 이른바 내노라하는 풍수연구가들이 한데 모일 기회를 가졌다. 이미 발복의 명혈로 알려진 봉황산 아래의 부귀지지(富貴之地)를 확인하기로 작정하고 이내 현지를 향해 출발했다.

우선 무등산으로 부터 발원해 내룡(來龍)한 용맥(산맥의 줄기)이 화순으로 통하는 너릿재를 돌아 광주에서는 무등산 다음으로 높다는 분적산을 일으켜 세운 용맥은 화산마을 가까운 제2 순환도로로 낙맥한 연후에 기룡(起龍)하고 회룡(산맥이 좌우로 선회함)해 금당산을 세운 뒤 금당산 줄기가 절골 가까운 학산(鶴山)을 세운 다음 서남방으로 다시 회룡해서 하늘높이 치솟아 드디어 명산인 봉황산을 특립시켰다.

그런 연후에 그 중 하나의 지맥(가지쳐 나누듯 산맥이 갈래 지워 나아감)이 봉학마을로 내려앉아 토성체(土星體:봉우리가 일자형의 산)로 마무리한 뒤 꿈틀꿈틀 살아 움직이는 산맥이 휘돌아 안착한 곳에 평범한 주택이 동남향으로 세워져 있었으나 사람이 거주하지 않은 빈집이 있었다. 비어있는 그 주택지가 혈적(기를 담고 내려온 산맥이 그 기를 서리게 한 곳)이 틀림없구나 하는 생각과 믿음으로 그 마을에 오래 살아온 어른에게 물으니 "그 집이 바로 4성장군과 국방부장관이 태어난 탯자리다."고 확인해 줬다.

봉황산의 후중하면서도 빼어난 자태와 그 기상을 마무리하여 정리한 현무봉(玄武峰:집터나 묘터의 바로 뒤쪽에 솟아 있는 산으로서 멀리 내룡한 산맥을 따라 전해온 지기(地氣)를 터에 고스란히 내려보내기 위해 뭉쳐진 취기의 산봉우리)이 일자문성(一字文星)의 토성체로 형성된 것 모두가 예사로운 터가 아님을 증명해 준다. 새삼 명혈의 발복에 감탄하면서 그 봉황산에서 서남쪽으로 크게 낙맥해 사뿐히 내려 앉아 우선(右旋:시계바늘 반대 방향으로 회룡하는 산맥의 형세)해서 평화롭게 자리 잡은 20여세대의 구룡마을에 당도해 당대 거부가 태어난 양택지를 찾아 나섰다.

처음에 찾아간 곳은 마을 뒤의 첫 번째 만두(巒頭:나즈

막한 산봉우리)의 대밭 아래 그럴싸한 고택 기와집이 송원 고회장의 생가일 것이라고 생각했으나 허사였다. 송원 고회장의 생가터가 아니었기에 다시 용맥(산줄기의 맥)을 따라 양택지를 찾아 헤맨 지 1시간여 만에 보기에도 초라한 토담집(현재는 복원됨)을 확인해 보니 그 집이 바로 송원 고회장의 생가였다.

회룡고조형(回龍顧祖形:산맥이 180도를 빙글 돌아 다시 혈을 맺어 할아버지 산인 봉황산을 돌아보는 형세의 터)의 보기 드문 명터인데다 다시 한 번 숨고르기(結咽:짤록한 산의 형세)를 한 산맥의 줄기가 끝마디로 치솟아(비룡) 오른 뒤에 우측으로 감돌아 작혈(作穴)했으니, 삼태(차후 설명예정임) 교구의 형국이었다.

앞에서 소개했던 '생거서창'의 내용을 좀 더 자세히 살펴보기로 한다. '봉전과 떠나는 풍수기행'이 보다 뜻있는 이야기가 되기 위해서는 첫째 재미를 느끼고, 둘째 점점 관심을 높여가는 이야기가 돼야 하며, 셋째 풍수지리에 대해 알고 싶은 학문내용을 쉽고 깊이 있게 써야 한다는 점이다.

서창 땅에서 유명인사가 배출된 연유가 정녕 길지의 집터 때문이었을까 하는 정도의 관심과 흥미는 유발됐다고 생각한다. 그러나 서창 땅(지금은 서창동과 용두동으로 나

뉘어져 봉황산 아래의 명터라고 해야 적정하다고 봄)에서 그런 유명 인사들이 태어났다는 사실을 새삼 알고 나서부터 그 양택지에 관심과 흥미를 갖게 됐다면, 독자들에게 사실보도화의 단순 의미를 벗어나지 못했다는 안타까움에 사로잡히게 된다. 그렇다고 세 번째의 집필 관점인 풍수지리학의 학리적 전문성을 강조하는 내용에 치우치다 보면 결국은 너무 난해함에 식상해서 독자들로부터 흥미와 관심을 잃고 말았다는 혹독한 비판을 받을 것은 불을 보듯 뻔한 이치다. 따라서 풍수지리학이 너무 어렵고 난해한 까닭에 가급적이면 쉽게 풀어쓰려고 노력한다.

교단생활 44년 동안 깨우친 것이 하나 있다면 아무리 어려운 내용도 쉽게 풀어서 이해하도록 여러 방안을 강구하면 학생들도 마침내 그 내용을 이해한다는 사실이다. 교육학자 브르너도 그의 저서 교육구조론에서 그토록 어려운 아인쉬타인의 상대성 원리일지라도 알기 쉽게 풀이서 교육의 대상의 수준에 맞게 뜻을 가르쳐 주면 어렴풋이 이해할 수 있다고 역설한 바 있다.

필자도 독자들의 눈높이에 맞춰 풍수기행의 항로를 개척해 가기로 작정했다면 너무 경망스런 집필태도 일까. 며칠 전 용두동 봉황산 아래 자리 잡은 양택 명당인 구룡(九龍)터와 봉학(鳳鶴)터를 찾아 나름대로 열심히 살펴보고 산도

(山圖)를 스케치했다. 그동안 5~6회 방문한 곳이지만 막상 이 글을 쓰기 위한 준비과정으로 간산(看山)에 임하는 필자의 마음은 긴장되고 매우 생경스러웠다.

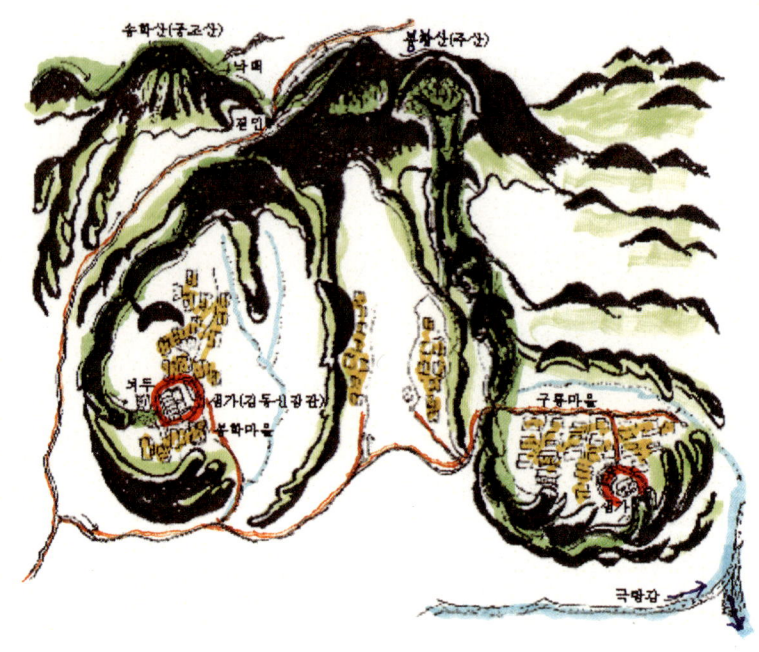

[송원 고제철 회장 구룡 생가와 김동신 장관의 봉학 생가터 산도]

봉황산에서 내려다 본 용두동의 전경은 비록 상징적인 동물로 알려진 것이지만 그 형상이 틀림없는 용의 머리 부분임을 한 눈에 알아볼 수 있다. 송학산(松鶴山)에서 급락해 평지에 내려온 산맥(풍수지리학에서 용이 움직이는 형

상과 같다 해서 용맥이라고 함)은 벌의 허리처럼 짤록하게 모아진 다음 다시 봉황산으로 치솟아 올라(飛龍) 마치 봉황이 비상하듯 양 날개를 활짝 펼친 형세로서 강룡(强龍)임이 틀림없었다.

그런 용세(龍勢)라면 두서너 자리의 혈은 족히 맺을 수 있을 것이라 여겼다. 아닌 게 아니라 봉황산의 왼쪽에 모아진 목성체(木星體) 수봉(秀峰)에서 출맥한 한줄기 용맥은 김동신 전 국방장관의 생가가 있는 봉학마을로 꿈틀거리면서 내달아 내려갔다.

봉황산 중간쯤에서 다시 가깝게 낙맥 비룡해 금성체의 수봉을 세운 다음 출맥한 다른 한줄기의 생기 있는 용맥은 급락(급경사를 이루며 내리쏟아 내룡한 산줄기)한 다음 마치 세찬 물줄기를 가르며 헤엄쳐 나아가는 뱀장어처럼 좌우로 꿈틀거리며 구룡마을터로 향해 내룡하고 있었다. 그러니까 특립 · 특출한 봉황산의 정기가 양쪽마을의 명당양택을 주관하는 주체이므로 양대 주산이 영락없이 봉황산임을 확인할 수 있었다.

구룡터는 봉황새가 용으로 화(化)했으면서 그 것도 9마리의 용이 되었으니, 그 움직임을 면면히 살펴보면 비록 주산이 봉황의 이미지를 지녔다 해도 거기서 출신한 용맥의 힘찬 형상이 마치 용틀임치며 나아가는 용의 움직임과

같다. 따라서 용에 빗대어 이름이 붙여졌고, 나아가는 용맥의 행도(行度:산맥의 줄기가 나아감에 있어 합법적인 각도를 형성하며 움직임)가 여덟 번 변전박환(變轉博換:용맥이 交度를 달리하며 변해가는 모양)을 이루며 양택지에 당도했으니 구룡이라(8번 변전하면 봉우리는 9개가 됨) 명명했을 것이다. 새삼 선현지사들의 형안(炯眼)에 경탄을 금할 수가 없다.

마을 뒤로 극락강과 황룡강이 합수돼 본(本)터를 싸안아 돌아 흘러 영산강으로 이어져 흘러가니 물과 땅이 어우러진 조화로운 명당임을 확인할 수 있다. 물형(物形)으로 따지면 회룡해 언덕아래에 자리를 정했으니 회룡고조형세(回龍顧祖形勢)의 파상반룡형(坡上蟠龍形)이 아니겠는가 하는 생각이 든다.

송원 고제철 회장의 생가터에서 주위를 살펴보면 내룡한 용맥이 180°를 휘돌아 정혈(定穴)했음이 확연하다. 뿐만 아니라 입혈작국 또한 우선의 3태 교구통맥에 적중되고 있었음이 밝혀졌다.(異辰→卯乙→丑艮→子癸→戌乾) 그리고 극히 자연스럽게 주산(봉황산)과 중조산(송학산)을 바라보고 앉았으니 돌아서 자리 잡은 혈이 할아버지격인 조종산(祖宗山)을 돌아보는 형세이므로 회룡고조형국임이 틀리지 않다. 그 물형 역시 현무봉(주산에서 내려온 맥)이

마지막 지기를 응결시키기 위해 나지막하게 세워진 만두 아래 언덕진 곳에서 구룡의 마무리를 맺었으니 언덕위에 서린 용(파상반룡형)이라 이름 붙여진 것이라 생각된다.

수년전 무슨 인연이었든 간에 송원 고제철회장과 함께 이 명혈을 찾아서 생가 복원에 관한 이야기를 나눌 기회를 가졌다. 그야말로 토담집이었던 생가터에 새롭게 단장한 후 송원연제(松源燕齊)라는 이름으로 복원된 소박하면서도 단아한 가택이 눈길을 끌었다. 또 주변에 둘러쳐 쌓은 담장과 정자며 대문이 생가터를 보전관리하려는 당주(堂主)의 의지와 애착심을 엿볼 수 있었다.

[복원된 고제철 회장의 생가]

구룡터 그 중에서도 호남의 재력가를 탄생시킨 명혈양택지야말로 '인걸은 지령'이라는 풍수지리에 스민 뜻을 다시

금 음미하게 하는 중요하고도 검증된 땅이 아닌가 하는 생각이 들었다. 이런 생각을 뒤로하고 김동신 전 국방부장관을 배출한 봉황산 아래 또 하나의 명터인 봉학마을로 발길을 옮겨 볼까 한다.

제2절 김동신 前 국방부장관 생가 봉학마을

'하늘의 별따기'라 할 만큼 어렵고 험난한 역경을 딛고 육군참모총장과 국방부장관을 역임한, 이른바 장상(將相)으로 불리는 김동신(金東信) 전 장관이 태어난 또 하나의 양택명당인 봉학(鳳鶴)마을을 찾았다. 봉학마을은 이 마을을 이루기 위해 내룡한 산맥이 무등산으로부터 달려오다가 서창지구에 이르러 가장 힘차고 후중하게 솟아오른 주산, 현무를 배경으로 한다. 특히 구룡마을 및 봉학마을의 2대 양택길지를 형성하기 위해 일차적으로 땅의 기운을 응결시켜 가다듬은 중조산(中祖山)격이라 할 송학산(松鶴山)의 鶴자와 봉황산(鳳凰山)의 鳳자를 따서 합성한 동명(洞名)이 바로 봉학마을이라고 한다.

봉학마을 역시 봉황산의 정기가 오롯이 마을터로 모아져 아늑하게 자리 잡아 상서로운 기운(氣運)이 감도는 전형적

인 양택명당임을 한눈에 알아 볼 수가 있었다. 오히려 봉황산 정상에서 내려다 본 마을터보다 마을에 들어서 느끼는 포근함과 주변의 조화로운 구조가 더 돋보였다고나 할까. 같은 봉황산 자락의 출신이지만 봉학마을을 이루기 위해 발원(發源)한 주산의 모습은 둥그스레한 구룡터의 발원처와는 사뭇 다른 우뚝 솟은 목성체(木星體)의 수봉(秀峰)인 것이다.

[김동신 전 국방부장관 생가에서 바라본 봉황산이 손에 집힐 듯 다가와 보여 생가의 포근함과 주변의 조화로운 구조가 돋보인다.]

바로 그 아래에 또 다시 지기를 응축시키기 위해 형성된 나지막한 산(玄武峰이라고 함) 봉우리는 마치 한자의 '一

字'모양으로 산 정상이 이뤄진 토성체(오행의 水火金木土 중 土를 일컬음)를 이루었으니, 국중(國中)에서 이름이 알려질 수 있는 걸출한 인물이 배출될 것이라는 것을 이미 예고하고 있었다. 그 현무봉의 토성체(一字文星)에서 내려온 산맥은 우선(右旋:시계바늘 반대방향으로 휘돌아 내룡한 산줄기)을 거듭하며 마무리하는 산맥이 나지막하면서도 힘차게 후중한 만두(巒頭:한 덩어리의 큰 봉우리)를 형성시켰다.

이후 다시 한 번 회두(回頭:돌아서 산줄기의 머리를 진행시킴)해 사뿐히 내려앉은 그 곳에 자리 잡은 평범하면서도 옛 모습을 그대로 보존하며 관리한 고택(古宅)이 바로 김 전장관의 생가였다. 이 터 역시 회룡고조형세(回龍顧祖形勢)의 모습을 갖추었다. 또 그 물형(物形)은 봉황포란(鳳凰抱卵:봉황새가 알을 품고 있는 모습)이라는 이름이 붙여질 수 있는 형국이 아닌가 여겨졌다. 물형만이 아니라 작혈의 교도 또한 우선작국의 辰巽→卯乙→丑艮→子癸→戌乾 교구통맥법에 적중되니 武·富가 기약되는 땅이다.

그 집터가 조금 높은 지대에 자리 잡았으면 비봉귀소형(飛鳳歸巢形:봉황이 집을 찾아 날아드는 형국)으로 보이겠지만 본양택지(本陽宅地)는 가장 끝자락의 낮은 곳에 자리 잡았으므로 봉황포란형이라 해도 크게 틀리지 않을 성 싶

다.(물론 물형이란 보는 사람의 시각적 관점에서 달리 설정될 수 있으니 그 점 이해 바란다.) 봉황산을 동일한 주산으로 삼아서 구룡터와 봉학터의 양택지를 결혈(結穴)시킨 2대 명당을 돌아보면서 한 곳은 부국(富局)의 양택명당이고, 다른 한 곳은 무인(武人)의 귀격(貴格) 양택명당으로 나뉘어졌음을 확인할 수가 있는 것이다.

그것은 어디에 연유한 것일까. 독자들의 궁금증이 클 것이지만 지금 당장 그 까닭을 밝혀서 상세하게 기술하는 것은 크게 무리한 것이라 여겨 이쯤에서 글을 맺을까 한다. 구룡마을과 봉학마을의 이야기를 멈추면서 못내 안타까움으로 남는 것은 이렇듯 검증된 명당터를 그냥 보존하고 관리하는 데에서 한 걸음 나아가 후손들을 살게 하면 어떨까 하는 생각을 지울 수 없다는 점이다. 생기있는 자연환경을 우리의 삶에 유익하게 활용하는 것을 근본 목적으로 삼고 있는 풍수지리학의 본실에 접근시키는 일이야말로 매우 바람직한 일이라고 여겨지기 때문이다.

이 글을 읽는 독자 중엔 풍수지리를 깊이 연구하거나 조예가 깊은 사람들이 분명히 있을 것이다. 현장을 답사하고 보면 두 가지 양택 모두 우선룡(右旋龍)에 그 교구(陰龍과 陽龍이 通天脈의 善媒를 받아 相合)가 3태룡교(三胎龍交)를 거쳤다는 것을 알 수 있을 것이다.

또한 집터의 결혈(結穴)처의 내입수(內入首)가 사장맥(四藏脈)의 진술축미(辰戌丑未) 중의 하나로 이루어진 점은 내룡의 공통점이라 할 수 있다. 수세(水勢) 역시 횡수성형국(橫水城形局)이며 좌선수(左旋水·左水右倒)라는 공통점도 확인할 수 있을 터이다. 다만 한쪽은 주산이 목성체이고 다른 한쪽은 금성체임을 쉽게 파악할 수 있는 까닭에 무인(武人)과 부자가 변별돼 있었음을 알 수도 있을 것이다. 하지만 일반 독자에게 이런 내용은 너무 이해하기 어려울 것 같아 전문가를 위해 별도로 정리해봤다.

제5장
황희 정승의 조부묘

[제5장]
황희 정승의 조부묘

　사람은 누구나 현세(現世)에서 천수를 누리다 목숨을 다하면 내세(來世)로 돌아간다. 이런 피할 수 없는 생사의 법칙은 지위고하를 막론하고 누구에게나 적용된다. 소크라테스도 "인생 60이 넘으면 죽는 연습을 하라"고 말했다. 노후에 이르러 부질없는 탐욕과 아집의 굴레에서 벗어나 영원히 살길에 대해 사색하면서 자기정리에 임하라는 메시지를 전 인류에게 보낸 것이다. 사후 자기 한 몸 의지할 곳을 선택해 정하는 일은 필연적이라고 본다. 이 일을 풍수지리학에선 음택(陰宅:죽어서 묻히는 곳)이라 한다. 음택에 대한 학리(學理)나 그에 깃든 난해하기 이를 데 없는 해설을 쓰기에 앞서 음택 풍수지리에 관한 몇 가지 실제적 사례를 우선 소개할까 한다. 상당수 사람들이 현존하는 부귀영화에 대해 치열하리만치 집착하고 추구한 까닭에 양택 풍수 이야기에는 귀를 기울인다. 그러나 사후에 의탁할 음택에 대해서는 관심 밖의 일로 여기거나 미신으로 터부시하는 경향이 없지 않다.

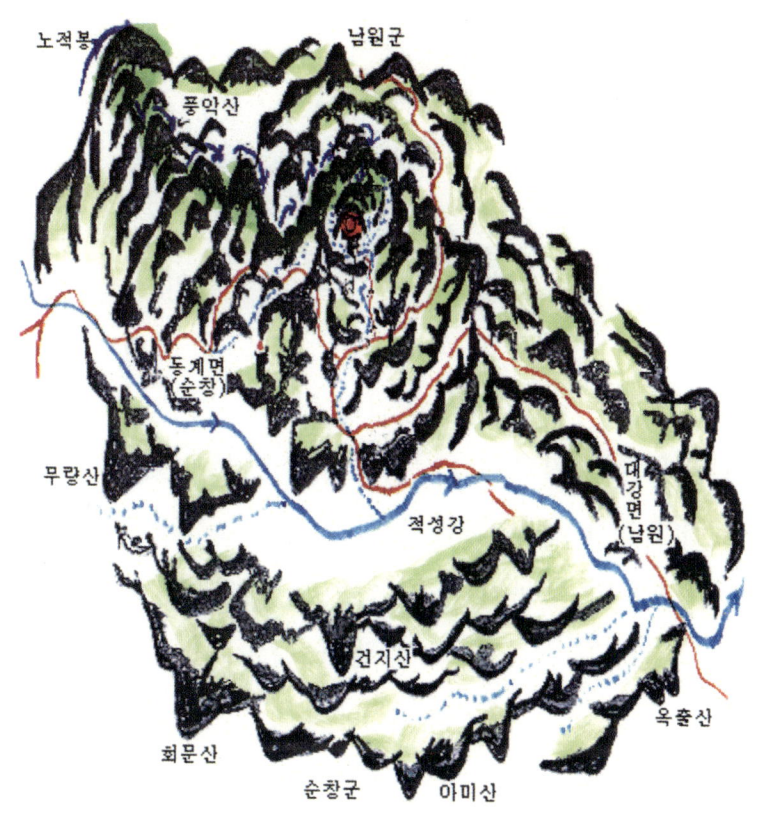

[황희 정승 조부의 산소 산도]

　필자 역시 풍수지리에 대한 관심과 연구를 시작하게 된 동기가 양택에서 비롯됐다. 그런데 음택 풍수지리에 얽힌 엄연한 사실을 접하고부터 관심을 갖게 됐다고 고백을 하지 않을 수 없다. 선영(先塋)은 물론 죽은 뒤에 사람의 체

백(體魄:죽은사람의 시신이나 유골)을 좋은 땅에 묻는 것이 결코 미신으로 치부해 버릴 하찮은 일이 아니라 매우 중시해야한다는 점도 강조하고 싶다.

조선조 500년 역사상 명재상 하면 황희 정승을 꼽는데 주저하는 사람은 별로 없을 것이다. 훌륭한 업적, 올곧게 산 황희 정승의 삶의 궤적은 후세 사람들의 추앙은 물론 모범 공직자의 귀감이 되고 있다. 그토록 유명한 인물이 배출된 데는 여러 가지의 변인이 있을 터지만 가장 확실하게 전해온 이야기로 방촌(厖村:황희 정승의 호)의 조부 산소를 거론하지 않을 수 없다.

황희 정승의 조부가 홍곡단풍형(鴻鵠斷風形:기러기 또는 따오기가 바람을 가르며 날아드는 모양새)을 띤 음택 명당에 묻힌 뒤 그 음덕으로 황희 정승이 태어났다는 음택 풍수지리의 이치가 있음을 알 만한 사람은 다 안다. 유명한 명혈대지를 구해 황희 정승 조부를 그 자리에 모시게 된 데는 참으로 기이한 인연과 사연이 전해진다. 명혈대지의 혈이 있는 곳을 정확하게 지정한 사람이 다름 아닌 나옹대사다. (이에 대한 이야기는 ㊤권 응험편에 상술됨)

고려 말 공민왕 때 王師요, 지공·무학 대사와 함께 3대 화상으로 불린 나옹대사가 금강산을 거쳐 전라도 땅 남원의 한 산사에 머물렀을 때 일이다. 당시 고을의 재력가인

尹 進士(吳富者라고도 전해짐)에게 비홍재(풍수지리 양택과 깊은 관계가 있는 고개로 차후 소개할 예정) 너머 산촌마을 뒤에 홍곡단풍형의 명당대지를 잡아 주는 대가로 3년여에 걸쳐 1천량의 돈을 갖다 불사(佛事)에 사용했다.

3년이 지나고 차일피일하다 명혈이 있는 곳은 알려주면서도 유독 재혈(裁穴:적확하게 묘터, 집터의 핵심자리를 설정함)과 이장 택일은 알려 주지 않았다. 윤 진사는 노발대발해 나옹대사를 묶어 놓고 무수히 때렸다. 유혈이 낭자한 나옹대사가 쓰러져 있는 광한루 앞을 때마침 지나던 방촌의 부친 황씨가 나옹대사를 집으로 데려가 치료해 주고 윤 진사에게 빚진 1천량을 대신 갚아줬다. 달포쯤 지나 황씨와 나옹대사는 홍곡단풍형의 명혈이 있는 비홍재를 찾아 나섰다.

이전에는 비홍재만 오르면 안개가 시야를 가리거나 많은 비가 내려 재혈을 못했다고 한다. 그런데 그닐따라 날씨가 화창해 그 명혈을 잡을 수가 있었다. 물각유주(物各有主)에 스민 천리를 실감케 한 대목이다. 방촌의 조부를 그 명혈에 안장한 후 나옹대사는 방촌의 부친에게 "하루속히 개성으로 이사하라. 2대후에 명재상 둘이 나오고, 충장(忠將) 한 사람의 후손이 나올 것이다. 이런 명성은 세세년년 전해질 것이다."고 말했다. 이어 "이후 적성강 물이 보일

때까지는 귀족명문의 맥이 유지될 것이나 그 후는 알 수 없다."고 알려줬다.

[전북 남원군 대강면 산촌 후산에 있는 황희 정승 조부의 묘지는 기러기 또는 따오기가 바람을 가르며 날아드는 형국의 명당이다. 坤未→午丁→巽辰의 우선의 胎交穴이다.]

조선 세종때 방촌(1431년)은 영상의 자리에 올라 1449년 고령으로 벼슬에서 물러날 때까지 18년 재임기간 동안 많은 치적을 남겼다. 또 황희 정승의 아들 수신(1407-1467)도 도승지를 거쳐 우상, 좌상, 영상에 올랐다.

황진 장군(?-1539)은 임진왜란 때 충무공, 권율 장군과 함께 3대장군으로 추앙받을 정도로 혁혁한 공을 세웠다. 황희 정승의 조부장 이후 600년이 흘렀다. 그동안 적성강 변의 토사가 밀려 강 한 가운데 섬이 생겼다. 이에 따라 물

줄기 흐름도 자연히 바뀌었다. 처음엔 화산(華山) 밑에 있던 강 유역이 1㎞밖으로 밀려났고 물줄기의 흐름도 그곳으로 옮겨졌다. 이후 황희 정승의 후손들이 유명한 자리에 오르지 못했다고 한다.

나옹대사가 아니고서는 몇 백 년 후사를 짐작이나 했을까. 그저 감탄하지 않을 수 없는 대목이다. 나옹대사는 홍곡단풍형의 명혈이 귀인이 배출될 명당이나, 빈국(貧局: 부자가 아닌 청빈한 귀인이 날 명당)이라 지근거리에 있는 부국지지(富局之地)인 숙호형(宿虎形:호랑이가 잠자는 형세)의 명당을 찾아서 조부 산소를 쓰게 하는 배려까지 잊지 않았다고 전해진다. 숙호혈은 전북 순창군 동계면 황곡에 위치하며 홍곡단풍형의 명혈과는 가까이 있다.

황희 정승 조부묘터 이야기에 깃든 의미를 되새겨보면 세상사 모든 것은 주인이 따로 있는데 그 주인이 덕을 쌓고, 사람을 감동시키면 명사를 만날 수가 있다는 것이다. 또 그 인연으로 명당에 조상을 모시면 후손의 번창을 기약한다는 것을 일깨워 주고 남는다 하겠다.

제6장
林應承신부의 수맥과 풍수

[제6장]
林應承신부의 수맥과 풍수

성직자인 임응승 신부는 그의 저서「수맥과 풍수」를 통해 묘지 아래로 물이 흐르면 잔디가 말라죽다가 결국엔 봉분이 무너져 내린다고 강조하고 있다.(사진은 특정사실과 관계없음) 36년 동안 복음 깊은 강론과 성심을 다한 선교활동으로 유명한 林應承 신부의「수맥과 풍수」(절품된 문헌)를 읽어보면 음택(陰宅)이 얼마나 중요한지를 잘 보여주고 있다. 실증된 사례를 중심으로 소개하고 있어 더욱 더 그렇다.

그래서 필자는 요즘도 150여명의 동호인에게 음택풍수에 대해 소신 있게 강의한다. 林신부는 '신비의 추'로 수십, 수백 미터 땅속 깊이 있는 수맥을 찾아 온천수를 비롯한 수자원개발에 앞장서 온 장본인이다. 특히 그 물이 수맥파를 일으키면 물체나 인체에 미치는 영향력이 상상을 초월할 만큼 크다는 사실도 밝혀냈다. 수맥이 미치는 보건 문제에 관심을 가졌다는 얘기다. 심지어 집터와 묘터까지 관심을 확대시켜 그 오묘하고 신비스런 이치를 확증한 까

닭에 '神父 地官'이란 엉뚱한 말을 들을 만큼 유명세를 떨치기도 했다. 때로는 미신시비도 받았고 수맥과 풍수에 대한 강론으로 인해 난처한 질문도 숱하게 받았다고 한다.

[수맥살기에 시달리는 묘지의 모습]

林신부는 저서에서 "악마를 찾아낸 예수님도 부마자(附魔者:마귀에 의탁한 사람)로서 마귀를 쫓아낸다는 오해를 받아야 했던 성례를 생각하면 고소를 삼켜야 했다."고 술회한 바 있다. 그리고 林신부가 사역한 노량진성당에서 1984년 9월부터 불행한 이웃들의 여망에 따라 매주 토요일 오후 3시에 수맥과 풍수 강좌를 열었다. 수강한 사람들과 전국에서 빗발치는 요청에 따라 1986년 5월 「수맥과 풍수」를 엮어 한 권의 책으로 펴낸 것이다. 이 책은 비매품

으로 보급됐고 그 무렵 언론매체를 통해 임신부의 활동상이 보도된 바 있다. 요즘 이 책을 소장하고 있는 사람들에게 한정 돼 읽혀지고 있지만 그 내용에 대한 무성한 이야기는 수맥과 풍수하면 林신부를 떠올릴 만큼 많은 사람들의 기억 속에 자리 잡고 있다.

필자 역시 林신부의 이 책을 읽은 다음부터 음택 풍수에 대한 강한 호기심과 궁금증을 해결해 주는 실마리를 찾았다고 고백하지 않을 수 없다. 林신부는 '산소'(동 문헌 119페이지)에서 "영물로서의 인간이기에 사후의 세계를 생각하는 것이고 영의 집, 영을 모셨던 육체이기에 그 육체의 매장까지도 생각하는 것이다. 그래서 통계 숫자이긴 하지만 풍수지리와 같은 명당의 위치를 십분 이해해 보고 싶다.

조상의 시체가 명당이라고 판정받은 좋은 곳에 묻혔다면 그 자손이 잘되고 또 부를 누리고 가문이 빛나는 좋은 경사가 겹쳐지지만, 좋지 않은 곳에 묻혔을 땐 자손에게 화(禍)가 임한다. 장례를 치르고 좋은 일은 없고 우환이 겹치고 근심거리가 속출한다면 조상의 산소가 잘못된 것이라는 신호로 받아들여 점검해 볼 필요가 있다."고 주장한다.

林신부의 지인 중에 학술연구소장 C박사라는 사람이 있었다. C박사가 모친상을 당해 공원묘지에 장례를 치렀는

데, 묘자리가 어떤지 한번 봐 달라는 요청을 받았다고 한다. 林신부가 현장을 방문해 확인한 결과, [2]수맥이 지나가는 자리에 C박사 모친이 묻혀 있었다는 것이다. **"빨리 이장하라."**는 林신부의 권유에도 불구하고 **"산을 구해 옮기겠다."**하면서 차일피일 미뤘다고 한다. 일본 도쿄에서 열리는 연수 교육차 일본을 방문했다가 여장을 푼 호텔에서 불이나 결국 C박사와 그의 형이 소사하고 말았다. 결국 자손들이 큰 피해를 입은 것이다. 집안에 우환이 생기면 게으름을 피울게 아니라 서둘러 점검한 후 이장해야 한다는 교훈을 남겨준 사례로 들 만 하겠다. 조상의 산소가 나쁘면 집터자리가 나빠서 생기는 질환보다 더 다양하게 나타난다는 것이다. 병의 원인을 알 수 없을 만큼 희귀한 질병이 발생하는 등 가지각색이다. 통상적으로 무덤에 물이 차든지, 나무뿌리가 들어가 엉키면 좋지 못하며 뱀이나 벌레가 들어가도 좋지 않다. 이런 경우 좋은 자리를 찾아 이장하면 신기하리만치 완치되는 경우도 허다하다.

이상과 같은 내용을 林신부는 저서 수맥과 풍수의 한 영역 속에 게재하면서 그가 경험한 흉한 산소자리로 인해 겪은 몇몇 가정의 불행한 사례를 소개하고 있다. 어떤 이는

---

2) 필자 註:서기가 서린 땅에는, 즉 정확한 혈에는 수맥이 없음이 통계에 의해 밝혀지고 있음

모친의 산소를 공원묘지 양지 바른 곳에 묻었지만 도무지 잔디가 자라지 않아 관리인에게 특별히 부탁했다. 그러나 결국 묘지는 붉게 변해가던 차에 애지중지 키우던 아들이 백혈병에 걸려 6개월 만에 죽고 말았다.

林신부가 그 모친의 산소를 감정한 결과, 묘터 아래 깊숙이 수맥이 지나갔다. 林신부의 간곡한 권유에 따라 산소를 이장했다고 한다. 그 사람 모친의 관은 물에 잠겨 있었고 차마 눈뜨고 볼 수 없는 광경이었다는 것, 이장 후 그 가정은 이상하리만치 평온을 되찾았다는 것이다. 이밖에도 林신부의 책에는 병마와 고통을 받은 사람들이 林신부의 도움을 받아 조상의 산소를 이장하고 평온한 삶을 되찾았다는 실감난 사례들이 헤아릴 수 없이 많이 실려 있다.

林신부는 강론과 저서를 통해 풍수지리의 이치가 하루빨리 과학의 힘으로 밝혀져서 고통 받는 사람들이 줄어들기를 염원하고 있다. 음택풍수에 대해 대다수 사람들이 긴가민가 불신하다 못해 터무니없는 미신으로 혹세무민하는 속설 정도로 치부해버리는 경향이 없지 않다. 그 학설을 믿고 안 믿고는 차후의 문제다.

사람은 태어났다 이 세상을 살다 언젠가는 저 세상으로 간다. 만물의 영장인 사람의 체백을 아무데나 묻을 수가 있겠는가. 하물며 집에 기르던 짐승도 죽으면 좋은 땅

을 골라서 묻는 것이 인지상정이다. 핏줄을 같이한 조상이나 본인의 후사를 소홀히 할 수 없는 일이라고 생각한다면 한번쯤 음택풍수에 대해 생각해 봐야 하지 않을까. 그래서 제언해 둔다. 다음 회부터는 필자가 체험한 몇 가지 사례를 소개할까 한다.

제7장
積善之家에 돌아온
大地名穴

[제7장]
積善之家에 돌아온 大地名穴

　예고한대로 필자가 직·간접적으로 체험했거나 확인한 사례를 중심으로 몇 회에 걸쳐 글을 싣고자 한다.

　겨울을 재촉하듯 밤새 내리던 비가 멎어 안개가 자욱하게 끼었던 11월 둘째 일요일에 필자와 이면의 기획을 맞고 있는 남도일보 김용석 부장, 그리고 박종곤 광주산수초등학교장, 안택선씨(찬샘이 안씨 집안의 5대 조모를 모신 장본인)가 구례로 풍수기행을 떠났다.

　일행은 마치 전설처럼 많은 사람들에게 회자되고 있는 '찬샘이 安氏'(본관은 순흥인데 맑고 찬 샘물이 사시사철 솟아나는 구례땅에 자리 잡았다해서 붙여진 이름) 가문의 번성을 기약해 줬다는 음택명혈을 직접 보기 위해 구례군에 있는 해발 740m의 산행을 마다하지 않았다. 산행 중 安씨는 **"이 산 정상에 모신 사람이 다름 아닌 5대 조모인 고령 박씨 할머니"**라며 이렇게 험한 산꼭대기에 모신 인연과 사연을 다음과 같이 소개하기 시작했다.

　지금으로부터 120여년전 구례군 산동면 찬샘이 安氏 마

을 안병희씨 집 대문 앞에 몸을 가누지 못하고 사색이 된 채 쓰러져 고통스러워하는 한 나그네(전주 이씨)를 발견하고 성심성의껏 치료하고 먹여줬다. 그 나그네는 전북 정읍에 사는 전주 이씨로 잘못 먹은 음식 탓에 식중독에 감연된 사실을 모르고 밤치재를 무리해서 넘어 오다 탈이 났던 것이다.

安씨는 그 나그네를 안채의 방 한칸을 내주고 그 곳에 머물게 했는데 이 사람은 6개월 후에 건강을 되찾았다고 한다. 나그네는 생명의 은인인 安씨에게 자신이 18세부터 40여년동안 그토록 애지중지해오던 산 정상에 있는 명혈대지를 내주면서 반드시 선대 할머니의 체백을 이장하도록 권했다고 한다.

이장할 때 장정 20명과 길들여진 매 한마리를 도포자락에 몰래 숨겨가라는 당부까지 했다. 그 곳에 할머니를 모시면 국가에 기여할 자손이 언이어 나올 것이라고 일러줬다.

이와 함께 그 할머니의 6대손 중 역리와 풍수지리를 공부하는 사람이 나와 더 정확하고 더 큰 길지를 찾아 그 할머니의 후손을 거기에 모시게 될 것이라고도 예언했다. 나그네는 다만 그 혈의 천광은 쥐의 일주(日柱:생일이 壬子 일진)를 가진 늙은이가 행하게 될 것이라는 믿기지 않은 예언을 남기곤 귀향길에 올랐다고 한다. 그가 떠난 뒤 安

씨 문중에서는 서둘러 이씨가 택해준 날짜에 맞춰 할머니의 묘를 옮겼다. 그런데 이장하던 날 놀랍고 기이한 현상이 발생했다.

[현무봉에서 낙맥, 결인, 비룡한 용맥은 坤·離·巽·震·艮의 3태교구를 이루었다.]

묘를 쓰기위해 체백 묻을 곳을 깊이 파는 작업을 하는데 李씨의 예언대로 난석(卵石) 7개가 나왔고 그 난석이 나타나기 시작할 즈음에 도포자락 속에 감춰온 매가 갑자기 공중으로 날아올랐다. 그 매는 보이지 않은 상대와 치열하게 싸웠을 것으로 짐작될 만큼 깃털이 빠져 휘날리고 깊은 상처를 입은 후 땅바닥에 떨어져 죽고 말았다. 기이한 현상을 30여명의 사람들이 지켜봤다는 것이다.

아닌 게 아니라 필자가 확인한 바에 따르면 그 명혈대지에 조모를 이장하고 난 뒤 5대손부터 출생 후손의 80%이상이 공직으로 진출해 나라에 기여하고 있다. 또 구례군에선 맨 처음 사시합격자인 安旺善씨(광주지검 차장검사를 거쳐 현재 변호사로 활동 중)가 나왔다. 그때부터 일명 찬샘이 安씨의 이런 일이 내외에 알려지기 시작했다. 이씨의 예언대로 6대손 중 한 사람(看山을 함께 한 안택선씨)이 역리와 풍수지리학 연구에 정진해 그 명성을 얻기 시작했다.

예로부터 적선지가에 명당이 얻어진다고 했다. 바로 찬샘이 安씨의 사례가 이를 입증해주고도 남는다 하겠다. 그리고 음택풍수지리에 대해 가감없이 사실 검증이 이뤄진 생생한 사례가 아닐 수 없다. 李씨가 점혈해서 자신의 묘지로 삼으려 했던 음택명당을 결국은 安씨 문중의 후덕하

고 인정어린 선덕에 감동 돼 보은차원에서 安씨 문중에게 내준 것이라 볼 수 있다. 이 명당터가 구례군의 19대 명혈 중에서 엄선된 4대 명혈의 하나였으며 그 중에서도 수혈 (秀穴)로 손꼽힌다. 아직도 수회권상 용희소(水回拳上 龍 喜笑), 마시삼추 북안비(馬嘶三秋 北岸肥), 월명제하 화쟁 비(月明蹄下 花爭飛) 등 4대 명혈 중 3대 명혈이 주인을 기 다리고 있다고 한다. 어느 적덕가(積德家)가 그 명혈의 주 인이 될지 자못 궁금하다.

安씨 문중에서 적선을 베풀고 얻어 쓴 명혈은 계명구우 동령효(鷄鳴九宇 東嶺曉)로 기록돼 있다. 쉽게 말해 아홉 개의 둥주리에서 새벽닭이 우니, 동쪽의 산봉우리부터 동 이 터온다는 뜻이다. 이른바 찬샘이 安씨 문중 후손의 번 창한 요인이 명혈을 쓴 이후로 발생했다는 사실이 세간에 널리 알려지기 시작한 것이다. 그러나 그 문중의 내력을 주의깊게 살펴보면 명문가의 전통에 깃들어 있는 모든 종 친들의 선덕을 엿볼 수 있다.

善자 항렬로 쳐서 16대 조부인 처순씨가 중앙부서의 벼 슬을 마다하고 부모에게 효도하기 위해 남원 땅으로 낙향 했을 때 임금의 배려로 구례군의 현감자리에 오를 수 있었 고, 기묘사화도 피할 수 있었다고 한다. 또 善자 후손의 7 대조부가 구례로 내려와 지금의 구례군 산동면 찬샘이 安

씨 마을에 뿌리를 내릴 수 있었다.

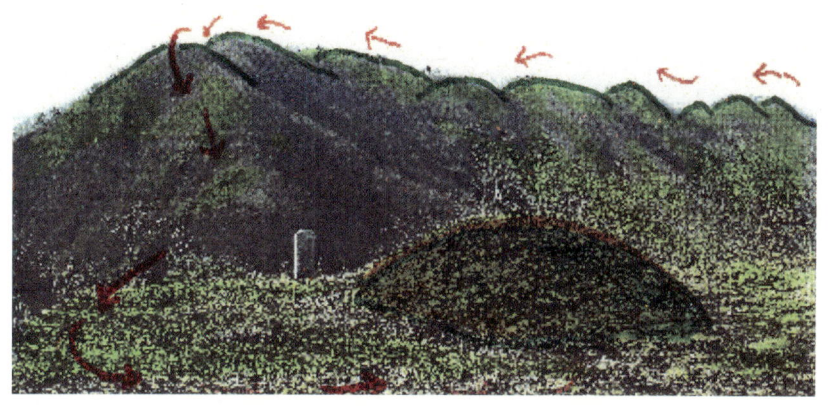

[찬샘이 安씨의 선대 묘지 전경]

필자가 산 정상에 올라 安씨 5대 조모의 묘지를 살펴보니 산도에 제시된 바와 같이 혈을 떠받치는 버팀목(선익사, 연익사, 귀성, 우각사 등)이 분명하게 자리 잡고 있어, 좌우 청룡과 백호砂가 없는 것을 보완해서 혈을 잘 보필하고 있었다. 이를테면 체생지사(體生枝死)의 진혈을 보여준 본보기다.

그 명혈대지를 간산하고 하산하면서 필자의 발길이 못내 아쉬운 점이 없지 않았다. 왜 전주 李씨가 은혜를 갚기 위해 자기의 정혼이 들어있는 명혈을 내주었으면서도 유독 묘를 이장하던 날 참석하지 않았는지 무척이나 궁금했기

때문이다.

 아마 노령인데다 병을 앓은 후라 기력이 없어 참석하지 못했을 것이란 추측만 들었다. 李씨의 예언대로 더 정확하고 더 큰 길지를 골라 선영을 모시는 일은 이제 6대손인 안택선씨의 몫으로 남았다고 볼 수 있다. 필자가 壬子 日柱의 사주를 가져서 동행했는지도 모른다.

제8장
爲先의 일념으로 얻은
음택 명당

[제8장]
爲先의 일념으로 얻은 음택 명당

벌써 8년 전쯤의 일이다. 필자와 동향이자 교직 후배인 현송 박종곤선생(초등학교장으로 근무하다 퇴임함)과 고향땅 구례로 향하고 있었다. 곡성군 압록을 지나 구례 땅이 보이기 시작한 어느 지점에 이르러 필자가 현송에게 구례군 일우의 산을 가리키며 **"저 동해(東海)마을 앞산 높은 곳에 예부터 명혈이 전해오고 있으니, 한번쯤 확인한 후 산을 구해 보라."**고 권했다. 이어 "저런 산중 마을의 이름에 바다해자가 붙게 된 데는 그만한 연유가 있을 터이니, 배가 바다로 나아가는 모양의 명당인 行舟形이나, 청룡이 강을 건너는 모양의 명혈인 靑龍渡江形 등 물과 관계있는 음택 명당이 주인을 기다리고 있을지도 모르잖은가."하고 부연설명까지 해줬다.

당시 필자가 박선생에게 이런 설명을 해준 연유가 있었다. 그때로부터 거슬러 2년 6개월쯤 전 박선생의 집안에서 숙원사업으로 여겼던 부모 산소를 조부모 산소가 있던 곳으로 이장했으나, 난데없이 또 다른 곳으로 옮겨야 할

난감하고도 급박한 처지에 놓였기 때문이다. 박선생은 평소에도 사부곡을 부를 만큼 효성이 지극했으나 부친이 돌아가신지 15년이 지나도록 동산(洞山)의 공동묘지에 모신 것을 몹시 가슴 아파하던 중 필자의 권유에 따라 풍수지리학 연구 모임인 효풍학회에 참여하면서 풍수지리에 관심을 갖기 시작한 즈음이었다. 박선생이 당시 풍수지리학을 취미와 여가선용의 측면에서 무게를 둔 듯 했으나 사실은 자신의 부친을 길지로 이장하려는 의지가 없지는 않았던 것 같다. 그러던 중 박선생은 필자에게 선영 이장일을 부탁하고 나섰다.

장지는 풍수에 관심과 믿음이 남달랐던 박선생의 조부가 쌀 80가마를 주고 샀다는 조부모 산소 옆으로 부친의 묘소를 이장한 것이다. 말하자면 선영하로 부모 산소를 이장한 셈이다. 용맥의 언덕 옆에 쓰인 조부모 산소를 언덕 위 정혈(正穴)로 옮겼음은 물론 그의 부모 역시 그 맥의 아래쪽으로 20여 미터 떨어진 곳으로 이장했다. 당시 효풍학회 회원 모두가 이장한 묘지를 돌아보고 큰 길지에 속한다는 평가를 내렸다. 지금 생각해도 그때 그 일을 서두른 점은 참 잘한 것으로 여겨진다. 왜냐하면 조부의 묘를 파보니 체백에 나무뿌리가 잔뜩 휘감아 목염이 들어서 보존 상태가 좋지 않았던 까닭이다.

박선생은 흉지에서 고생한 선조의 혼백을 윤색이 나고 고슬고슬한 길지로 옮겨놓은 보람과 뿌듯함으로 잔디와 나무를 가꾸어 나가기 시작했다. 그런데 느닷없는 사건이 발생하고 말았다. 박선생이 옮긴 선영 묘역 바로 옆에 있던 한 문중에서 자신들의 땅을 침범했다는 이유로 고소를 해 버렸다.

오직 후학 양성에 힘써온 박 선생의 입장에선 청천벽력과도 같은 사건이었다. 조상을 잘 모시자는 일념에서 추진한 일이지만 경계측량 등 법적인 문제에 손쓸 여지가 없었던 게 화근이었다. 서둘러 확인한 결과 인접한 문중 땅 10여 평을 잠식했음이 확인되었다. 이 땅을 매입하려고 통사정을 했으나 여의치 못한 나머지 부득이 선영을 다른 곳으로 이장해야만 했다.

이런 연유로 또다시 적당한 묘터를 구하기 위해 동분서주하던 차에 박선생과 필자가 우연히 구례 땅을 가던 중이었다. 그 동해마을 앞의 높은 산을 구해보라는 필자의 말에 박선생의 귀가 번쩍 뜨였다고 한다. 박선생은 그해 여름방학 동안 동해마을 예의 그 앞산에 올라가 현장 확인에 들어갔다. 산 정상 부근에 누군가 개간을 해서 당두충과 잣나무, 밤나무 등을 심어놨는데 그럴싸한 곳이 눈에 띄어 곧바로 필자에게 전화를 해 왔다.

[청룡도강형의 음택 산도]

필자는 당시 순창 아미 산 밑에 국회의원을 배출했다는
음택지를 돌아보고 오던 중 박선생의 전화를 받고 곧바로
현장으로 달려갔다.

박선생이 봐 둔 땅에서 다시 용맥을 따라 내려오던 중 명
당의 요건을 두루 갖춘 곳을 발견했다. 밤나무 숲속에 알

아보기 어렵게 자리 잡고 있었다. 작혈교도는 艮 · 巽 · 坤의 3태교구였다. 더욱이 산 아래 섬진강의 대강(大江)이 案山과 朝山을 껴안고 돌아가는 것과 어우러져 '청룡도강형'이 분명했던 것이다.

산도에서 보듯이 둥주리 봉을 주산으로 삼고 기복과 위이(구불구불), 결인(結咽), 박환을 거쳐 혈이 있는 곳까지 잘 이어져 마무리된 것이 볼수록 수혈(秀穴)로 돋보였다. 필자는 박선생에게 권했다. 농장의 주인을 찾아가 간절한 마음을 전하고 혈장 주변 땅 500평을 구해보라고. 뒤에 확인한 사실이지만, 그 농장은 6.25전란시 피난민의 후손인 김씨 노인(당시 72세)이 26년 세월동안 젊음을 바쳐 가꾸어온 피와 땀이 베인 땅이었다고 한다. 박선생의 끈질긴 설득 끝에 생각보다 싼 값에 1만8천 평을 사들였다. 이런 힘든 과정을 거쳐 마침내 박선생은 조상의 묘를 동해마을 앞산으로 이장했다. 말썽이 됐던 구묘터가 있던 그 혈도 분명 풍수지리학적으로 길지였던 점은 확실하다.

그 것은 이장하던 날 바로 입증된 탓이다. 구묘터로 이장할 때 보기 흉한 검은색을 띠었던 조부 및 선친의 체백이 다시 이장하기 위해 파보니 황골로 변해가고 있었기 때문이다. 단지 책에서나 전해오던 이야기가 사실로 확인된 순간이었다. 아무리 나빠진 체백도 길지로 이장하면 다시

윤기가 흐르고 황색으로 변한다는 사실을 박선생 조상의
사례에서 확인한 것이다.

[청룡도강형의 산소전경]

산서(山書)에는 '산이 산을 부른다'는 말이 있다. 다시 말
해 명당이 명당을 부른다는 얘기다. 그렇다면 박교장의 선
영을 모셨던 그 구묘터가 분명히 명당이었고, 그 명당이
더 큰 명당(동해 마을의 앞산으로 이장한 것)을 쓰게 한 것
이다. 수많은 애로사항을 극복하고 또다시 동해마을 앞산
의 청룡도강형으로 조상의 묘를 옮길 당시 박선생은 교감
이었지만 이후 교장으로 승진했고, 작년에 명예롭게 퇴임
했다. 박교장의 부인 역시 이후 교감으로 승진한 후 얼마
전 교장 승진 연수를 마치고 교장으로 승진했다. 또 박교

장의 장남도 그렇게 어렵다는 공무원 시험에 합격해 현재
는 부모와 함께 공직자의 길을 걷고 있다. 성묘 다니기 편
한 곳에 조상을 모시고, 벌초마저 손쉽게 남의 손에 맡겨
버린 요즘 세태에 견주어 볼 때 박교장의 이런 끝없는 위
선(爲先:선영을 음택명당에 모시는 일) 노력은 귀감이 되
고도 남는다 하겠다. 그래서 소개한 것이며 그의 효성에
아낌없는 찬사를 보낸다.

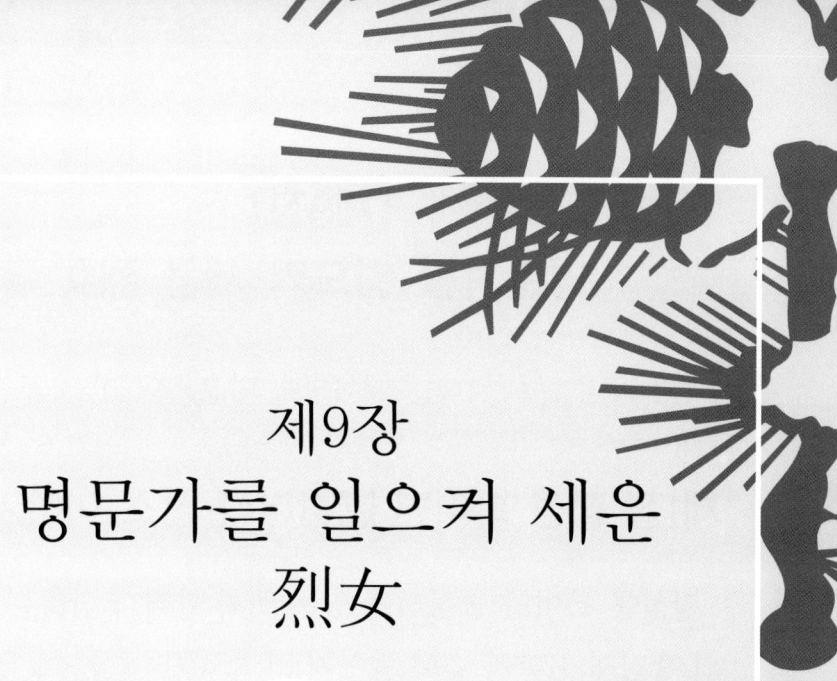

제9장
명문가를 일으켜 세운
烈女

[제9장]
명문가를 일으켜 세운 烈女

제1절 장성 북이면 閔할머니 산소 이야기

장성군 북이면 달성리에 있는 閔씨 할머니 산소는 그 혈의 생김새가 마치 솥이 엎어져 그 소리가 사방으로 울린다고 할 만큼 복부혈(覆釜穴)의 물형에 흡사하다. 지혜롭고 올 곧은 삶의 선택, 자기희생을 감수하며 한 가문의 지킴이가 돼 시댁을 명문가로 번성시킨 열녀 이야기를 3회에 걸쳐 싣고자 한다. 시대적 배경으로 봐서 남자들도 접근하기 어려운 풍수지리학을 직접 연구했거나 그에 관한 깊은 관심과 실천의지로 양택이나 음택을 손수 잡아 한 문중의 중흥의 기틀을 세운 공이 인정돼 지금까지 전해오는 이야기를 중심으로 엮어 볼까 한다.

맨 먼저 음택명당 중의 하나로 인정된 곳이 전남 장성군 북이면 달성리에 있는 閔씨 할머니 산소다. 민할머니의 산소를 일컬어 명정 복부형(覆釜形)의 혈이라고 한다. 그 혈의 생김새가 마치 솥이 엎어져 그 소리가 사방을 울린다고

할 만큼 흡사 복부(覆釜) 모양으로 생긴데서 유래됐다.

민할머니가 오랜 풍수지리학의 연구 끝에 지어낸 저서 '荷沼訣'의 서문에 쓰인 내용 중 **"우리나라 3대 명당인 명정 복부혈"**이라는 문구가 있다. 민할머니 산소에 들러본 사람이라면 누구나 할 것 없이, 설령 풍수지리에 문외한 이라도 명당 중의 명당이라는 생각을 갖게 할 만큼 그 형세나 짜임새가 아름답기 그지없다. 이 명혈에 모셔진 분이 다름 아닌 울산 金씨를 멸문의 위기에서 구출해 오늘날 명문가로 번성시킨 민할머니다.

이렇듯 여성의 몸으로 이런 대지명혈을 찾아 쓰게 한 민할머니가 어떤 인물인지 궁금할 것이다. 민할머니는 울산 김씨의 중시조인 김온의 부인이다. 김온은 양주목사를 지냈으며 이성계의 위화도 회군에 뜻을 함께해 흥령군의 군호를 하사받는 등 조선건국의 공신이었다. 그러나 조선 태종의 지나친 외척배격에 휩쓸려 결국 화를 입게 된다. 하소(荷沼)는 민할머니의 아호인 것이 나중에 밝혀졌다.

민할머니의 저서이자 풍수지리서인「하소결」(김병채 발행)의 머리말에 쓰인 내용을 살펴보면 그 사연은 더욱 확실해 진다.(필자가 이 책자를 어렵사리 구해 보관 중임) 피난길에 거느리고 온 3형제는 장남 達根, 차남 達原, 3남 達枝였다. 장남은 훗날 경상도 쪽으로 옮겨 살게 됐고, 차

남과 3남은 장성에서 삶의 터전을 일군 후 점점 번창해 전북 고창 땅으로 그 세가 확장된다.

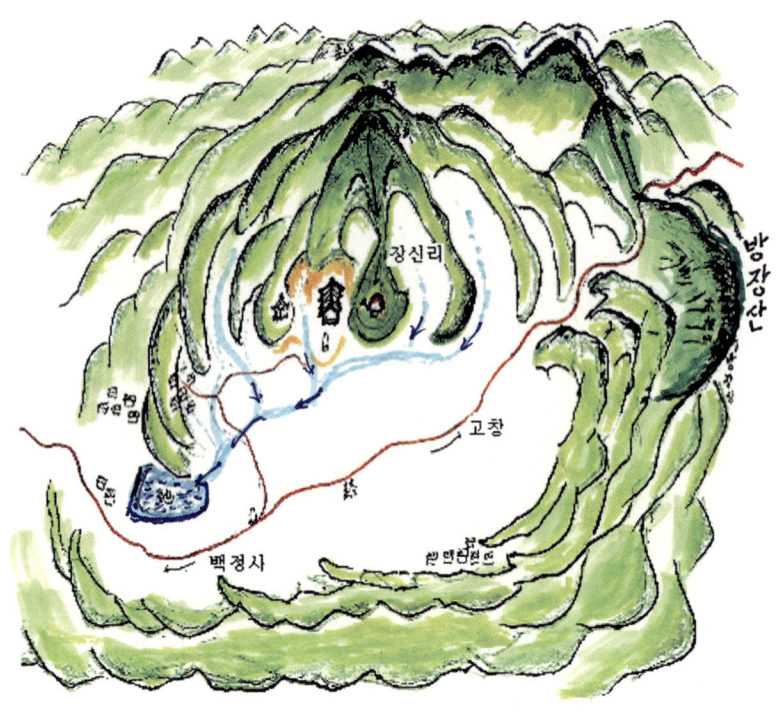

[민할머니 산소의 산도]

민할머니는 조선시대 이후 오늘에 이르기까지 우리 풍수지리학 역사상 유일한 여성으로 그 명성을 떨쳤다. 그의 아호 하소를 딴 하소결은 정통 풍수지리의 귀중한 문헌

자료다. 지금까지 지리학 연구의 소중한 지표로 삼을 정도다. 그런 높은 안목을 지녔기에 피난길에서도 아무데나 정착하지 않고 노령산맥의 갈재에 이르러 산세의 흐름을 살펴 그 기가 장성의 맥동(장성군 황룡면 소재)과 복부 혈에 응결되었다고 판단해 양택과 음택을 선정했을 것이다.

일단 명정 복부혈인 민할머니의 묘역에 들어서면 본래의 지형과 형태를 그대로 유지하면서 정성들여 조성한 조경과 후손들이 긍지를 갖고 수련과정을 거치는 울산 김씨 청소년수련관이 반듯이 자리 잡고 있다. 적절한 장소에 세워진 비석하며 '말 탄 자손들이 밀 등에 가득하리라'는 민할머니의 유훈이 새겨진 표지석도 눈길을 끈다.

필자의 추측이지만 아마 민할머니는 이런 생각으로 이런 유훈을 남기지 않았을까 싶다. '본 명당길지를 내가 지키고 있어 그 음덕이 후손에게 미치게 될 터이니, 정녕 울산 김씨 후세들은 큰 인물이 배출돼 국가의 동량이 되리라는 믿음을 주기 위해…' 민할머니 산소는 동산처럼 둥그스렇게 생겨 덩실하게 솟아 결혈된 그 만두의 상단에 안치돼 있다. 혈처의 뛰어나고 아름다움과 주변의 산세가 한데 어우러져 보는 사람으로 하여금 '아, 이곳이 명당이구나!'하는 탄성이 절로 나오게 한다.

다시 말해 주룡(혈을 형성시켜 주는 요건이 갖춰진 산봉

과 그 용맥)의 생동적인 내룡의 형세와 혈까지 이어지는 용의 행도에 또 한 번 감탄하게 된다. 이 명당대지의 발복에 의해 민할머니의 '말을 탄 자손이 밀 등에 가득하리라'는 예언처럼 울산 김씨 문중에선 이루 헤아릴 수 없는 인물이 많이 배출됐다. 물론 그 모든 인물이 북부혈의 음덕으로 배출되기에는 그 발복년수가 수백 년에 달해 다소 멀기는 하지만, 산서에 이르는 것처럼 **'산이 산을 불러'**서 명당으로 인해 울산 김씨 후손들이 또 더 큰 명당을 얻어썼을 것이니, 그 인맥이 여기에서 그칠 것인가.

김온으로 부터 5세손이고 그의 둘째 아들 달원으로 부터 4세손인 하서 **김인후**(1510~1560)선생은 조선조 학문의 거봉으로 추앙받고 있다. **인촌 김성수**(1891~1995)씨는 동아일보 창간, 고려대학교 설립에 이어 부통령까지 지냈다. 이밖에도 울산 김씨로 근현세사에 큰 획을 그은 인물은 수없이 많다. 이렇듯 한 열녀가 한 가문의 번성에 큰 영향을 미쳤으니 후세에 귀감이 되고도 남는다 하겠다. 필자는 열 번도 넘게 민할머니의 산소에 찾아가 옷깃을 여미어 경의를 표한 바 있다. 오늘날 보통 사람 중 민할머니의 그 큰 유업을 생각하기라도 하는 사람이 과연 얼마나 될까.

[민할머니 산소의 전경 멀리 방장산이 보인다]

그리고 돌아올 때마다 상석(上席)에 계신 민할머니 자리에서 방장산 방향으로 살며시 내려가는 손괘맥(동남에서 서북쪽으로 뻗는 맥)의 회미룡(回尾龍)을 밟아 보면서, 어쭙잖게 풀리지 않는 혼자만의 궁금증으로 아쉬운 발길을 돌리곤 한다. 왜냐하면 이 산소의 재혈은 분명 午丁, 坤未. 巽辰의 우선작혈의 교구통맥이 분명함을 수차의 심룡에 의헤 파악했기 때문이다.

제2절 絶孫위기의 남원楊씨 구한 李씨부인 (상)

전북 남원읍에서 대강면에 이르러 순창으로 통하는 산마

루에 오르다 보면 비홍재를 넘게 되는데, 그 재 이름이 이렇게 붙여진데는 한 가문이 절손의 위기에 처했을 때 자기희생을 감내하면서 명문으로 일으켜 세운 한 여인의 비원(悲願)이 서려있다는데 연유되기 때문이다.

그 여인이 바로 남원 楊씨를 오늘날 명가로 존립할 수 있게 한 淑人 李씨 부인이다. 남원 양씨는 고려 때 지영월군사(知寧越郡事)를 지낸 양경문(楊敬文)을 시조로 하는데, 그의 관직만 전해지고 자세한 생존연대 등이 전해지는 기록이 없어, 고려 공민왕 4년 문과에 급제해 집현전 대제학에 올라 그 가문을 번창시킨 양이시(楊以時)를 실질적인 시조로 삼고 있다고 한다.

양이시의 본관인 남원에는 양이시의 이전부터 여러 대에 걸쳐 남원에 세거해 온 순수한 토착성씨라는 것을 남원 양씨는 큰 자랑으로 삼고 있다. 본래 개성출신인 이씨 부인은 고려 우왕 3년 문과에 급제해 집현전 직제학이자 양이시의 외아들인 양수생(楊首生)과 결혼한다. 父子가 급제한 집안으로 출가해 모든 사람들의 부러움을 한껏 받고 부귀영화를 누릴 것으로 예상됐던 그녀에게 오히려 시련과 고난의 세월이 다가왔다. 신혼의 단 꿈이 채 가시기 전 남편과 사별하고, 몇 달 사이로 시아버지마저 세상을 떠나고 말았다.

다행히 이씨 부인의 뱃속에는 남원 양씨의 대를 이어갈 일점혈육이 자라고 있었다. 남편의 장례가 끝나자마자 개가법이 상례화된 당시의 예에 따라 이씨 부인의 친정에서는 개가를 권하기 시작했다. 당연히 그녀는 이를 물리쳤다. 이씨 부인은 몇 달 뒤 건강한 사내아이를 낳고, '충신은 두 임금을 섬기지 않고, 열녀는 두 지아비를 섬길 수 없다'는 서찰 한 통을 남기고 어린 유복자 양사보(楊思輔)를 품에 안고 개성에서 남원까지 천릿길을 걸어, 남편이 살았던 남원의 옛 시가를 향해 내려왔다. 천신만고 끝에 남원에 내려온 이씨 부인은 막 자리를 잡자마자 또 다시 남원에 머물지 못하고 정처 없이 피난길에 올라야 할 처지에 놓였다. 당시 노략질을 일삼던 왜구들이 토벌작전에서 쫓기고 쫓긴 나머지 남원으로 밀려왔기 때문이다.

이씨 부인은 어린 아들을 품에 안은 채 안전하게 키울 요량으로 남원과 순창의 접경에 있는 대강면 24번국도(현새)가 지나는 비홍재의 인근지역으로 피난 오게 된다. 그 피난처가 높은 지대였던 탓일까. 거기서 바라보이는 전북 순창군 동계면에 아름답고 높이 솟아 있는 무량산(無量山)의 산세에 눈길이 미친 이씨 부인은 그 무량산 아래 아늑한 곳에 논밭을 일구고 살면 두 식구의 안전은 물론 생계도 걱정이 없을 것 같다는 생각이 들었다고 한다.

[무량산과 갈록음수형의 양택]　　　　[마을입구]

특히 오매불망 일념으로 한 가지 뜻에 몰두한 탓이었을
까. 하루는 피로에 지쳐 깜빡 깊은 잠에 빠졌는데, 마치 현
몽이라도 내린 듯 꿈속에서 비홍재에 올라 나무로 만든 기
러기 세 마리를 날려 보냈다. 그러자 한마리는 지금의 순
창군 동계면 관전리로 날아갔고, 또 한마리는 동계면 구미
리로, [3]나머지 한마리는 적성면 농소리로 날아갔다.

그녀는 기러기가 날아간 세곳 중 평소에 그려왔던 무량
산 아래의 동계면 구미리로 이사채비를 서둘렀다. 그런 사
연이 있은 뒤부터 즉, 이씨 부인이 살터를 찾기 위해 기러
기를 날렸다고 해서 이 재를 비홍재라 부르게 된 것이다.

---

3) 전해오는 또다른 이야기로는 실제 나무 기러기를 비홍재에서 날
렸다고 되어 있으나 이는 현실성이 떨어져 꿈에서 행한 것에 비중
을 뒀다.

이삿짐이라 해 봐야 족보가 적혀있는 가승보와 시아버지
와 남편의 문과 합격증인 양홍패(兩紅牌)가 전부인 그녀는
어린 아들을 업고 구미마을로 내려갔다. 이때 이씨 부인
이 가지고 있던 가승보와 홍패는 오늘날까지 전해지고 있
으며 구미마을 종가댁 바로 옆에 있는 제각에서 보존 중이
다. 이 가운데 홍패는 1981년 문공부에서 보물 제 725호로
지정했다.

구미리로 내려간 그녀는 기러기가 떨어진 집으로 들어
갔다. 그 집의 방 한 칸이라도 얻을 요량이었다. 그러나 그
집을 지키고 있던 노인은 **"자기가 진짜 주인이 아니라 집
주인이 올 때까지 집을 지키고 있는 사람"**이라며 **"바로
부인과 아드님이 이집 주인입니다."**하고는 어디론가 홀
연히 사라졌다고 한다. 이곳에 정착한 그녀는 밤낮으로 일
하면서 아들 양사보의 글공부시키는 데도 온갖 정성을 쏟
았다. 양사보는 성장해서 시마시에 합격했고 음사로 벼슬
길에 나가 함평 현감을 지내는 등 가문을 일으켜 세웠다.
양사보의 후손 중 8명의 문과 급제자와 10명의 무과 급제
자, 30명의 진사, 생원이 대를 이어 나오니, 절손 위기에
있던 남원 양씨는 탄탄한 가문으로 그 명성을 드높였다.

한 여인의 헌신적인 자기희생이 한 가문을 되살린 것이
다. 그 보다는 풍수지리의 안목이 없어도 지성으로 간구하

고 집념으로 구하면서 뜻을 세우고 좋은 땅을 찾아내 후대의 번성을 이루고야 말겠다는 열성이 있으면 명당 길지를 구할 수 있다는 훌륭한 사례가 아닐 수 없다. 요즘 집터나 선영의 묘지를 구하려는 사람들이 먼저 생각한 것이 발복에 있다는 것을 보면서 이씨 부인의 넓고 원대한 뜻에 따라 살터를 구하고 자기의 묘터를 정한 과정은 정말 후세의 귀감이자 교훈으로 삼아도 부족함이 없다 하겠다.

좋은 터를 찾아 삶의 터전을 삼고 길지에 선영을 모시는 일에 있어, 먼저 생각할 것이 있다. 지기가 서린 땅에서 가족이 평온하게 살고, 서기어린 땅에서 선영이 편히 쉬면서 영면을 기하게 하려는데 구산(求山)의 목적을 둬야 한다. 이씨 부인의 정성에 힙 입어 4대가 연속 문과에 급제하는 영광을 누려, 남원 양씨의 명망이 일세에 떨쳤을 뿐아니라 조선조 세조는 1467년 이씨 부인에게 정려(旌閭)를 내려 후손들에게 그 정절을 기리도록 했다. 훗날 이씨 부인의 산소는 기러기 한 마리가 떨어진 순창군 적성면 농소리에 썼는데, 시아버지 양이시의 묘단을 위에 세우고 그 아래 남편 양수생 묘단과 함께 나란히 자리 잡고 있다.

지금도 이씨 부인이 구미리에 터를 잡고 정착한 이후 23대, 약 600여 년 동안 대대로 종손이 종가를 지키고 있다. 그러면 구미리는 어떤 곳인가. 구미리 양택길지를 만든 마

을 뒤의 주산은 무량산(586.4m)이다. 풍수지리학에서 인물이 많이 배출케 한다는 목성체의 주산 무량산은 풍수지리학적 관점을 떠나서 누가 봐도 빼어나게 솟아올라 세워진 수봉임을 한눈에 알 수 있다. 마을 명당 터를 만든 이른바 진산이라 할 수 있는 무량산은 옛 이름이 구악산, 즉 거북산이었다.

그래서 그 마을 터에는 거북과 관련된 금구예미형(金龜曳尾形), 즉, 영험스런 거북이가 꼬리를 끌면서 진흙속으로 들어가는 형국인 명당이 있다고 전해진다. 그래서 마을 이름을 구미리(龜尾里)라고 했다 한다.

다음 회에 구체적으로 설명할 예정이다.

제3절 絕孫위기의 남원楊씨 구한 李씨부인 (하)

전북 순창군 동계면 구미마을은 예로부터 전해오는 양택 명당길지다. 도선국사 유산록(명당 터의 목록을 적어 전하는 결록)에도 '적성(赤城)의 동북쪽 이십리에 금구예미, 평지혈락(平地穴落) 하였구나. 사방이 비습하여 물이 날까 하겠지만 혈을 찾아 쓰게 되면 세사황토(細沙黃土) 나겠구

나. 차후에 사람들이 눈을 뜨고 이런 혈을 얻어 쓰면 용지삼년(用之三年)에 속발하여 만년 명부(名富)하리라. 이 산주인 살펴보니 사람마다 주인이라. 이 말이 허언인지는 지내보면 알리로다….'

이 혈을 찾기 위해 전국의 지관들이 다녀갔지만 한결같이 진혈처를 찾지 못하고 지금까지 전해 오고 있다고 한다. 구미리는 풍수지리학적으로도 예사로운 땅이 아님은 선현들의 결록이나 전해오는 이야기로도 짐작할 수 있다. 이렇듯 명혈대지를 맺으려면 무엇보다 그 후산과 그 것으로 이어지는 來龍脈을 먼저 살피는 것이 순서다. 그것은 마치 발전소로부터 전선이 잘 이어지고 튼튼했을때 전등에 불이 밝혀지고 전기에너지를 받은 전자제품이 제대로 작동되는 이치와 같다고나 할까. 땅에 흐르는 지기도 그 본원에서 이어지고, 그 이어지는 지맥도 제대로 법칙성에 맞아야 혈을 형성시킨다.

구미리까지 이어오는 來龍脈만 봐도 이 마을터는 참된 용과 혈의 적중함이 명당대지의 요건을 잘 갖춘 땅임을 가늠할 수 있다. 금남호남정맥은 장수 장안산과 임실 팔공산을 거쳐 진안 마이산으로 간다. 그런데 팔공산에서 남으로 뻗은 맥이 임실 성수산과 관촌면을 지나 봉화산과 응봉, 무제봉, 배재, 지초봉, 새목재, 원통산을 거쳐 내려오다 섬

진강 상류 적성강을 만나 멈춘산이 바로 구미리의 주산 무량산이다.

무량산은 기세가 강한 석산으로 진안과 장수 경계인 팔공산으로 부터 관촌과 임실을 거쳐 순창군 동계에 이르기까지 수백리를 行龍해 오면서 아직도 강한 기운이 남아도는 듯 산 정상이 험한 바위로 돼 있다. 이 강한 기를 털기 위함인지 무량산에서 마을로 내려오는 용맥은 여러 번의 기복과 박환(거친 산맥이 점점 부드러워지는 과정)을 거듭하면서 맥의 꺾임(交度)을 통해 산맥을 타고 내려온 땅의 기운을 어느 한곳에서 맴돌아 서리게 하는 요건을 마무리하는 곳에, 대밭을 뒤에 두고 이씨 부인이 처음 정착해서 지금까지 지켜 내려온 남원 楊씨 종가가 자리 잡고 있다.

이렇듯 기세 있게 내려온 산줄기가 지기를 서기로 바꾸어서 한 자리에 계속 맴돌게 하는 용맥의 정확한 흐름을 이른바 교구통맥이라 하는데 아무리 빼어난 산봉우리에서 힘차고 변화 있게 뻗어 내린 산맥일지라도 혈의 근처에 이르러 마무리를 제대로 못하면 결국 진혈을 만들지 못한다는 것은 풍수지리학의 핵심 중의 핵심인 용진혈적(龍眞穴的)의 이치인 것이다. 마을 건너편에서 무량산으로부터 구미리까지 내려온 맥을 바라보면 풍수지리학이 실체가 불분명한 비과학의 대상이 아니라 너무나 정확한 지기를 주

체로 하는 과학임을 새삼 발견하면서 놀라움을 금치 못할 것이다.

[전북 순창군 동계면 구미리에 있는 남원 양씨 종가로 집터 뒤에 있는 대밭이 인상적이고 멀리 주산인 무량산 정상이 보인다.]

왜냐하면 무량산(주산)과 그 우측용맥이 살기등등한 석산 및 석맥으로 돼 있으므로 그 살기를 털어내고 순기만을 집터로 내려 보내기 위해 산맥의 흐름에 직각을 형성하는 좌선의 박환절룡처가 있음을 볼 수 있기 때문이다. 이렇게 큰 각을 이루거나 벌의 허리처럼 잘룩한 결인처가 있으면 강한 살기를 털어내고 순하고 이로운 지기만을 여과해 집터나 묘터로 이어지게 함으로써 이른바 집터가 강하거나 묘터가 강해서 입을 수 있는 험살을 제거해 준다.

이처럼 마을터를 이루는 근본이라 할 수 있는 후룡이 대혈을 형성할 수 있는 요건을 만든 데다 주위의 산들이 마을을 마치 어머니가 자녀를 품에 안듯이 잘 감싸고 있다.

일반적으로 가장 먼저 챙기는 좌측의 청룡과 우측의 백호는 말할 것 없이 마을 전면의 산들이 마을을 배반하지 않고 잘 어우러 안아주듯 휘감고 돌아가 물이 빠져 나가는 곳(수구)이 잘 닫혀 있다. 또 객수이긴 하지만 마을 터의 국세를 멀리서 휘감아 돌아가는 적성강이 마을 전역에 감도는 지기와 온기를 보호해 주는 拱背水의 역할을 잘해주고 있다.

그리고 마을앞 사이의 들판도 평면으로 잘 퍼져서 짜여 있어 내명당으로서 흠이 없다. 또 마을터의 국내에서 흘러 내린 모든 물줄기가 청룡, 백호안으로 흘러서 마을 앞으로 좌선수(좌측에서 우측으로 흘러가는 물줄기)의 횡수성을 이루니, 丑艮→子癸→戌乾의 작혈교구인 주룡의 우선룡과 어우러져서 그 또한 격에 맞다. 더구나 물이 한곳에 모아져서 그 흐름의 모습을 삼추는 곳이 丁未方이어서 생가의 壬坐丙向의 좌향(坐向)과 잘 조화를 이루었으니 그 형세나 이법이 잘 조화된 명혈의 여건을 갖추고도 남는다 하겠다. 게다가 양택의 좌향에 금기시하는 子坐午向을 놓지 않았음도 예사롭지 않다.

다만 금구예미형의 명혈이 있다고 전해오는 구미리터가 거북이와는 상관없이 목마른 사슴이 물을 얻어먹게 되는 이른바 갈록음수형(渴鹿飮水形)이라고 명명된데는 의아스러움을 떨칠 수 없다. 내명당도 드넓고 흐르는 물도 풍부한데다가 주위에 녹산(鹿山)이라 할 만 한 산형을 가진 산도 없거니와 땅 이름에 사슴과 연관된 곳이 없으니, 이는 금구예미형을 찾지 못한데다, 그 혈이 음택인지 양택인지도 변별이 안 되는 산록의 암시인 까닭에 굳이 금구예미형과 갈록음수형을 분리 해석할 것이 아니라, 이씨 부인이 천신만고 끝에 현몽과 자기암시의 예지로 찾아 정착한 그 종가의 양택터가 구미리의 확실한 대지명혈이라고 해도 지나친 말은 아닐 성 싶다.

가급적 좋은 터에서 풍전등화 격으로 끊어지려는 한 가문을 반듯하게 계승 발전시키려는 의지에서 그 길지를 만나게 됐으니, 거기가 곧 무량산이 만든 용진혈적의 진혈이라는 믿음을 갖게 된다. 아쉬움으로 남는 것은 종가 뒤쪽의 대나무밭에 족히 10여 톤이 넘을 만큼 큰 직육면체의 검고 윤색이 도는 바위가 박혀 있다는 점이다. 이 암반은 주산이 석산이니, 그 혈처 역시 주산의 기가 거기에 이어져 있음을 증명해주는 소위 혈증으로는 하나의 요인이 될 수 있다고 할 수 있으나, 이는 혈처에 감도는 지기를 감소

시키는 변수가 되지 않을까 필자 혼자 해석해 보곤 한다. 그리고 이 바위를 굳이 녹갈암이라 이름 붙이고 종가의 왼쪽에 대모정(大母井)이라는 우물이 있는 탓에, 사슴이 물을 마시는 형상이라 했다고 하니, 이는 너무 과장되거나 일부러 붙여진 이름이 아닌가도 생각해 본다.

〈구미리 양택 명당의 산도〉

이 암석을 거북바위로도 해석하고 대모정과 관련시켜서 금구입수 또는 금구예미형이라고 명명해도 크게 어긋나지 않을 것이다. 물형론(物形論)은 어디까지나 흥미를 갖게 하고 때로는 그 혈처의 위치를 암시하는데 도움이 되지만 혈의 형국에 따른 물형에 의해 묘터나 집터를 찾는 것은 시행착오나 오점의 요인이 될 소지가 많은 매우 위험한 방법임을 명심해야 한다.

물형론에 입각해서 구미리의 진혈을 찾는다 해도 주산의 옛 이름도 구악산, 즉 거북이 산이고 마을 이름도 구미리인데다 구미 마을입구에 들어서면 거북모양의 바위가 길가에 목과 몸이 분리된 채 서 있고, 이에 얽힌 전설 또한 거북과 관련 깊은 혈이 이곳에 있음을 예감할 수 있다.

이곳의 전설을 소개하면, 마을사람들과 취암사 승려들 사이에 심한 싸움이 있었다고 전해진 구전설화이다. 서로 거북이의 꼬리부분을 마을과 절 쪽으로 향하게 하기 위해 싸웠는데, 세에 밀린 승려들이 거북이의 목을 잘라 버렸다. 이후 절은 망해 폐사됐고 구미리는 번성했다고 한다. 구미리에 들어서면 깊은 산중인데도 전혀 산중임이 느껴지지 않는다.

이곳을 찾는 모든 사람들의 공통된 생각일 것이다. 마을의 명당 터 기운에서도 그러하지만, 그 옛날 큰 뜻을 바탕

으로 고난을 무릅쓰고 이곳에 정착해 한 가문을 일으켜 세운 이 씨 부인의 정성과 의지가 되살아나 훈훈하게 감싸고 있어 찾는 이에게 감응된 까닭이 아닐까 생각해 본다.

제4절 光山金氏 중흥터전 일군 양천 許氏부인(상)

흔히 '光金'으로 줄여 사용해도 알 만한 사람은 모두가 光山 金氏임을 금방 안다. 우리나라 수많은 성(姓)씨 중 명문의 서열로 상위의 자리를 지켜온 성씨가 바로 광산 김씨 가문임을 부정한 사람은 별로 없을 성 싶다. '光金' 중 특히 사계(沙溪) 金長生 선생의 후손이라면 맞선도 보지 않고 딸을 준다는 말이 있을 정도라면 짐작이 가고도 남는다 하겠다. 우리나라 역사상 학문과 도덕성이 뛰어나 온 백성이 나라의 사표로 삼는 인물로 평가 받아 문묘(文廟·공자를 모시는 사당)에 배향된 인물은 모두 18명에 불과하다. 그 가운데 한 가문에서 2명의 인물이 배향되기는 은진 송씨(恩津 宋氏)의 송시열·송길준 선생과 광산 김씨의 김장생·김집(金集) 선생 등 2가문뿐이다. 특히나 부자가 함께 문묘에 배향되기는 광산 김씨가 유일하다. 이렇듯 광산

김씨가 우리나라의 명문으로 자리 잡기까지는 2가지의 큰 변수가 작용했다는데, 이는 지금도 인구에 회자됨으로써 그 사실이 입증되고 있다.

2개의 요인 중 한 가지는 사계 선생의 7대 조모인 陽川 許氏의 정절과 자기헌신을 꼽을 수 있다. 허씨 부인의 일관되게 문벌을 지키겠다는 일념, 즉 정신적인 유산이 후손에게 계승돼 큰 음덕으로 작용하고 있다고 본다. 또 한 가지는 양천 허씨의 고귀한 희생정신이 후손에 미치어 이른바 조선 8대 명당 음택을 얻게 했다는 것이다.

다시 말해 천마시풍형(天馬嘶風形:천마가 바람을 가르며 크게 우는 형세)의 대혈을 김극뉴가 차지하게 됨으로써 그 발음(發蔭)이 후손에 크게 미치어 발복한 것이라고 한다. 앞서 소개했던 열녀 사례 중 울산 김씨의 민씨 할머니와 남원 양씨의 이씨 부인의 생생한 사례는 두 사람 모두가 험난하기만 한 열녀의 길을 걸으면서 직접 집터나 묘터를 찾아내 한 가문을 위태로운 처지에서 구해 일으켜 세운 풍수지리학의 실증적 사례라고 본다.

그런데 양천 허씨와 그 후손 김극뉴 묘소가 명혈에 쓰이고, 이내 후손에 길이 감응(感應)됨으로써 명문의 반열로 올라서는 또 다른 특색을 띤 이른바 열녀와 풍수지리학이 간접적인 관련을 맺은 사례라고 볼 수 있는데 이것이 이

번 이야기의 가장 큰 특징이다. 그러니까 열녀 허씨 부인에 대한 미담소재와 그로부터 이어지는 명당발복에 의해 광산 김씨가 중흥의 탄탄한 초석을 다져왔는데, 이를 상·중·하 3회에 걸쳐 소개하는 것이 특징이라면 특징이라 하겠다.

[전북 순창군 인계면 마흘리에 있는 천마시풍형의 명당에 묻힌 주인공이 바로 광산 김씨 김국광의 장남 극뉴다. 도선국사가 조선의 8대 명당이라고 그의 결록에 적어 놓을 만큼 명혈로 손꼽히는 천마시풍형에 묻힌 극뉴의 직계 후손들이 연이어 명사로 배출된다는 점]

허씨 부인은 충청 관찰사 김약채(金若采)의 큰 며느리로 그의 친정아버지는 대사헌을 지낸 허응(許應)이다. 허씨 부인 남편 김문(金問)은 고려 말 문과에 급제해 예문관 검

열을 지냈다. 그런데 허씨 부인은 안타깝게도 17세의 젊은 나이에 아들 철산(鐵山)만을 남겨둔 채 남편과 사별하고 홀로 됨으로써 그 험난하고 시련에 얽힌 정절의 생애를 걷게 된다. 친가의 부모가 불쌍히 여겨 개가시키려고 택일까지 잡아놓자 허씨 부인은 죽기를 맹세하고 친정집에서 몰래 나와 어린 아들 철산을 업고 수백리 머나먼 길을 걸어 시가인 충청도 연산으로 내려 왔다고 한다. 전해오는 이야기로는 낙남(落南)길에 험준한 산을 넘다가 칠흑 같은 산중을 헤매일 때면 호랑이가 나타나 길을 안내한 바람에 안전한 길을 걸을 수 있었다고 한다.

연산땅에 정착한 허씨 부인은 아들 철산을 정성껏 양육하고 글공부에 열중하도록 돌보면서 종신토록 수절하니, 조정에서는 정려를 내렸고 이후 철산으로부터 후손 대대로 내려오면서 광산 김씨의 문벌이 맥을 잇게 된다. 허씨 부인의 공로가 지금까지 맥맥이 이어온 것이라 믿는다. 여지승람과 삼강행실록에 적힌 역사적 사실로는 양천 허씨 묘갈은 후손 김집이 쓰고, 정려중수기는 후손 김지수(金志洙)가 지은 것으로 돼 있다.

허씨 부인이 천신만고 끝에 찾아온 연산의 시가는 충남 논산군 연산면 고정리에 소재하는데, 이곳에 터를 잡은 지는 철산의 할아버지인 김약채때 부터라고 한다. 허씨 부인

의 지극정성에 힙 입어 성장한 철산은 사헌부 감찰을 지냈고 그 아들 국광(國光)은 좌의정 시절 8개월간 혼자서 의정부를 맡았는데 이 점을 부끄럽게 여겨, 그의 맏아들 이름을 '극히 부끄럽다'라는 뜻으로 부끄러울 '뉴'자를 넣어 극뉴라고 지었다는 것이다. 열녀 허씨 부인의 지극정성이 가문의 맥을 잇게 했고 마침내 그 후손 김극뉴가 8대 명당으로 알려진 천마시풍형의 명혈에 들어, 그 산소의 발음에 의해 김극뉴의 아들 종윤으로 부터 호, 계(휘), 장생으로 이어진다.

바로 전북 순창군 인계면 마흘리에 있는 천마시풍형, 즉 도선국사가 조선의 8대 명당이라고 그의 결록에 적어 놓은 그 명혈에 묻힌 주인공이 국광의 장남 극뉴이고, 그로부터 그의 직계 후손들이 연이어 명사로 배출된다는 점은 눈여겨 볼 대목이 아닐까 싶다. 광산 김씨의 시조인 김흥광으로부터 23세손이 되는 김극뉴의 묘재를 찾아가려면 전북 순창읍에서 태인, 임실, 전주로 통하는 27번 국도를 따라가다 보면 구림면에서 내려오는 793번 도로와 만나는 삼거리가 나온다.

여기에서 직전해 마흘리로 통하는 길이 있다. 이 길을 따라 산모퉁이를 돌아가다 작은 고개를 넘어서 우측으로 돌아가는 길옆에 있는 용마초등학교를 만나게 되는데, 이

곳에서 서북쪽을 올려다보면 빼어나게 우뚝 솟은 용마산(龍馬山)이 보인다. 마치 주위의 모든 산을 제압하고 군봉을 통솔하듯이 특립특출(特立特出)하게 솟아 있는 산의 기세와 수려함이 그 아래 어딘가에 대지명당을 작혈하기에 부족함이 없음을 한 눈에 짐작 할 수 있다.

이 산봉이 곧 마흘리 뒷산, 즉 김극뉴의 묘터를 만드는 용마산이고, 그 바로 뒤쪽에 또 하나의 수봉이 용마산을 일으켜 세우기 위해 來龍해 응결된 장덕산이 있다. 용마산의 산세와 위용으로 봐서 주산과 현무봉을 겸하는 성진(星辰)이라면 장덕산은 그 소조산격의 산봉우리가 될 것이다.

풍수지리학을 연구하고 관심과 이해가 깊은 사람마다 용마산의 형국을 목성산(木星山)이라하고, 또 금성산(金星山)이라고 해서 혼란스럽지만 필자의 눈에는 금성체를 겸한 목성체가 분명하다고 느끼면서 구성(九星)으로는 탐랑성(貪狼星)에 접근되는 산의 형국으로 보아왔다. 그 후손들 중 재력가 보다는 현달한 인물이 더 많이 배출된 점으로 미뤄 봐도 필자의 견해에 큰 차이가 없으리라 믿고 있다.

다음회엔 김극뉴를 비롯한 그의 후손의 묘터에 대해 산도와 함께 자세히 소개할까 한다.

제5절 光山金氏중흥터전 일군 양천 許氏부인(중)

김극뉴를 비롯한 그 후손들의 산소가 줄지어 자리 잡은 묘터는 마흘리 동구 밖 길목에서 육안으로도 훤히 볼 수 있다. 용마초등학교에서 100m쯤 거리에서 좌측으로 꺾어 마흘리로 진입하는 농로를 따라 마을에 도착한다. 다시 마을 뒤 제실로 통하는 길로 들어서다가 좌측 비탈길로 오르면 명터 천마시풍형의 혈장(穴場)에 다다르게 된다.

산도에서 보듯이 제일 상단에서 3번째의 산소가 김극뉴의 묘이고 가장 위에 자리한 묘소가 남원 감찰을 지냈으며 이 혈을 찾아서 점혈했다는 김극뉴의 장인 함양 박씨와 그 부인이 합장 돼 있다. 또 그 바로 아래의 산소가 박씨의 딸이자 김극뉴 부인의 묘이다. 그리고 혈장 상단의 3개의 묘소중 제일 아래쪽에 자리 잡고 있는 묘소가 김극뉴의 산소이자 이 혈장 내에서 가장 중심이며 핵심의 진혈처가 되는 자리라고 한다. 전하는 바에 따르면 이곳 명당자리는 본래 함양 박씨의 소유였다고 한다.

김극뉴의 부인 박씨묘가 뒤편에 자리 잡고 있어 이를 짐작하고도 남는다 하겠다. 부인 박씨는 김극뉴보다 17년 앞서 타계 했는데 그 친정아버지이자 당시 남원 감찰을 지

낸 함양 박씨는 관직에 봉직하면서도 틈틈이 풍수지리학 연구에 몰두해 전북 3대 지사로까지 명성을 얻기도 했는데 안타깝게도 후사를 이을 아들이 없었다. 그러자 외손의 번성을 기약하기 위해 이렇게 유명한 천하대지를 사위에게 내 주면서, 그 중심의 진혈처 핵심에는 사위 김극뉴 산소자리로 소점해 두고, 본인과 부인의 묘소는 상단에 정해 합장하게 했다는 미담이 전해지고 있다. 이 명당음택을 다녀온 사람이라면 이해가 가고도 남겠지만 큰 혈터를 만들게 되는 이곳의 국세는 크고도 장엄하다.

호남정맥이 내장산맥과 백암산, 백학봉, 곡두재와 감상굴재, 대각산, 금방동 하령을 건너 추월산, 천치재를 지나 강천사로 유명한 강천산(583.7m)을 만든다. 호남정맥은 산성산과 광덕산을 거쳐 옥과의 설산을 지나 광주 무등산으로 기복 비룡해 가고 강천산에서 동쪽으로 분맥한 한 산맥이 무리산(557.5m)과 순창에서 임실로 가는 27번 국도 갈재를 지나 마흘리 용마산 뒤쪽 장덕산을 일으켜 세운 다음, 거기에서 짧게 낙맥 과협한 용맥이 천마시풍형의 주산 용마산을 멈춰 세웠다.

[천마시풍형의 음택 명당 산도]

　주룡맥과 주산이 강한 만큼 이 혈을 둘러싼 사신사(四神沙: 현무, 청룡, 백호, 조·안산) 모두 크고 장엄해 상서로운 기운을 느끼게 한다. 이와 함께 풍수지리학에 조금이라도 관심이 있고 안목이 있는 사람이라면 용마산에 올라

가서 혈장 쪽으로 급하게 경사를 이루며 내려 쏟는 맥락의 기세며 그 기맥에 깃들어 있는 바위와 암반 등 소나무 숲에 가려서 바깥에서 육안으로 살필 수 없는 조악하고 기세등등한 내룡맥에 놀라게 된다. 그 처럼 기세가 강하게 급경사로 내려 쏟는 산맥이 과연 주산 바로 아래쪽에 접근돼 있는 묘터에 혈을 맺을 수 있는 것인가. 이렇듯 의아스럽고 궁금증을 떨쳐 버릴 수 없는 것이, 심룡(尋龍·혈을 맺으려고 행룡하는 맥을 자세히 살펴서 분석함)에 임해 본 사람이라면 공통된 소감이라고 생각된다. 그러나 혈처가 가까워질수록 그것은 기우에 불과함을 확인하게 된다.

급락조악하던 주룡맥은 묘터를 50~60m쯤 남겨놓고 평맥의 부드러운 양협맥으로 전변(轉變) 박환하면서 마치 볼록렌즈를 통과한 광선이 초점으로 모아지듯, 한 곳으로 초점화되면서 벌의 허리와 같다고 하는 속기(束氣·지기를 한곳에 묶음)의 결인처를 만들고, 결인처를 지난 입수맥(혈처를 형성시키기 위한 마무리 용맥)부터는 언제 그렇게 조악했느냐는 듯 다양한 색깔이 황갈색에 섞여서 윤색이 감도는 토맥으로 변화되고 있음을, 겉흙만 보고도 확인할 수 있기 때문이다. 그것은 석맥에 토혈의 전형을 보여주고도 남는다 하겠다. 그뿐만이 아니다.

묘터를 형성하기 위해 주산, 현무봉에서 낙맥된 산줄기

가 묘터를 정확하게 작혈하려고, 그 나아가는 맥의 꺾여 도는(龍脈交度) 형태가 그토록 정교하고, 전광석화와도 같이 빠르게 형성 돼 튼실한 용세를 타고 흘러온 땅의 기운을 혈처에서 감돌게 하는 것에 감탄을 금할 수 없다. 다시 말해 용마산에서 급하게 내려 쏟은 용맥이 우선해 90도 가까이 절룡(節龍)해 북쪽에서 남쪽으로 내룡하는가 싶더니 잘룩한 결인처에 이르러 다시 다른 방향으로 살며시 돌아서, 서북쪽에서 동남쪽으로 변국된 맥이 기어오르듯 살며시 솟아오른다. 이어 좌선으로 꺾인 艮寅맥의 회두처에 김극뉴의 산소가 자리 잡고 있어서 작혈의 정교한 통맥을 형성하고 있음을 보고 있노라면 '천하대지는 하늘이 땅에 비밀스럽게 숨겨둔다.(天藏地秘)'는 터가 바로 여기가 아닌가 싶어 절로 눈을 비비게 된다.

교구통맥에 의한 正→胎→胎의 작혈인데다 더 상세화하면 坎, 乾, 艮의 좌선교구로 四正龍穴脈尋法에 의한 재혈 패턴임이 확실하다. 이렇듯 참된 묘터를 다시 확인하면서 부자간에도 시샘한다는 명당대지의 중심터를 선뜻 사위인 김극뉴의 묘터로 내주고 자신은 진혈을 맺으려고 돌아 꺾어지는 곳을 지나쳐 내룡하는 과맥 가까운 곳에 비껴 안장케 한 박 감찰을 생각해 보면서, 풍수지리에서의 이른바 살신성인(?)의 어려움을 몸소 실천한 그 배려에 그저 고개

가 숙여질 뿐이다.

어떤 풍수연구가가 평하기를 김극뉴의 산소자리는 바로 천마의 기가 가장 많이 응집돼 작용하는 콧구멍이라고 분석하고, 그 하단에 안장된 후손의 묘터에 대해서는 가벼이 언급한 것을 보고, 동호인 입장에서 선뜻 납득이 가지 않아 지금도 의구심이 풀리지 않는다. 거기에 스민 깊은 뜻이 있을 테니 더 이상 언급은 피하려 한다. 물론 중국 주자가 지은 물형풍수서인 '산릉의장'이 세간에 퍼져 많이 읽혀짐으로써 묘터나 집터를 사물의 생김새에 비유해 명명한 탓에 매우 흥미를 유발했고 또 빠르게 널리 파급돼 일반화 됐던 것도 사실이다.

그러나 물형으로 혈을 지칭하고, 또 그 물형에 의존해서 혈의 핵심자리를 찾으려는 허황된 노력이 뒤따랐다는데 문제의 심각성이 있다 하겠다. 물형에서 말하는 말의 콧구멍은 과연 어디 만큼이고, 알을 품는 모양이라는 포란형의 둥주리는 어떤 것이며, 옥토끼가 달을 바라본다는 옥토망월형의 눈은 대체 어디쯤인가를 변별하는 기준이 무엇인지를 따져 들어가면 십인십색, 백인백색으로 달라지게 마련이다.

물형론은 흥미를 느끼고 호기심을 갖게 할지는 모르지만 진혈을 찾는데는 별 도움이 되지 않는다는 것을 실제 현장

에 가면 절로 느끼게 된다. 보다 본질적이고 기본적인 심룡기법과 심혈의 방법을 정립해야 풍수지리학이 일반화되고 모든 사람에게서 설득력을 얻게 될 것이라는 믿음을 가지고 모두가 기본에 충실하면서 지기가 서리어 감도는 자리를 찾아내는데 깊은 연구와 격조 있는 고민을 해 나가야 된다고 제언해 둔다. 하기야 필자도 명혈대지에 대한 간산을 하고 나면 속으로 느끼고 어설프게 이의점을 제기하는 속성이 발동되기는 매 한가지인 듯싶다. 작혈법이 사정용혈맥심법에 의해 분석된다면 김극뉴의 산소 왼편의 艮寅작국의 유혈(乳穴)혈장은 어떻게 보아야 될지··· 자뭇 궁금하다.(지금은 묘역정비로 파쇄되어 없어졌지만…)

앞서 소개한 민 할머니 산소에서 "어쭙잖게 상석에 있는 민 할머니 진혈에서 방장산 방향으로 손진맥으로 완만하게 내려간 맥을 밟아보면서 차석의 자리는 없는 것인가 풀리시 않은 궁금증을 갖고 빌길을 돌린다"고 언급했던 것이 바로 이런 사례가 아닐까. 그러나 '새로운 탐구는 합리적인 회의와 의문점에서 싹이 튼다'는 어느 과학자의 말에 힘입어 용기를 내 보기도 한다. 또 풍수지리학 강의를 통해 학문적 동지애로 맺어진 150여명의 수강회원들의 문제제기와 질문에 응답해야 할 곤혹스런 상황에 처하면 나름대로 견해를 밝혀야 한 탓에 절제된 몇 마디로 응대하곤 한다.

조선 8대 명혈대지임이 도선 국사의 결에서 밝혀졌으며 특히나 그 혈의 주체가 된 김극뉴의 발음에 의해 광산 김씨가 명문중의 명문으로 번성함으로써 이미 검증된 천마시풍의 진혈에 대해 무슨 말을 더하겠는가. 그런데도 7~8회에 걸쳐 이 혈을 다녀오면서 상석의 진혈 핵심에 안장된 김극뉴 선생의 산소에 감탄하고 나서는 거기서 서남쪽으로 비스듬히 내민 북동맥의 연장으로 인해 시누대가 우거진 비탈진 언덕을 돌아다보면서 艮寅맥상에 차석이 있지 않을까 하는 실없는 궁금증에 사로잡히곤 한다. 그래서 이런 경솔함으로 인한 후회가 남는 것은 아닐까 또 스스로 고민도 해 본다.

천마시풍형의 대지명당에서 눈에 들어오는 보국(保局 · 혈터를 감싸 옹위하는 형국)은 참으로 크고도 넓을 뿐 아니라 그 짜임새 또한 유정(有情)하기 짝이 없다. 청룡의 기세가 강하고 백호는 가깝게 여러 겹으로 감싸 주고 있으며 멀리 건지산(300m) 연봉들이 문필봉, 귀인봉, 천마사 등 귀한 봉우리(沙)들이 이 곳 묘터를 중심으로 나열하고 있다. 또 혈터의 앞마당이라 할 내외명당 역시 평탄하면도 원만하다. 청룡 백호의 여러 분지맥(分枝脈)에서 나오는 물길이 혈 주위에서 빠져 나온 골육수와 합수돼 한곳으로 빠져나가니, 말 그대로 풍수지리학에서 말하는 4과 즉,

용·혈·사(砂)·수가 조화합국된 명혈임을 말해주고 있다.

　그러나 옥에도 티가 있다고 이곳 천하대지에도 몇 가지 흠이 있어 보인다. 백호쪽 두번째 능선이 혈을 다정하게 抱하지 않고 암석으로 된 그 끝부분이 묘터를 찌르듯 향하고 있고, 안산이 뚜렷하지 않으면서 좀 거칠어 보이는 등 미미한 결점을 보이는 것 같다. 하지만 묘터를 만들려는 뒤 주산과 현무봉이 강룡(强龍)인데다 그 기세를 배경으로 삼아 응결된 혈처가 적중돼 가장 중요한 '龍眞穴的'을 충족시켰으니 흠이 凶禍로서 작용하지 못할 것이라 믿는다. 풍수지리학의 원전이라 할 청오경(靑烏經)의 용호편에서도 '혈이 진국이면 청룡과 백호는 살(殺)같이 보여도 자연국(묘터)을 보호해 주고…' 라고 쓴 것을 다시금 음미해 보면 그 의미가 확실해 진다.

　묘터 앞의 내명당에 모아진 물줄기는 묘터를 다정하세 감싸고돌아 오른쪽에서 왼쪽으로 흐르는 우선수로 흘러 횡대수를 이루며 내청룡의 끝자락인 을진(乙辰) 방위로 빠져나가는 파(破:수구)가 되니, 묘소의 좌향을 건좌손향(乾坐巽向)으로 설정했다. 이 경우 좌선룡에 우선수이면 음덕을 입은 후손들이 부귀수고(富貴壽高)하며 인정창성(人丁昌盛)하는 합법이라 했다. 이 지역의 전설에 따르면 박씨

3형제가 있었는데 그들 모두 풍수지리학에 깊은 연구를 해서 명지사로 이름이 났다고 한다.

이들 형제는 각자 자신들이 죽으면 묻힐 신후지지를 잡았는데 큰 형은 위에 소개된 순창군 인계면 말 명당(천마시풍형)을 잡았고, 둘째는 임실 갈담의 잉어명당을 잡았으며 셋째는 임실 가실마을 앞쪽의 금계포란형(금빛 나는 닭이 알을 품은 모습)을 잡았다는 것이다. 그런데 큰 형 박감찰에게는 딸만 있고 아들이 없었다. 그는 자신의 제사를 지내줄 아들이 없으므로 사위인 김극뉴에게 자신의 신후지지를 양보하고 자신은 부인과 함께 혈 위 부분인 뇌두부위에 묻혔다고 한다. 그의 예견대로 광산 김씨 후손들이 제사를 모시러 오면 꼭 박씨 산소에 먼저 제사를 지낸다고 한다.

반면 함양 박씨 문중에서는 "이렇게 큰 길지를 조카에게라도 줬으면 광산 김씨들이 누린 복을 자신의 문중이 누렸을 텐데…"라며 못내 아쉬워한다는 것이다. 이렇듯 널리 알려진 일명 말 명당은 그 유명세만큼이나 웬만한 풍수지리학의 문헌에 소개돼 있어, 실제 이곳을 답산 하지 않은 사람들까지도 알 만큼 알고 있다. 조선 8대 명당인 천마시풍형의 대혈에서 영향을 입은 탓일까.

광산 김씨는 조선조에만 정승 5명을 비롯하여 대제학 7명, 왕비 1명(숙종의 비 인경왕후), 문과급제자 253명을 배

출했다. 본 사례는 당초 열녀 양천 허씨 부인의 정절과 그와 연관된 후손 김극뉴의 산소에 의해 명문의 맥을 계승하고 더욱 발전시킨 내용으로 엮어 한정키로 했다. 그러나 광산 김씨의 연원을 따라 올라가면 그 시조와 관련된 양택 명당과 본관이 전남지역에 소재하므로 언젠가 다시 소개할 필요가 있는 까닭에 이번 회에 마저 소개할까 한다.

제6절 光山金氏 중흥터전 일군 양천 許氏부인(하)

광산 김씨의 시조는 신라 왕자 김흥광이다. 신라말 곳곳에서 민란이 빈발하자 각 지방 호족들이 자웅을 겨룰 때 신라의 멸망을 예견한 그는 가족을 데리고 지금의 광주인 무진주 서일동에 피란, 은거했다. 김흥광이 신라 국가 사직의 위태로움을 느껴 담양군 대전면 평장동에 은거하면서 자연을 벗삼아 지냈는데 후에 후삼국을 통일한 태조 왕건이 그에게 광산 부원군에 봉하자 후손들이 광산을 본관으로 삼았다고 한다. 그리고 고려조 후손 가운데 8명의 평장사가 배출되자 사람들이 그 곳을 평장동이라고 부르게 돼 자연히 마을이름이 됐다는 것이다.

[광산 김씨 시조 흥광이 자리잡은 평장동터와 마을 입구 표지석]

평장동이 비봉포란형(飛鳳抱卵形), 즉 날던 봉황새가 보금자리에 들어서 알을 품고 있는 형국의 대명당으로 알려지면서 부터 원근 각처에서 지사들은 물론 이에 관심이 있는 사람들이 점점 많아지면서 명소가 되고 있다. 평장동의 양택명당의 본원을 살펴보면 그 명당의 규모를 짐작할수 있다. 호남정맥이 담양 추월산으로 넘어가기 전 순창군 복흥면 어은리에서 한 맥을 남으로 뻗어 담양군 월산면 광암리와 월평리를 돌아 바심재를 넘고 용구산, 병풍산, 그리고 대치를 지나 병봉산을 세웠다. 이 병봉산에서 출발한 산맥은 진원면 불태산으로 가기 전 중간쯤에서 단아한 주산을 세운 다음 이 중출맥으로 내려온 용맥의 기지맥지의 서기어린 곳에 광산 김씨 시조 김흥광의 壇이 있다.

김흥광의 묘가 失傳돼 알 수 없기 때문에 처음 정착해 살았던 곳에 단을 세웠다고 한다. 그러나 이곳이 보기 드문

명당이고 보면 실제 시조 김흥광의 체백도 이곳 어딘가에 묻혀 있을 것이라고 보는 것이 그 후손들이나 풍수연구가들의 일반적인 생각이다. 이쯤해서 세 가지 사례 즉 풍수지리와 열녀를 관련지었던 풍수기행을 마무리하고자 한다. 정보자료와 문헌적 소재 수집에 따른 애로와 차이 때문에 내용의 구성과 장단에 차이가 났음을 매우 아쉽게 생각한다.

그러나 그 이야기의 길고 짧음이나 구성에 관계없이 3가지 사례에 깃들어 있는 주제는 한 여성의 자기헌신과 올곧은 삶의 행적으로 인해 시가의 명맥을 유지함은 물론 문중을 명문가로 우뚝 서게 한 미담에 귀결되고 있다. 여기서 큰 의미를 찾아야 한다고 생각해 본다. 그리고 풍수지리와 열녀의 사례는 그냥 흥미삼아 읽고 지나칠 소재가 아니라 조상의 중요함과 역사 속에서 비껴가기 쉬운 숭조사상과 아울러 다른 가문의 이야기를 통해 우리집안의 뿌리를 다시금 되새겨 파악하는 동기를 일깨우고 개인과 가문의 관계를 깊이 생각하는 계기가 되는데 더 큰 의미를 부여해야 할 것이다. 세상의 한 구석이 밝아지는 것은 곧 온 세상을 밝게 만드는 초석이 되기 때문이다.

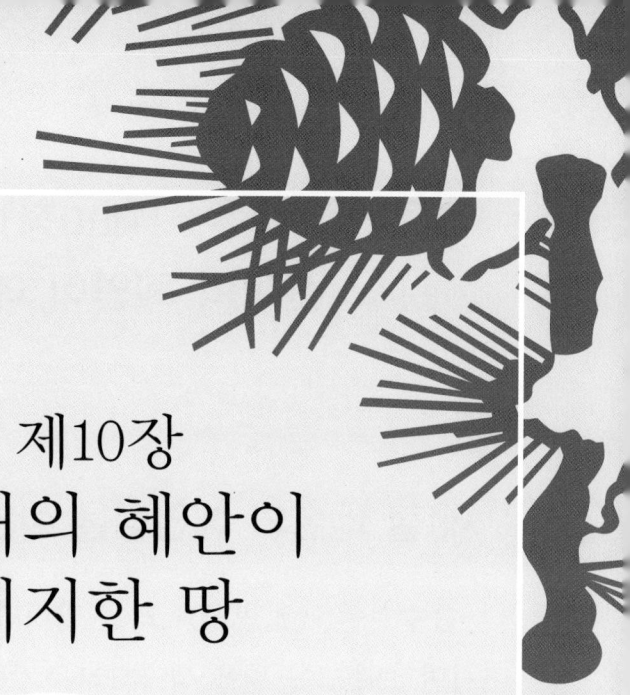

제10장
선대의 혜안이
예지한 땅

[제10장]
선대의 혜안이 예지한 땅

제1절 地名의 예언성을 확인한다

음수사원(飮水思源)이라는 말이 있다. 한 모금의 물을 마시면서도 그 근원을 생각하라는 뜻이다. 이 세상에 존재하는 모든 사물과 일어나는 현상은 모두가 그 원인과 연유를 갖고 있다. 풍수지리학에 얽힌 전설이나 이와 관련 돼 일어나는 여러 현상 또한 예외일 수 없다고 생각한다. 몇 해 전 일이다. 전북 순창군 금과면 늑골(肋骨)마을(사슴의 흉부에 해당하는 터라는 데서 지어진 마을 이름)에 이른바 과학적으로나 또 다른 학리적 관점으로는 도저히 풀 수 없는 불상사가 일어났다.

마을 바로 뒤쪽으로 88고속도로가 개설되면서 마을 터를 형성시켜 주는 진산으로부터 내룡한 주맥이 절개된 후 1~2년 사이에 40세 전후의 장년 남자들이 각종 사고로 10여명이나 죽었다고 한다. 흉흉해진 마을 분위기 탓에 고향을 등지는 사람들이 늘어났다. 필자도 풍수지리학 연구 동

호인들과 3회에 걸쳐 그 곳에 방문, 사실을 확인하고 놀라움에 사로잡힌 바 있다. 당시 마을을 지키고 있던 한 노인은 "이 마을은 비교적 부촌으로 걱정 없이 지낸 평화로운 삶의 터전이었다.

마을터가 풀을 뜯는 사슴형국의 명당으로 알려져 부러움의 대상이었는데 마을 뒤로 큰 길이 나면서 사슴의 머리에 해당되는 주룡맥(입수)을 절단한 셈이 됐으니 그 무서운 재앙이 발생한 것이다."며 장탄식을 하는 것이었다. 노인은 이어 "옛적에 이 마을을 지나가던 어느 異人이 '마을 뒤쪽을 잘 보존해야 할 텐데…'라는 말을 흘리면서 걱정스런 모습으로 사라졌다는 말이 전설처럼 전해져 오고 있다"는 말을 덧붙였다.

이런 변고나 불상사는 비단 이 마을에 그치거나 한두번으로 끝나지 않고 잊혀질만하면 또다시 발생했다가 까마득히 잊힌 옛 이야기로 남기도 한다. 풍수지리기들이 확대 재생산해 세상을 놀라게 한다고 지탄하기 일쑤다. 풍수지리를 단순히 민속신앙에서 비롯된 어쭙잖은 미신쯤으로 치부해 버리거나 집터나 묘터를 잘 잡아 발복에 집착하려는 기복신앙쯤으로 매도해서는 안 될 것이다. 풍수지리를 미시적 관점에서 보는 편견으로부터 벗어나, 보다 거시적 안목으로 접근하려는 진지하고 성의 있는 노력이 있게 되

면 그 속에 깊숙이 내재돼 있는 또다른 진면목을 찾게 될 것이라 믿는다.

현상적 사실은 확인되는데 과학적 증명과 학문적 검증이 없다는 이유만으로 그 사실 자체마저 부정해 버리거나 무시하게 되면 이 분야의 학문이 우리나라에서 발전되기는 매우 어렵게 된다. 풍수지리학의 종주국처럼 여겨질 만큼 활발하게 연구 분위기가 조성됐다가 언제부터인가 국민들의 무관심과 백안시 탓에 뒷전으로 밀려나 오히려 미국이나 중국으로 부터 학문적 역수입 현상을 지켜보면서 안타까움에 사로잡히곤 한다. 자연과 인간이 서로 조화를 이루기 위해 노력하고, 자연의 원리에 순응하면서 그것을 인간의 삶에 이용하는 것이 곧 풍수지리의 근원적 의의라고 봐야 한다. 동양인은 도법자연의 원리에 따라 삶에 대한 올바른 좌표를 설정하고 그 길을 열어가려고 했다면, 서양인은 자연을 정복의 대상으로 삼아 개발에 따른 역기능을 마다하지 않고 합리성과 효율성만을 강조하다가 지금은 자연의 재앙에 몸살을 앓고 있다.

아니 그 몸살은 지금 우리나라가 더욱 심대한 지경에 이르렀다고 보는 편이 더 정확하다 하겠다. 툭하면 맥을 자르고 헤집어, 끝내는 그 벌을 호되게 받고 있는 사실이 우리 주변 곳곳에서 일어나고 있잖은가. 그래서 동양의 순리

와 서양의 합리가 조화를 이뤄 나갈 수 있도록 우리 모두가 지혜를 모아야 한다. 그 길을 모색하고 열어가는 하나의 방안이, 곧 풍수지리의 학문적 정향이라 여겨진다. 인간을 둘러싸고 있는 자연환경을 인간의 삶에 보탬이 되는 조화의 섭리를 찾으려는 적극적인 노력이 풍수지리적 관점에서 입증된 사례를 확인할 수 있다. 즉, 현시적으로 드러내 데이터화 할 수 없지만 동양철학에 배어 있는 음양오행의 깊고도 오묘한 이법에 따라 자연에 깃들어 있는 신비스런 이치를 간파해서 수십 년 내지는 수백 년 뒤에 후손들이 자연에 숨겨진 이치를 찾아 생활 속에 구현시킬 수 있게 암시해 주고 있다는 얘기다.

자연을 보다 실속 있고 합리적으로 활용할 수 있는 고도의 예지력에 의한 예언을 남겨서 '약속의 땅'을 물려주었던 실증적 사례를 발견할 때마다 우리는 선조들의 예지력에 경탄과 경의를 금할 수 없게 된다. 이에 필자는 선대들이 지혜로운 풍수지리적인 형안에 의해 자연속 깊이 감춰진 이치를 종합적으로 터득 그 땅이 훗날 후손들의 슬기로운 노력에 따라 복되게 활용될 수 있도록 예지력을 발휘한 몇 가지 검증된 사례를 제시해서 풍수지리가 결코 모호하기 짝이 없는 신비의 대상이 아니라 미래 지향적인 학문의 영역이자 경험과학의 영역이라는 점을 입증하려고 한다.

우선 경남 창원의 부곡(釜谷)온천을 상기해 보자. 질 좋은 온천수가 개발돼 전국에서 관광객이 몰려들 때만 해도 부곡은 축복받은 땅이었다. 결국은 자연의 혜택을 경시한 나머지 아껴쓸 줄 모르는 방만함이 지금은 쇠락의 길로 들어선 땅이다. 필자가 강조해서 제기하려는 뜻은 부곡온천의 어제와 오늘의 실상을 알리려는 것이 아니다. 부곡이라는 지명을 지어낸 선대의 혜안과 자연환경을 풍수지리학적 측면에서 관찰해 거기가 온천수를 간직한 귀한 땅임을 암시적으로 예언한 예지력에 초점을 두고 있다.

釜谷, 가마솥부자와 골짜기곡자의 합성어로서, 가마솥의 끓는 물처럼 더운물이 간직된 골짜기라는 뜻이 함축된 지명을 찬찬히 되짚어 보고, 온천수를 개발해 잘 쓰라는 선대의 예지력에 바탕을 둔 예언적 지명을 확인하게 되면, 그 혜안과 풍수지리적인 고도의 안목에 그저 경탄을 금치 못할 뿐이다. 이런 사례는 전국 도처에 셀 수 없을 만큼 많다. 그러나 광주·전남 지역에 한정해 이미 회자됐거나 그렇지 않은 것이지만 그 사실이 너무 확실한 사례 몇 가지를 다음회부터 5~6회에 걸쳐 소개하고자 한다.

접근 방식은 선현들이 지역의 특수성을 풍수지리학적 관점으로 분석하거나 직관적으로 훗날 그 지역에 실현될 어떤 가능성을 감지해 몇백년 후에 어떻게 쓰이고 변화 발전

될 것인가를 예지하는 지명을 지어서 그것을 암시함으로써, 예언성이 검증된 사례들을 들춰 제시한다는 얘기다. 특히 음·양택간 명혈이 있는 곳에는 그 혈명의 물형과 관련된 마을 이름이나 지명이 붙여진 사례 몇 가지를 그 지역과 혈의 특성을 곁들여 소개할 예정이다.

다음 회부터 소개하려는 것은 ①광양시 오지의 해안에 컨테이너부두 개항을 예언한 홍선출해(弘船出海)의 명당인 하포 ②광양시 동쪽 연안바다에 있는 작은 섬에 제철소가 들어설 것을 예언해 이름 붙여진 일명 쇠섬이라 불리는 금호도(金湖島) ③광양시 진상면 깊은 산중에 소재한 황씨 집성촌으로 많은 인물이 배출됐던 마을이 여천공단 공업용수를 위해 수어댐이 생겨 마을전체가 소개됐던 비촌(飛村) ④영암군에 소재한 지역으로 큰 호수가 생겨날 것을 예지한 三湖 등이다.

그리고 지역의 수위에 명혈대지의 병낭이 간직됨에 따라 그 명당의 물형에 비춰 마을이름이나 지역의 이름이 붙여진 땅으로 ⑤광주시 북방에 있는 망월동 ⑥화순의 서쪽에 소재한 앵무촌(鸚鵡村) ⑦순천시 월등면에 있는 계곡(鷄谷)과 유동(酉洞) ⑧순천시 승주 용림땅에 있는 비촌(飛村) ⑨담양군 창평면의 주산리(舟山里) 등이 있다. 이런 지명은 그냥 아무 생각 없이 붙여진 것이 아니다.

풍수지리학에 도를 통한 옛 선현의 예지력에 의한 예언성에서 비롯됐거나 그 지역에 자리 잡은 대지 명당의 물형에 연유 돼 명명된 지명임을 재음미해 볼 수 있을 것이다. 그래서 의미 있는 '鳳田과 함께 떠나는 풍수기행'이 될 것이라 믿는다.

제2절 弘船出海形의 명당 광양 하포땅

컨테이너부두가 건설된 곳이 바로 광양시 골약면 하포마을의 해안지역이다. 조선 영조때 문신으로 그 활약상이 제일갔던 어사 박문수가 전국을 돌아보고 나서 가장 살기 좋은 땅으로 "조선 중에서도 전라도요, 전라도 중에서 광양이요, 광양중에서도 골약"이라고 손꼽기도 했다. 골약면 하포마을은 복된 땅으로 알려졌지만 풍수가에서는 홍선출해형(弘船出海形)의 명당대지가 있는 길지로도 널리 알려진 땅이다. 홍선출해형이란 한자로 풀이하면 '매우 큰 배가 바다로 나아가는 형국'을 뜻한다.

다른 결록을 보면 홍범출항형(紅帆出航形)이라고 기록돼 전해져 온다. 즉, 하포마을 동쪽에서 서쪽해안으로 이르는 형국이 마치 붉은 범섬이 빠져나가는 모양과 같아서 지어

진 이름이다. 그러나 홍선출해형으로 더 유명하다. 국어사전에서 찾아보면 큰 배를 지칭하는 말로는 거선은 표기돼 있지만 홍선은 나와 있지 않다. 그런데 우리 선현들은 거선출해형이라 하지 않고 왜 홍선출해형이라 했을까.

 굳이 한자의 전문적인 해석을 빌리지 않더라도 홍선은 매우 큰 배로 인해 세상에 널리 알려진다는 뜻이 함축돼 있음을 시사해주고 있으며 또 짐작하게 해준다. 이렇듯 명당길지가 간직된 땅이라고 알려진 골약의 하포지역에는 내노라하는 풍수연구가들이 선영을 길지에 모시려는 사람들과 함께 발길이 이어졌다고 한다. 필자 역시 하포와는 매우 깊은 인연을 맺어왔던 터라 항상 잊지 않고 있는 곳이다. 3년 전까지만 해도 평촌마을 인근 배등이라 불리우는 곳에 필자의 증조부모 산소가 있었다.

 필자가 이 세상에 태어나기 1년 전인 1939년의 일이다. 당시 명지관으로 동부 6군에서 널리 인정받아 명성이 자자했던 김오산 선생의 안내와 소점(所占)에 따라 증조부모 산소를 이른바 홍선출해형의 명당에 썼던 것이다. 필자는 이렇게 멀고도 낯선 곳까지 찾아와 홍선출해형의 명당이 소재한 땅을 비싼 값으로 매입해 선영을 모시고, 정성을 다해 온 선고의 집념에 대해 마음으로 부터 경의를 표하곤 했다.

[弘船出海形의 명당 광양 하포]

　그 오지의 허름한 땅을 구하기 위해 문전옥답을 팔았던 일은 당시의 사회적 인식으론 도저히 용납될 수 없었을 것이라는 생각이 미칠 때마다 증조부모 산소를 점혈해 준 그 지관도 신뢰했다. 그곳에 모신 증조부모님의 발음에 의해 그 대지명혈 만큼 가문의 번성이 기약되리라는 부친의 확신 또한 컸다고 볼 수 있다. 구례에서 족히 하루해가 걸려야 성묘를 할 수 있는 그 곳에 도착해 참배를 마치고 나면 함께 간 형제들을 벌안 잔디밭에 앉혀 놓고, 매양 들어서

귀에 못이 박힐 정도로 뇌리에 새겨진 홍선출해형의 명혈을 설명해주던 그 때 기억들이 선고의 모습과 겹쳐서 아련히 떠오른다.

묘소의 진산이 되는 구봉산(본명 구봉화산)의 수려한 기상이며 거기서 뻗어 내려온 내룡맥이 증조부모 산소에 이르러 기지맥지(氣止脈止:용맥은 마무리되고 기세도 마무리됨)된 곳이 증조부모 산소라는 설명을 듣기도 했다. 또 혈전에 펼쳐진 바다를 가리키며 해안 가까이의 바다에 떠 있듯이 자리 잡고 있는 매우 작은 섬이 다름 아닌 항해하는 배에 필수 도구인 닻과 같은 형국의 닻섬이며 그 보다 더 멀리 보이는 산이 묘도(고양이 모습과도 흡사한 여수시 소재 섬)에서 안아주니, 천혜의 명당이라는 것을 강조해 인식시켜 주곤 했다.

다시 강조하기를 어떤 일이 있어도 이 산소는 다른 곳으로 옮기지 말고 잘 지키도록 딩부했던 것이 이제인 듯싶다. 사실 증조부모 산소뿐만 아니라 마치 공동묘지라도 방불케 할 성노로 여기서기 자리 잡고 있있던 묘소들을 보면서 과연 어느 산소가 정혈에 들어선 것일지를 몹시 궁금해 하던 것은 그 후 많은 세월이 지난 뒤였다. 그 산소의 당주 하나하나에게 확인해 보면 모두가 각자의 선영이 홍선출해형의 진혈에 자리 잡았다고 할 것이라는 생각을 떨쳐 버

릴 수 없었다.

　그런데 부친의 유언과 당부를 어기고 증조부모 산소를
여천시 마산면 회룡고조형으로 이장한 때가 바로 3년 전
의 일이다. 필자가 풍수지리학에 깊은 관심을 갖고 미흡한
대로 연구에 몰두한 뒤, 그곳 산소가 진혈이 아니라 가국
이라는 것을 깨우치게 된 것은 선고가 타계한지 한참 후의
일이었다. 허혈에 선영을 그대로 두는 것이야말로 돌아가
신 선고의 뜻을 진정으로 실현하는 것이 아니라고 확신했
기 때문에 급기야 집안 어른들과 상의해 이장을 결행했던
것이다. 이장을 결심하면서 마치 선고에게 큰 죄를 짓는
것처럼 마음이 무겁기만했다.

　그러나 이장 과정에서 증조부모의 체백과 파묘자리의 상
태로 봐(목염과 충염이 만연됨) 타계한 부친도 지하에서
더 안심하고 기뻐하리라는 믿음을 갖게 된 것이다. 그렇
듯 명풍수로 이름났던 그 지사가 형기론에만 치우친 나머
지 전혀 교구통맥법과 재혈법을 깊이 고려치 않는 점에 대
하여 큰 회의와 원망마저 느꼈다. 증조부모 산소를 옮기던
날, "구례의 어른이 머나먼 이곳까지 몇 번을 내왕하면서
뱃등의 명당을 찾아 쓴 선영을 지키지 못하고 고인(필자
의 부친)의 뜻을 어기고 함부로 이장하는 것은 잘못된 일"
이라는 산소지기를 비롯한 인근동네 사람들의 쑥덕거림을

등 뒤로 듣기도 했다.

[배알도]　　　　　　　　[금섬전경]

　그러나 필자는 이곳은 음택 명당이 자리 잡아서 홍선출해형의 명당터로 알려진 곳이 아니라 수백 년 전에 어느 이인(異人)이나 풍수지리에 도가 트인 선현이 훗날 큰 배가 드나드는 항구, 즉 컨테이너 부두가 들어설 것을 예언했던 예지력이 잘못 전해져 명당의 묘터인 홍선출해로 확대 해석했을 것이고, 필자의 선고도 그 맥락에 연계돼 이곳까지 증조부모 산소를 썼을 것이라는 믿음을 갖게 됐다.

　물론 지금도 건설의 힘찬 망치소리가 끊이지 않고 확장되는 해안의 컨테이너 부두를 굽어보며, 후중하고 수려하게 솟아 있는 구봉화산의 형세로 봐서 그 주산 아래 어딘가에 예사롭지 않은 명당이 있을 것이라는 가능성을 갖게 하지만 그 곳 어디에도 배와 관련 있는 산이나 지형적 특

색을 찾아보기 힘들다. 또 풍수지리의 명당에 가끔씩 들먹여지는 行舟形이나 行舟山, 그리고 황룡부주형(黃龍負舟形)등 배나 바다와 관련된 형국은 물론 선대의 결록도 찾아보기 어렵다.

홍선출해, 매우 큰 배가 바다로 출항하는 형국의 명당이 있음을 암시하는 이 신비한 예언에 숨겨진 선현의 예지력에서 나온 예언성 명혈은 흔히 말하는 음양택의 명당의 이름과 연관된 것이 아니다. 이곳을 풍수지리적 관점에서 구조적으로 간찰한 선대의 형안이 현대적인 과학의 맥락에서 분석해 보지도 않고, 그리고 수심이 70m가 넘는 천혜의 조건을 갖춘 포구라는 것을 실증해 보지도 않고, 언젠가는 이곳에 후대들이 항구를 건설해 이용할 것을 예견한 그 혜안에 다시 한 번 경탄과 경의를 표한다.

풍수지리학은 단순히 집터와 묘터를 길지에 정해 생전이나 사후에 발복을 추구하는 개인적인 이해관계에서부터 하늘이 점지해 준 아름다운 강토를 더 크고 더 넓고 더 유익하게 이용할 수 있도록 배려함으로써, 공익성을 함께 추구해야 한다. 하포 땅에서 동쪽으로 손에 잡힐 듯 건너다 보이는 광양 제철소에서 연신 뿜어져 오르는 하얀 연기를 바라보면서 그곳에 제철소가 들어설 것을 수백 년전에 미리 예견해서 쇠섬이라 이름 붙여진 그 조그만 섬쪽으로 발

길을 옮겨갈까 한다.

[광양항과 제철소의 지도상의 지점]

제3절 광양제철소가 들어선 '金島'(상)

광양제철소가 광양만에 자리한 작은 섬 금도(金島 · 일명
쇠섬)에 들어선 것을 일컬어 세상 사람들은 상전벽해(桑田
碧海)의 한 표본이라고 했다.(지도에는 금섬으로 표기됨)
광양제철소, 더 정확히 말해 포스코 광양제철소가 광양만
어구의 금도를 중심으로 한 인근 바다를 메워 건설된 지도

벌써 20년 가까이 된다. 당시 세상 사람들이 놀랐던 또 한 가지는, 옛부터 작은 섬 금도를 속칭 쇠섬이라했는데 이름 그대로 쇠붙이를 만들어내는 거대한 제철소가 들어서 그랬던 것이다.

[광양제철소 진입로]

옛 선현들이 지어서 불러왔던 지명에는 미래에 실현될 가능성을 미리 내다보는 예지력에 의한 예언성이 내재돼 있다는 말이 실증적으로 입증된 것에 새삼 놀랐던 것이다. 당시 제철소 부지를 선정하는 과정에서 저간의 이야기로는 정치·사회적 요인이 개입됐고, 그에 수반돼 지정학적

관점에서 제철소의 적지로 선정됐다는 말이 나돌았다. 어쨌든 우여곡절 끝에 이른바 쇠섬의 해역에 제철소가 건립되고 지금은 한창 용광로의 불길이 하늘로 치솟고 있으며 각종 철강재의 원자재가 엄청나게 생산돼 한국을 세계적인 철강강국으로 자리 잡는데 기여하고 있다.

　이번 이야기의 중심은 광양제철소의 규모나 생산력에 있는 것이 아니다. 전혀 알려지지 않은데다 광양에서도 외진 해안에 자리 잡고 있던 쇠섬에 제철소가 들어설 것을 예지한 선현들의 혜안에 초점을 맞추려고 한다. 필자가 굳이 내세우지 않아도 지명에 대한 유래와 그 지명이 오늘의 실현성과 무관하지 않다는 것은 모두가 흥미삼아 한마디씩 해오고 있는 터이다.

　어느 곳은 비행기의 이착륙에 적격한 땅인 점을 예견해서 망운(望雲)이라했고, 어디는 온천수가 나올 것을 예지해서 온양(溫陽)이나 온당(溫堂)이라 했다는 등 그 종류도 가지각색이다. 그 타당성이나 검증된 사실 또한 어김없이 예언성 지명과 일치한 까닭에 놀라고 있다. 그러면서 전국적으로 그 사례를 모아 보면 매우 이채로운 관심거리가 될 것이라는 것도 빼놓지 않는다.

　앞 회에서 소개했던 광양 골약의 하포땅에 항구시설이 들어서 큰 배가 드나들 것으로 예견해 홍선출해형이나 홍

범출해형으로 명당터에 빗대 이름 붙임으로써, 이곳이 큰 항구 즉, 컨테이너부두가 개항된 것은 그 지정학적 특징과 바닷물의 흐름이나 수심을 가늠해서 그런 예언을 할 수 있을 법 하다고 가능성을 믿게 된다. 또 금도라고 지명을 붙여서 쇠섬이라 전해오게 함으로써, 오늘날 상상하기조차 힘든 엄청난 규모의 제철소가 들어선 것은 선현의 예지력에 따른 것

임이 확인돼 그 예언성에 감탄을 금할 수 없다. 도저히 믿어지지가 않는다 해도 지나침이 아닐 것이다.

그러나 엄연한 현실로 우리 앞에 입증된 지명의 예언성에 대해 그냥 누군가 재미삼아 꾸며낸 이야기쯤으로 치부한다면 이 이야기는 여기에서 끝나야 한다. 그러나 그렇지가 않다. 이를 풍수지리학적 관점에서 한 발짝씩 다가서다 보면 의아해 하면서도 다시 생각해 볼만한 깊은 뜻이 함축돼 있음을 새삼 찾게 되리라 믿는다. 그런 믿음을 바탕으로 이번 이야기를 풀어가려고 한다.

필자가 여느 풍수기행의 소재보다 어렵게 여기고 주저했던 이유는 금도에 관한 정보를 찾기가 매우 힘들었고, 그에 관한 전설이나 학문적 소재를 곁들여 소개한 참고 문헌 또한 구하기가 힘들었다고 솔직하게 고백한다. 행여 풍수지리학을 깊이 연구해 온 독자들에게는 '독자적 견해'

를 이렇게 쓸 수 있느냐며 견강부회(牽强附會)쯤으로 간과해 버릴 수도 있을 것이고, 또 일반 독자들도 너무 난해해 이해하기 어렵다는 반응도 있을 것이다. 이렇듯 만용(?)에 찬 글을 쓰게 된 것은 누군가는 꼭 접근을 시도해야 된다는 굳은 신념을 버팀목으로 삼았기 때문이다.

필자는 광양지역의 소재와 관련이 깊은 곳에 대해 세 번에 걸친 답산을 마쳤다. 한번은 풍수지리학 연구에 뜻을 같이한 동호인들과 간산함으로써 필자의 독단과 자기모순에 빠지는 우를 최소화하려고 힘썼다. 두 번째는 옥룡자 도선 국사의 「결록」(풍수지리적 관점에서 길지 명혈을 적은 책)을 바탕으로 심룡하기 위해서였다. 세 번째는 쇠섬과 관련지어진 백운산의 큰 산줄기와 그 영향권에 놓인 이른바 명당을 샅샅이 탐사하고 그곳과 쇠섬과의 상관관계는 어떻게 맺어졌는지를 살펴봤다.

필자 나름대로 간산을 통해 얻어진 결론은 쇠심이란 지명은 별 뜻 없이 붙여진 것이 아니라 백운산을 태조산으로 삼아 생기 있게 발달한 큰 산줄기가 섬진강과 바다로 둘러싸여 풍부한 물과 어우러져 어느 곳보다 크고도 확실한 명당 즉, 조화로운 약속의 땅을 간직한데 기인하고 있음을 분석적으로 파악할 수 있었다. 화제의 실마리를 풀기 위해서는 아무래도 광양지역이 갖고 있는 풍수지리적 여건과

특징을 짚고 넘어가는 것이 순서일 성 싶다.

도시(圖示)된 지도에 나타난 바와 같이 전남·광주지역의 산세를 통솔하고 있는 태조산(용맥의 본원이 되는 큰 산봉우리) 격인 무등산으로 부터 호남정맥의 한 가닥이 동남방으로 뻗어 내려 송광사 조계산을 넘어 간다. 곧이어 문유산, 바랑산을 거쳐 구례에서 순천으로 넘어가는 송치재와 용암산, 갈미봉, 갓거리봉을 지나 순천과 광양의 경계를 이루는 서면의 미사치를 넘으면 드디어 광양땅에 들어선다.

[광양항과 제철소의 조감도 및 지도상의 위치도]

여기서 처음 만나는 월출봉이 솟구친다. 다시 형제봉과 도슬봉을 넘으면 광양지역의 태조산격이라 부를 만큼 위용을 자랑하며 하늘 높이 치솟아있는 백운산(1216.6m)에 다다른다. 광양지역에 들어서서 발달한 호남정맥은 대지룡의 나아가는 지세가 매우 특이하다. 백운산에서 분맥된 큰 두줄기 중 한가닥은 구례땅의 경계를 따라 선회하듯 매봉을 세운 다음, 좌선(左旋)하다가 곡성과 구례땅을 적시며 대강(大江)으로 흐르는 섬진강을 왼쪽에 끼듯이 갈미봉이 솟구친 다음 남남동쪽으로 뻗어 내려 다압면을 거쳐 진월면으로 내룡한다.

이어 굽이굽이 상하좌우로 꿈틀거리며 새롭게 오른쪽으로 흐르는 수호천을 끼고는 불암산, 국사봉을 넘어 삼도재와 배암재를 지나 평지에 솟아오른 잼비산을 거쳐 사뿐히 내려앉은 산세가 마치 상운(祥雲)처럼 이어져 높아졌다가 낮아졌다하며 기복 위이를 반복하다가 남해안 고속도로가 가까워지는 주안에 이르러, 크게 낙맥해 벌 허리처럼 잘록하게 결인 속기를 형성한 후, 마지막 마무리를 하듯 비룡, 과협을 거쳐 천왕봉을 특립 특출한 수봉으로 일으켜 세운 다음 크게 우선하는 용맥이 기복, 위이를 반복하고 있다. 그리고는 마지막 결인처에서 마치 백운산에서 끊임없이 달려온 용맥의 기세와 그 속에 간직해 오롯이 싣고 온 지

기를 한곳에 응결시켜 감돌게라도 하듯, 망덕산을 일으켜 크게 뭉뚱그려 그 길고 긴 래룡의 행도에 크게 마침표를 찍는다.

그 망덕산이 바로 제왕지지의 천하대지가 숨겨져 있다는 명산이다. 그에 대한 자세한 이야기는 별도로 쓰기로 하고 백운산에서 또 한가닥의 대지룡맥을 더듬어 보기로 한다. 백운산에서 남쪽으로 낙맥 내룡한 다른 한줄기의 산맥은 옥룡자 도선 국사의 이름에서 유래됐다는 옥룡면과 진상면의 경계를 이루면서 뻗어 내리던 맥이 잠시 분맥 돼 옥룡면 동곡리와 진상면 어치리를 사이에 두고 하늘을 찌르듯이 기세 있게 솟아올라 마치 천상의 신선이 내려왔다 간 곳인냥 청수고고하게 그 자태를 뽐내며 만산을 호령하는 억불산을 세워 놓았다.

그 원줄기는 계속 내룡하다가 다시 분맥해 옥룡면과 옥곡면 그리고 진상면 등 3개 면의 경계를 이뤄 놓고 한 가닥은 계속 남쪽으로 내룡하다 광양읍과 옥곡면을 내려다 보는 국사봉을 세운 후 남으로남으로 내려오다가 재분맥을 이뤄 한 가닥의 용맥은 광양시 황길동 지세를 관장하는 구봉화산을 세운 다음 컨테이너 부두가 건설 중인 해안선을 따라 그 생명을 마무리한다. 그리고 다른 한 가닥은 남남동으로 흘러 가야산을 세우고는 이내 금섬(쇠섬)을 사이

에 두고 그 일생을 마무리한다.

다시 3개면(옥룡, 옥곡, 진상) 경계를 이루며 분맥된 또 하나의 용맥은 진상면으로 머리를 틀어 동쪽 방향으로 힘차게 내룡하다가 섬거리 일대에 생왕의 기세가 넘치는 각산 등 준봉을 일으켜 세우고 금이리 수달치와 방골재를 넘어 수어천을 만나 그 마무리에 임한다. 지루하리만치 광양지역 산맥의 용세를 두루 살펴 본 것은 궁극적으로 망덕산과 천왕봉에 백운산의 지기가 총 망라돼 서리게 됐다는 것을 설명하기 위함이다.

또 호남지역은 물론 전국적으로도 담양 창평과 무안 몽탄과 함께 인물의 고장이라고 널리 알려진 광양에서도 백운산 정기가 제대로 영향을 미쳐 영기가 응결된 진상면과 진월면 일대에서 그 숱한 인물들이 배출됐음을 시사하기 위함이다. **'어느 어느 고장에 가서는 인물자랑하지 말라'**는 말이 있다. 그 가운데 광양도 반드시 포함돼 회자되고 있다.

제4절 광양제철소가 들어선 '金島'(중)

광양제철소가 들어선 금섬이라는 작은 섬이 '쇠섬'으로

불리기 시작한때는 과연 언제쯤일까. 백운산을 태조산으로 삼아 생기있게 뻗어 내려온 대지룡(大枝龍)의 산줄기가 섬진강과 수어천이 합수돼 바다로 들어서는 강어귀의 금섬과 태인도를 배경으로 길고 긴 행룡을 마무리하고 빙글 돌아(회룡)앉아 마치 손자 산이 할아버지 산을 응시하듯 지기가 응결돼 서기를 가득안고 솟아 있는 망덕산 어딘가에 군왕지지의 명당대지가 의연히 자리잡고 있는데서 비롯됐음을 알 수 있다.

 그 것은 몇 번의 현지 답산을 통해 얻어진 생생한 자료와 옛 선각자들이 작성해 전해오는 명혈의 결록을 종합적으로 분석하고 평가해서 나름대로 실마리를 찾을 수가 있었다. 그 명당대지에 집터나 묘터를 잡아 쓰게 되면 생기있는 땅의 기운을 받아 태어난 후손 중에 군주의 재목이 될 만큼 큰 인물이 배출된다는 대지가 망덕산에 깃들어 있기 때문에 그 명당대지가 제 몫을 다해 발복의 기를 발현하게 하려면 쇠섬해역에 火氣(불기운)가 솟구치는 제철소가 들어서야 된다는 것을 풍수지리적 관점에서 언젠가 꼭 실현될 것이라는 예지력을 발휘, 금섬이라는 예언성 지명을 붙이게 됐다는 얘기다.

 군주시대엔 제왕지지(帝王之地) 또는 군왕지지라고 했겠지만 현대적 해석으론 한 나라의 국정을 책임지는 대통령

이나 그에 비견될 만한 큰 인물이 태어난다는 명당을 뜻한다. 군왕지지와 상제봉조형(上帝奉朝形)은 언뜻 같은 의미로 간주되기 십상이지만 담긴 뜻은 매우 다르다.

[망덕산에서 조망하고 백운산에서 발조해 군왕지지가 자리한 혈처까지 용맥의 내룡 행도와 혈의 좌우 산도 사진]

하나는 예언적 발복 가능성을 암시하고, 하나는 터의 물형을 비유한 것이다. 필자가 엉뚱하게 물형론을 들춘 까닭은 망덕산에 깊이 간직된 조선 10대 명당대지로 알려진 혈의 물형이 상제봉조형이라고 이름 지어, 결록을 통해 전해 오기 때문이다. 특히 혈의 물형에 임금 제(帝)자가 붙여지면 그 혈이 곧 군왕지지가 아니라 그에 따른 요건을 갖추었을 때 가능하다는 것을 강조하기 위해서다. 명당을 형성하기 위한 용맥이 참되고 혈처가 적중되며 그 규모가 크고도 후중한 요건을 갖추고 혈을 감싸는 주위의 보국 또한 잘 짜였을 때 그 氣感에 의해 그에 상응하는 큰 인재가 태어난다.

고려 태조 왕건은 도선 국사가 소점해 준 개성 송학산 아

래의 '늙은 쥐가 먹이를 향해 노적가리가 있는 밭으로 내려온다.'는 노서하전에 탯자리를 두고 탄생했다. 고 김대중 전 대통령의 생가 양택은 연화부수형(연꽃이 물위에 핀 형국)에서 태어났으며, 그의 친산은 천선하강(天仙下降)의 물형처에 이장했다. 고 박정희 전 대통령은 탯자리를 금오탁시형에 두고 조모의 산소는 비봉귀소형에 모셔졌다. 김영삼 전 대통령의 모친 산소는 '신령스런 거북이가 바다로 들어가는 영구입해형'에 자리 잡았다고 한다.

대원군이 왕권 복원을 위해 정만인의 도움으로 그의 선친 남연군묘소를 신하들이 임금을 받들어 섭정하는 상제봉조형으로 개장했다. 이 혈은 물형을 두고 여러 견해들이 있긴 있다. 꿩이 납작 엎드렸다는 복치형이라고도 하고, 또 어린 신선이 달을 희롱하는 물형이라 해서 선동농월형(仙童弄月形)이라고도 한다.

이런 사례의 명당 물형은 모두 군·왕과 관련된 혈명이 아니다. 다만, 남연군 묘소만이 상제봉조형으로 帝자와 관련이 있을 뿐이다. 여기서 중요한 것은 산소자리의 지세를 물형으로 분류하는 자체가 곧 명당의 대소경중을 가리는 척도가 아니라는 점이다. 상제봉조형의 군왕지지가 있어 국내 10대혈을 간직하고 있다는 망덕산의 옛 이름은 성덕산(聖德山)이었다.

하나의 산봉우리를 두고 이렇듯 다른 이름으로 명명된 것은 시대 변화적 배경 때문이다. 성덕산은 제왕지지의 큰 명당을 간직한 땅임을 이름으로 암시하고 있다. 이에 비해 망덕산 서쪽에 금성체의 수봉으로 솟아 망덕산에 간직된 대명당의 주산격인 산을 천왕산이라고 현시적으로 이름 지어 불렀던 것을 생각해보면 선현들의 은밀한 표현의 숨은 뜻을 짐작할 수 있다. 그러던 성덕산이 조선시대에 이르러 해안을 통해 왜구들의 침입이 심해지면서 왜구 침입을 미리 예방하기 위해 산위에서 망을 보며 지키기 시작하면서 망덕산으로 개명했다고 한다.

그렇다면 망덕산에 조선 10대 대지에 오를 만큼 이름난 명당대지가 자리 잡고 있어 제왕지지(군왕지지)라고 전해져 온 내력은 어떤 근거에서 그랬을까. 도선 국사가 광양 땅 옥룡사에서 35년 동안 수도하며 불교 가르침을 전파하다가 옥룡사에서 입석했다. 옥룡사터도 도선 국사가 직접 간산을 통해 명당 터에 설정했으며 그 결점을 보완하기 위해 동백림을 조성했다.

그런 연유로 광양군의 한 구역이 옥룡면으로 명명됐다고 한다. 또 광양지역에 알려진 명혈대지와 예언성 지명을 남긴 유산록(결록)은 옥룡자에 의해 만들어져 전해왔을 것이다. 그리고 어느 것 보다 그 결록의 신뢰성이 높다고 믿게

된다.

그 가운데 망덕산(당시는 성덕산)의 제왕지지에 관한 내용을 살펴보면 다음과 같다. '광양땅 망덕산 아래에 임금을 받들어 섭정하는 물형의 명당대지가 있으니 그 혈의 전면 방위에는 임금과 신하가 마주보는 격의 안산과 조산이 다정히 혈을 감싸고 있다. 혈처를 만들기 위해 들어오는 용맥은 동북쪽에서 서남방으로 뻗어 오다가 서북쪽에서 동남쪽으로 돌아서 혈이 있는 방위로 향해서 온다.

혈의 坐는 정북 쪽인 子방에 두고 혈 앞으로 흐르는 냇물은 좌와 향에 합법한 내방으로 그 모습을 감춰 파(수구)를 이뤄 빠져 나가며 터가 결정되는 이법은 태극의 8괘에 해당되고 마무리되는 혈처의 지기가 감도는 곳에는 아주 큰 바위 아래에 위치한다. 정혈을 잡아 쓰면 부귀의 명성이 세상에 널리 떨치게 되고 대 성인이 배출돼 그 명성이 하늘에 닿는 인물이 될 것이며 부귀 또한 3천년에 달할 정도로 장구할 것이다.

또 다른 결록에는 '성덕산 아래의 帝자(임금제자의 외형을 이어 놓은 모양의 산세) 형국의 명당 혈이 있으니, 태극의 혈로 결작 했으며 그 혈은 암석과 암석의 아래에서 자세히 살펴서 찾아야 한다.

하늘이 깊이 숨겨놓은 이 큰 명혈대지는 그와 인연을 낀

복인에게 하늘이 내줄 것이며 이 큰 명당길지를 얻어 쓰려면 3대에 걸쳐서 덕을 쌓아야 마침내 진혈을 찾아 용사하게 될 것이다.'라고 기록돼 있다. 위의 두 가지 결록내용을 숙지하고 나서 현장에 이르러 결록의 내용과 연관 지어 용세를 살펴 보건대, 그 내용과 대상이 망덕산의 대지에 한정되지 않고, 그 대상이 서로 다름을 발견할 수 있었다.

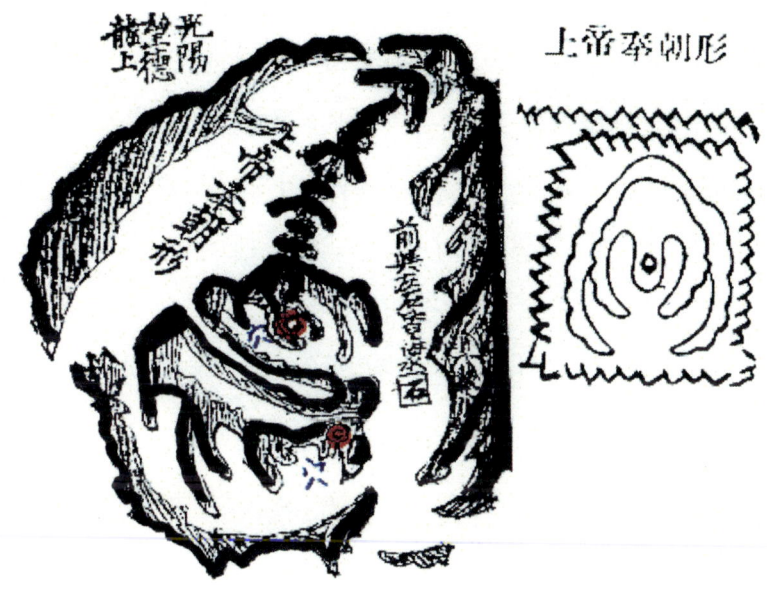

[망덕산의 상제봉조형 결록 산도]

다시 말해 첫 번째 '**망덕산 아래…**'로 시작된 결록은 산

명으로 봐서 왜구출몰이 잦았던 조선시대에 쓰인 것임을 짐작할 수 있다. 그리고 무엇보다 결록내용과 현지 용세와 혈처 및 산맥의 흐름 등의 상태로 봐서 망덕산의 상제봉조형을 작혈하기 위해 그 서쪽에 목성을 겸한 금성체로 우뚝 솟아 수려함을 뽐내고 있는 주산에 해당되는 천왕산 아래의 양택 명당터를 적시하고 있다. 군신조천안이라는 결록 내용에서 그 짐작이 크게 벗어나지 않고 있다.

천왕산 아래의 대지명혈 양택은 이미 검증된 지 오래된 수혈이 있다. 조재천씨가 바로 천왕산 아래의 양택명당에서 태어났다. 1912년 광양군 진월면 소재의 천왕산 아래의 구룡마을에서 태어난 조씨는 이웃의 진상면 섬거리 각산 아래 마을에서 출생한 엄상섭씨와 함께 우리나라 법조계와 정계의 거봉으로 알려진 인물이다. 조 씨는 고등고시에 합격한 후 판·검사를 거친 뒤 광양에서 국회의원에 당선되고 이어 대구에서도 당선 됐다.

내무장관, 법무장관을 거치는 등 당대의 탁월한 국중 인물로 손꼽혔다. 그가 바로 망덕산 군왕지지를 만들기 위해 백운산 정기를 한곳에 응축시킨 주산격인 천왕산의 정기를 타고 태어난 인물인 것이다.

구룡마을은 조씨와 버금가는 인물이 많이 배출된 양택명당으로 알려졌다. 첫번째 결록 내용과 현지 용격이나 혈처

가 거의 결부되고 있음을 볼 수 있었으며 그 큰 바위아래의 조재천씨 탯자리는 50평도 못되는 나대지로 남아 있어 안타깝기 그지없다.

　두 번째 옥룡자 결로 제시된 내용 즉, '성덕 산하…'라는 옛 이름으로 시작된 점으로 미뤄 첫 번째 결록보다 작성시기가 훨씬 앞섰음을 확인해 준다. 또 그 내용과 현지 간산을 통해 확인 실사한 산줄기의 행도 형태와 법칙을 비교한 결과, 두 번째 결록에 더 부합돼 있음을 알 수 있다. 그리고 다른 풍수서에 띄엄띄엄 소개된 망덕산 제왕지지의 국세에 대한 특색에서도 두 번째의 옥룡자 결록이 접근돼 있음을 확인할 수 있었다.

제5절 광양제철소가 들어선 '金島'(하)

[망덕산의 후면 전경]

金島(쇠섬)와 제철소가 관련된 예언성 지명의 연원을 밝히려는 이야기가 꽤 길어지고 있다. 금섬이라는 작은 섬이 언제부터 쇠섬으로 명명됐는지를 밝히려는 의도가 이번 풍수기행의 특색이다. 광양제철소가 들어선 해역의 작은 섬이 쇠섬이라고 지명이 붙여진 것을 풀기 위해선 그 인근에 솟아 있는 망덕산이 백운산의 지기가 마무리되면서 그 산 어딘가에 제왕지지가 존재한다는 것을 밝혀야만 한다. 다시 말해 그 명당에 선조의 체백을 안장해 그 영기를 받아 동기 감응되면 후손 중에서 국가의 통치권자가 배출된다는 음택명혈 대지가 자리 잡고 있는데, 그 명당대지가 제대로 운기를 발현하기 위해서는 크게 두 가지 요건을 갖춰야 한다는 얘기다.

우선 백운산, 더 나아가 무등산으로부터 망덕산까지 이어지는 산맥을 따라 흘러온 지기가 망덕산 어딘가에 이르기까지 끊임없이 이어져 그 지기가 상서로운 지기 즉, 서기로 변환돼 흩어지거나 새어남이 없이 오롯이 혈처에 서려 맴돌게 되는 요건을, 지기를 공급해온 용맥이 제대로 갖춰 뻗어 내려왔는지를 밝혀보는 것이 풀어야할 첫째 과제다.

둘째는 그렇게 작혈된 명당대지가 제 몫을 다하기 위해서는 주위의 여건, 즉 혈을 둘러싼 울타리격인 보국이 풍

수지리학적 이치에 맞게 잘 짜여져 그 대지명당이 지니고 있는 역량을 크게 발양시킬 수 있게 돼 있는지를 분석적으로 가려봐야 한다. 그러므로 망덕산을 중심으로 남쪽에 위치한 작은 섬이 과연 어떤 역할을 해야 되고, 결점이 있다면 어떤 요건이 보완돼야 하는지를 따져 나갈 때 쇠섬의 신비성은 그 실체를 드러나게 된다.

망덕산의 제왕지지 상제봉조형에 이어지는 내룡맥이 과연 대지대발의 지기를 감돌아 응축시킬 수 있는 행도를 제대로 갖췄을까. 전회에서 소개했던 선현들의 결록에 따르면 태극혈이니 팔괘혈을 적시하면서 용맥과 맺은 혈이 군왕이 배출될 수 있는 요건을 갖추었다고 기록돼 있다. 그러나 독자들이 이해하기가 매우 난해한 까닭에 전문적인 용어를 그대로 인용해 설명하는 것은 피하고 알기 쉽게 설명한다. 태극혈과 팔괘혈은 혈을 작성하려는 마무리 용맥이 4태(四胎)의 용맥으로 형성돼야 한다는 것이다.

[망덕산의 행룡 전경]

그렇다면 사태(四胎)의 용맥이 형성됐다는 것은 어떤 의미인가. 태극은 음양오행의 근원이요, 따라서 태극으로 혈이 이뤄지면 자연 팔괘혈의 형성을 뜻하는 것이다. 따라서 팔괘혈이 이뤄졌다는 것은 곧 용맥의 교도(산줄기가 일정한 법칙성을 유지하면서 꺾여서 진행하는 모습)가 4태를 형성했음을 의미한다.

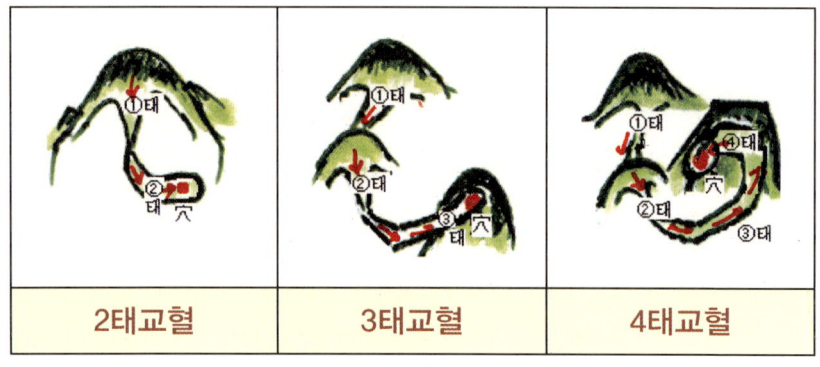

| 2태교혈 | 3태교혈 | 4태교혈 |

[도 l : 각각의 태교룡]

경(經)에 이르기를 「혈을 만들려고 오는(來) 용맥을 중심으로 1천보(1km) 이내에 4태맥이 서로 만나 교구하면 제왕지지가 된다.」라고 했다. 그렇다면 혈을 만들기 위해 그 혈에 이르기까지 맥이 산봉우리로 부터 전해오는 기운을 일정한 곳에 이르러 다른 데로 유출되거나 새어나지 않도록 빙글빙글 맴돌 수 있는 요건을 갖출 수 있게 하는 태교

룡이 되려면 어떤 형태를 갖춰야 하는지 이해해야 한다. 이는 전문성을 요구하는 학리적 설명으로는 이해하기 어려운 탓에 [도Ⅰ]을 참고하면 좋을 성 싶다.

8괘의 용맥이 차례대로 굽이굽이 절룡상태를 규칙에 맞게 내룡하게 되면 2태, 3태, 4태의 교구를 형성하게 된다. 2태는 서민의 부귀가 기약되고, 3태는 장상(將相)이 기약되며 4태는 앞서 설명한 대로 군왕지지가 된다. 그런데 망덕산에 깃들어 있다는 군왕지지 상제봉조형의 명당대지를 작혈하기 위해 내룡한 용맥을 이웃 구룡마을에 소재한 주산인 천왕산에서 부터 자세히 살펴보고 실제로 측정한 결과, 우선룡의 4태룡이 틀림없었으며 필자의 걸음으로 1천 500보 이내에 자리 잡고 있었다.[도Ⅱ 참고]

여기서 필자가 너무 경이롭고 새로운 사실을 발견한 것은, 이후 '**역대 대통령의 생가터와 선영편**'에서 자세히 밝힐 예징이지만 어느 대통령의 생가디를 만들기 위해 내룡한 용맥 역시 4태용맥의 교구를 이뤘다는 점이다. 우연의 일치라고 하기에는 형기나 이기가 너무나 확실하게 맞아 떨어져 새삼 경탄을 금할 수 없다.

이제 두 번째 변인인 보국(혈처를 둘러싼 주위의 짜임새 있는 옹위 상태)을 살펴볼 차례다. 망덕산의 대혈에 맺혀서 감도는 지기를 잘 보존하기 위해서는 무엇보다 그 명

당터가 지니고 있는 주체(망덕산)를 잘 보호하는 원근간에
걸친 주위의 산수가 제대로 자리 잡아야 한다. 그리고 그
것들이 주체를 감싸고 보강해야 할 것이다.

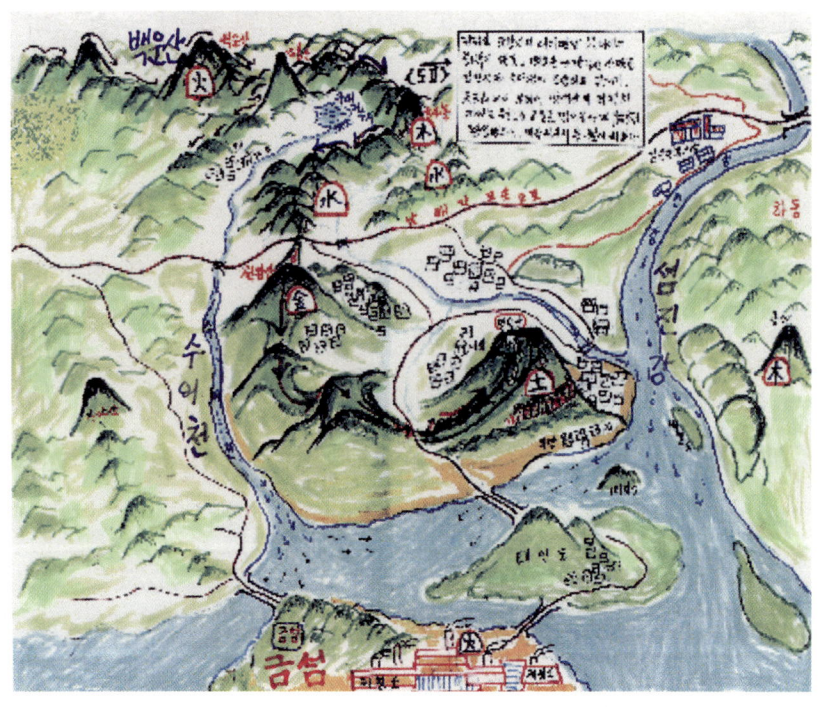

[도Ⅱ: 망덕산 상제봉조형의 작혈 산도]

[도Ⅱ]에서 보듯 망덕산을 가운데 두고 4방 8방이 형태
상으론 잘 짜여 있음을 [도3-1]에서도 확인할 수 있다. 정
남쪽에는 태인도가 자리 잡고, 바로 서쪽에는 금섬이 자리
잡아서 남방의 공허함을 보완해 주고 있다는 얘기다. 태인

도는 원래 도술에 능하고 앞날을 내다보는 예언에 능통해 큰 인물로 널리 알려진 전우치라는 도인이 이 섬에서 살았다 해서 대인도라고 불리다 태인도로 바뀠다고 한다. 그런 그가 만년에 왜 남쪽 땅 외진섬에서 생을 마무리했는지는 알 수 없다. 다만 도술과 신선사상이 뛰어나 이 곳 금섬에 대한 예언성 지명과 어떤 인연을 맺지 않았을까 하는 추측만 무성할 따름이다.

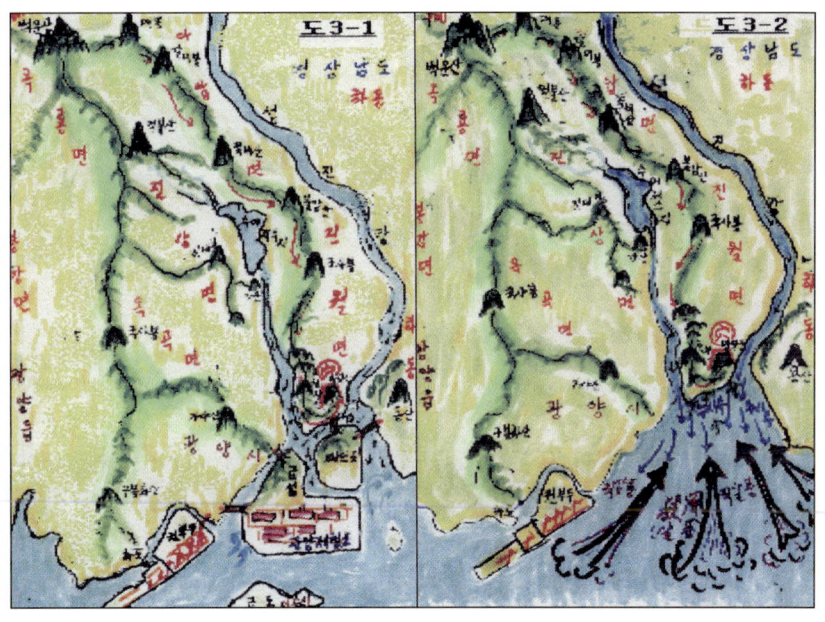

[도III: 망덕산의 산도와 배경변화 예상 산도]

만약 [도3-1]과 같이 남쪽의 공허함을 태인도와 금섬 및

배알도(왕을 배알하는 형국의 섬) 등이 메워 주지 않고 드넓은 바다로 트여 있게 됐다면 [도3-2]와 같이 바다로 부터 거침없이 불어오는 서남풍과 동남풍이 망덕산을 바로 때려, 직살풍의 폐해를 면치 못할 것이다. 또 바람과 함께 거세게 밀어닥친 파도를 맞아 이른바 겁배수(劫背水)라 해 인물이 소패하고 절손의 근심을 주는 대흉수를 막아내지 못한다. 그리고 섬진강과 수어천에서 흘러온 물이 망덕산 뒷면에서 감돌아 수전현무의 장점을 살리지 못하고 오히려 혈의 뒤쪽에서 앞쪽 용혈의 생기를 설루시키는 '누시수'의 흉을 범하게 될 것이다.

쉽게 말해 망덕산의 제왕지지에 서린 기운을 빠져나가거나 악화시키지 않도록 망덕산 뒤쪽을 잘 감싸고도는 물길이 돼야 한다는 뜻이다. 누시수는 혈전이 아닐지라도 그 피해가 매우 크게 나타나므로 주의를 요하는 흉화의 물에 속한다. 따라서 남방에 금섬, 태인도, 배알도 등이 풍살과 수살로 부터 혈의 주체인 망덕산을 뒤쪽에서 직충하는 흉함을 막아주고 있어 제왕지지를 지키려는 보국이 조성됐음을 확인할 수 있다.

[도 Ⅳ]의 오성귀원도에서 보듯이 산봉의 형상으로 봐 화성은 남쪽에, 금성은 서쪽에, 목성은 동쪽에, 그리고 수성은 북쪽에 자리 잡고 있으며 토성이 중앙에 자리 잡고 앉

아 결혈한 것을 의미하는데 '오성취강'보다 그 역량이 더욱 크고 극히 귀한 것이라 한다.

이를 망덕산 제왕지지의 극귀혈을 기반 삼아 대입해 보면 혈을 간직한 토성체산의 망덕산을 중심으로 동쪽에는 하동의 용산이 목성체산으로 특립해 있고, 서쪽에는 주산격인 금성체산이 천왕산으로 우뚝 솟아 있으며, 북쪽에는 마롱리 뒷산이 수성체산을 이루고 있다.[도Ⅱ참고] 그런데 남쪽에 있어야 할 염정의 화성체의 산봉우리가 중앙토성을 보위하는 역할을 해주지 못해 그 결점을 면할 수 없다.

이 세상에 천장지비로 간직되고 있는 큰 명당은 천작(天作)으로도 결점 없이 그 국세와 요건을 갖추지만 그 명혈 대지가 발복의 시기를 맞이하면 자연변화나 사람의 힘에 의해 결점이 보완돼 제대로 명당요건을 갖추게 된다고도 한다.

망덕산(옛 성덕산)에 하늘이 깊이 감추어 둔 군왕지지의 천하대지가 그 역량을 한껏 발현하게 되는 시기가 오면 반드시 남쪽에 보완해야 할 염정의 화성산 대신에 화기가 왕성하게 일어날 것임을 선현의 예지력이 분명 예언성 지명을 남겼을 것이다. 그렇다면 왜 그 화기의 보완점이 다름 아닌 제철소의 용광로였을까.

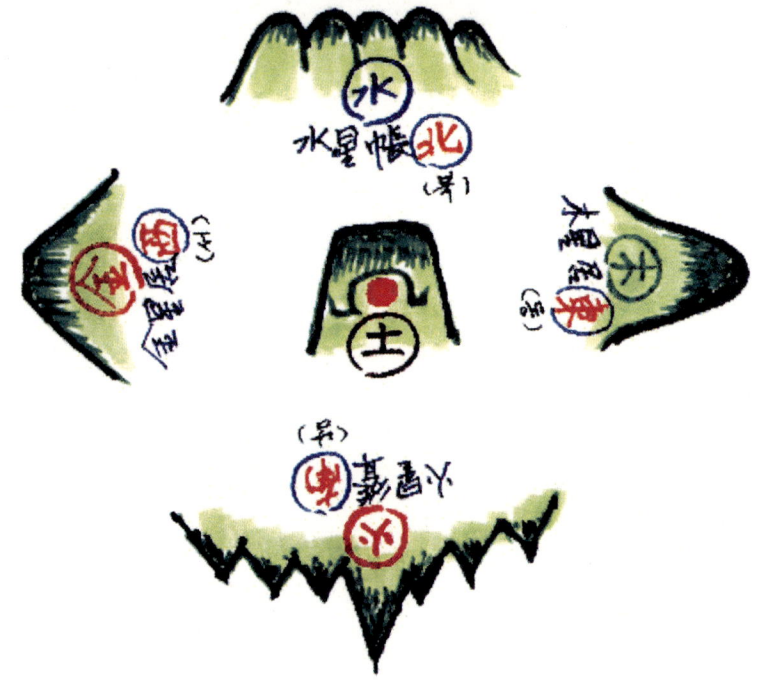

[도Ⅳ : 오성귀원도에 적용해 예측한 상제봉조형]

화력발전소 등 다른 것으로 예언했을 법 한데도 말이다. 필자가 네 번의 현지답산과 귀중한 자료를 한데모아 규명해 보건대, 망덕산 제왕지지의 좌(坐)는 이른바 성수오행으로 수성에 해당되며 그 혈장에서 금섬(금도)은 9층 나침판의 6층으로 측정했을 때 미방(남남서쪽)에 위치했고, 그 미방은 성수오행(혈주위의 산봉 등 沙를 측정해 그 방위에 따라 설정하는 오행)으로 봐 금성에 해당됐다. 따라서

오행의 상생상극의 이법에 따라 미방에 놓인 금섬의 성수 오행 금성은 망덕산 군왕지지 혈좌(穴坐)의 수성을 생하여 주는 상생관계를 형성케 한다.

[도Ⅳ]의 오성귀원의 원리에 의해 상생관계를 따라 분석해보면 제철소의 화기는 중앙의 망덕산 토성을 생토로서 생하여 결함된 보국을 보완해 줘, 제왕지지를 담고 있는 망덕산의 역량을 확충해 주고 있고, 금섬의 미방 금성은 제왕지지 혈좌의 성수오행인 수성을 생하여 명실상부한 보국의 결함을 보완함으로써 이제 망덕산의 제왕지지가 그 역량을 발휘되는 발복의 시기를 맞이했다고 볼 수 있다.

이런 연유와 제반 풍수지리의 여건에 비춰보면, 망덕산 군왕지지와 관련, 금섬해역에 화기가 충만한 제철소가 들어설 것을 내다보고 그 예언성 지명이 지어져 수백 년 동안 회자되고 마침내 예언성 지명이 현실로 나타난 것이다. 필자의 이런 주장에 대해 반론은 물론 더 발전되고 확고한 학리적 배경을 제시 할 수도 있을 것이다. 하지만 필자가 앞서 설명했듯이 [도Ⅳ]의 오성귀원에 근거를 두고 있음을 다시 한 번 확인해 둔다.

오히려 혈을 만들기 위해 내룡한 주룡이 오성연주(혈을 짓기까지의 용맥이 마치 구슬을 꿰듯이 오행으로 상생해

접속된 상태)격으로 돼 있음도 덧붙여 강조한다. 따라서 망덕산의 군왕지지는 분명 진혈이며, 언젠가는 이곳 광양 땅에서 한 나라의 정권을 섭정하는 큰 인물이 탄생할 것으로 믿어 본다. 이쯤해서 쇠섬의 이야기를 마무리하고 이웃 진상면 비촌(飛村)으로 발길을 옮긴다.

제6절 수어댐공사로 하루아침에 마을이 사라진 飛村(상)

飛村(비촌)은 선대의 예언대로 인접한 마을까지 물에 잠기면서 이름 그대로 하루아침에 마을이 없어지고 말았다. 깊고 넓은 골짜기에 자리 잡은 날멀(**날아갈 마을의 속칭**)과 어치골은 지난 1974년 수어댐 공사가 착공되면서 대대로 살아온 사람들이 떠나고 대신에 수어저수지가 들어서 거대한 호수가 생겨났다. 수어저수지는 처음엔 여천공단(현 여수 산단)의 공업용수로 공급되다가 지금은 광양제철소의 공업용수로 전용되고 있다. 100여 호가 넘는 마을이 없어지고 살던 사람들 중 극소수가 위쪽 언덕으로 이전하고(사진 참고) 모두가 연고지를 떠나 실향민이 됐다.

[수어저수지가 조성된 뒤의 비촌 모습으로 ㉮지점에 보이는 마을에는 이곳 농토를 대토삼아 높은 곳으로 이주한 소수의 주민이 살고 있고 ㉯지점은 섬진강에서 통수돼 온 물이 하얀 물보라를 보이고 있다.]

선대의 예언성 지명대로 마을이 온데 간데없이 날아가 버려 결국 이름 그대로 飛村이 되고만 셈이다. 원래 비평리(비평과 평촌을 통칭)를 날멀(날아갈 마을의 속칭)로 불리어 왔으나 이 마을은 창원 황씨의 집성촌이기도 했다. 항일 독립투사 황병학의 장형이며 구한말 의병활동을 했던 황병중(1871년생)은 덕망 있는 유림학자로 비촌마을에 운수장이라는 고암서실을 짓고 은거하면서 후학양성에 앞장섰다.

옛날 이 곳으로 들어오는 입구의 백학동 공새바위에는 병화불입지지(兵火不入之地), 즉 전쟁의 피해를 입지 않는

안전하고 평화로운 땅임을 암시하기도 했다. 학식과 덕망이 높은 인물의 고장이라고 해서 기념비가 세워진 것이다. 원님까지 말에서 내려 예의를 표할만큼 비평리는 인물의 고장이었다. 자유당 시절에도 국회의원 황숙현, 진흥원장 황호, 부산시청 내무과장 홍호현, 감사원 민원심의관 황호부, 교육계 황창운 등 그 수를 헤아리기가 어려울 정도로, 빼어난 인재들이 배출됐다. 이렇듯 명문 고장을 지켜왔던 후예들이 하루아침에 선조의 숨결이 깃든 정든 땅을 뒤로 하고 이곳저곳으로 삶의 터전을 옮겨야 했던 것은 무엇으로 설명해야 할까. 공교롭게도 이곳 역시 하포땅과 함께 필자와는 매우 깊은 인연을 맺어왔다.

[비촌의 옛 모습]   [수어저수지 댐과 각산]

수어댐을 막기 전, 비평리와 경계를 이루면서 인접해 있

는 섬거땅(蟾居·두꺼비가 산다는 것으로 직역됨) 각산 아래 한 모퉁이에 필자의 조모산소가 있었기 때문이다. 홍선출해형 명당을 찾아 골약땅 하포의 뱃등에 증조부모 산소를 이장했던 것처럼 이곳 섬거땅 각산 아래 어딘가에 '갈우음수형'(渴牛飮水形) 즉 목마른 소가 물을 마시는 형국의 음택명당이 있다는 것을 전해 듣고 할머니 산소를 옮겨 왔던 것이다. 물론 수어댐 건설과 함께 조모산은 다시 본향으로 옮겼다.

이번 소재를 얻기 위해 모처럼 찾아간 섬거땅과 인접한 수어저수지를 보면서 어린 시절 선고를 따라 이곳까지 성묘를 다녔던 기억과 함께 전혀 알아볼 수 없을 정도로 많이 변해 버린 이 고장의 발전된 모습에 놀라왔다. 수백 년 뒤의 변화와 발전상을 미리 내다보고 이 곳 수어저수지 물속 깊은 곳에 삶의 본향이 잠기게 될 촌락의 이름을 비촌이라 이름 지었던 선대의 혜안과 예지력은 어디에다 주인점을 뒀을까. 또 없어져 버린 마을 대신 넘실거리는 수어저수지의 물이 섬진강을 낀 이웃 다압면으로부터 통수돼온 물로 채워져 마르지 않을 것을 내다보면서 수어저수지와 바로 인접한 지명을 '섬진강 물이 산다' 는 섬거라고 한 것은 무슨 연유일까.

여기에 대한 답은 어느 불교학자의 말처럼, 두 가지 방

면에서 접근해 찾아낼 수밖에 없을 성 싶다. 두 가지란 이판(理判)과 사판(事判)이다. 이판이란 명시되어 있지 않은 데이터(invisible data)를 가지고 사태를 파악하는 방법이고, 사판이란 명시된 데이터(visible data)를 가지고 파악하는 방법이다. 사판은 드러난 현상에 대한 분석이라면 이판은 이면에 잠재돼 있는 부분에 대한 분석이라고나 할까. 전자가 합리적 파악이라면 후자인 이판은 다분히 신비적인 파악이라 할 수 있다.

어떤 사안에 대해 정확한 판단을 내리기 위해서는 이판과 사판 양쪽을 모두 봐야 한다는 게 고승들의 입장이다. 한쪽만 봐서는 미급이다. 이판과 사판을 모두 통과해야 실수가 적다는 얘기다. 그래서 이판사판이란 말이 생겨난 것이다. '이걸로 보나 저걸로 보나 답은 하나로 나왔으니, 행동으로 옮길 수밖에 없다'가 이판사판인 것이다. 불교의 화엄철학에서는 이 경지를 이사무애(理事無碍)라고 한다. 사판적 분석이야 세상사에 밝은 사람들이 많을 터이니 제쳐두고, 주로 이판의 입장에서 비촌과 섬거의 예언성 지명 연유를 캐내기로 한다. 이판의 각론으로 들어가면 삼재(三才)와 만난다.

삼재란 천문, 지리, 인사를 포함한다. 대만 총통의 국사를 지낸 남회근(1918~)선생은 그의 저서 「역경계전별강」

에서 삼재를 명리(命理) 지리(地理) 의리(醫理)로 요약하고 있다. 이중 의리는 70년대 초반 대학 한의학과의 제도권에 들어와 학문적 위치로 자리 잡았지만 명리와 지리는 여전히 제도권 밖에서 학문적 자리매김 없이 그저 잡술정도로 치부되고 있다. 정말 안타까운 일이다.

필자가 굳이 미흡한 지리적 안목이지만, 예언성 지명 등 풍수지리에 깃들어 있는 선대의 예지력에 따라, 그에 스민 깊은 연유를 살피려는 까닭은 사실과 현상 등 현실적으로 생생하게 드러나 발생되거나 입증되고 있는 것을 아직 과학이 따라잡지 못해 그 검증이 확정적으로 파악되지 않는다 해서 마냥 미신이나 잡술정도로 치부해 버리면 이 분야의 학문적 연구는 소멸되고 말 것이라는 노파심에서 비롯됐다.

아니 언젠가는 임응승 신부의 말처럼 과학이 이 분야를 입증시켜 그 학문적 바탕이 인간의 삶을 더 기름지게 가꾸는 지혜로움으로 창출될 것이라는 믿음에 기조를 두고 있다. 이야기가 옆길로 벗어난 듯 하지만 따지고 보면 비촌과 섬거의 지명이 선현의 예언대로 실현됐음을 설명하자니 다소 부연된 사설이 길어졌을 뿐이다. 결국 이판의 속성인 신비성에 근접되는 지리적 안목에서 그 신비성을 풀어야겠지만 그에 관한 설명을 곁들인 것이다.

풍수이론을 어떤 시각에서 보면 '신명의 세계라고 하는 신비한 영역을 인간의 경험과 이성의 차원으로 유형화한 평균개념'이라고 할 수 있다. 그러나 정통의 학문적 이론을 파고들면 어느덧 과학의 경지에 들어서고 있음을 깨우치게 된다.

이제 비촌과 섬거의 이야기로 돌아가서 선현들은 어떤 연유로 '날멀과 어치골'이 수어저수지로 물이 가득 채워져서 마을이 없어지고, 그 댐이 섬진강의 물로 채워져 섬거의 땅이 될 것임을 미리 내다보고 그런 예언성 지명을 남기게 됐는지를 따져 봐야 겠다. 신비의 베일을 벗겨가다 보니, 여기에도 쇠섬과 홍선출해와 같이 풍수 지리적으로 천하대지의 명혈에 그 연원이 있음을 발견했다.

제7절 수어댐공사로 하루아침에 마을이 사라진飛村(하)

산서나 결록마다 광양땅의 유명한 음택명당으로 억불산 아래의 황룡등운형(黃龍騰雲形·황룡이 구름을 타고 승천하는 형국)을 소개하고 있다. 풍수지리에 관심을 갖는 사람들 역시 억불산 황룡등운형의 음택명당을 천하대지로

들먹인다. 어떤 이는 망덕산의 상제봉조형의 군왕지지보다 한 수 위에 속하는 대지이며 여기가 바로 군왕지지라고 추켜세우기도 한다.

그러나 필자가 간산을 통해 평가한 결과, **"꼭 그렇지만은 않다"**는 것이다. 혈을 주관하는 뒤 산봉의 규모나 기세로 봐, 언뜻 억불봉 아래의 그 명혈을 제왕지지로 확대해석할 가능성이 있다. 적어도 두 가지 관점에서 필자는 견해를 달리 한다.

하나는 제왕지지의 대지혈을 짓기 위해 내룡한 용맥은 진행법칙(行度)이 4태교구에 합법해야 한다. 또 하나는 대지 진혈은 용맥이 태조산에서 시작된 상락지점에 해당하는 조악한 영역에 작혈되지 않고, 용맥의 마무리 단계인 하락지점에 작혈돼야 한다. 이는 풍수지리의 핵심원리인 용진혈적에 접근되는 이치다.

억불산 황봉등운형노 석산 바로 아래에 자리하지 않고 상당히 내려와 진혈을 맺긴 했어도 용세의 전체 구조로 봐, 상락의 영역임을 배제할 수 없다. 어쨌든 억불산 만큼 빼어난 산봉이라면 호남 56대지의 반열을 훨씬 뛰어넘어 국중 대혈의 범주에 들 만큼 천하대지를 작혈하고도 남을 것이라는 믿음을 갖게 한다.

[억불봉과 수어저수지의 조화가 무척 아름답고 장엄하다. 저수지
한 가운데 물보라가 바로 섬진강으로부터 들어오는 물줄기다.]

수어저수지 위에 거대한 산 그림자를 비추면서 하늘을
찌를 듯이 높이 솟은 억불봉의 위용과 기상은 직접 눈으로
확인하지 않고는 실감이 나지 않는다. 억불봉이 천상의 기
운을 받아 땅속의 큰 지기와 조화합국을 이뤄 그 아래 어
딘가에 서기를 응축시켜 깊이 숨겨 놓은 대혈이 바로 황룡
등운형의 음택대지인 것이다.

그 명혈대지가 큰 역량을 발현하기 위해서 절실하게 보
완해야 할 풍수 지리적 요건이 바로 억불봉의 음기와 배합
해야 할 양기, 즉 물인 것이다. 아무리 서기에 찬 대지가

응결돼 있어도 그 기운을 명당의 혈장에 오롯이 간직해 발음으로 이어지게 하려면 응축된 땅기운을 흘러내리거나, 새어서 흩어지지 않도록 하는 장치가 다름 아닌 물이기 때문이다.

그래서 이름난 명당일수록 반드시 산·수가 어우러져야한다. 하늘이 큰 대지명당을 억불봉에 천작해 놓고는 그냥 무용의 상태로 두지 않는 것 또한 하늘의 어김없는 뜻이다. 하늘이 점지해 놓은 천기를 세상에 쓸모 있게 내 놓아 제몫을 하도록 비촌마을을 다른 곳으로 이주케 하고 그 깊고도 넓은 자리에 물을 가득 채우게 될 것을 미뤄 확신했던 선현의 눈으로 비촌이라는 예언성 지명을 지었을 것이라고 믿는다.

예지력에 의한 선현의 예언성 지명 비촌은 그 예언대로 어느 날 흔적도 없이 사라지고 그 곳엔 푸른 물이 넘실대고, 수봉으로 높이 솟은 억불봉과 조화의 극치를 이루고 있다. 이제야 황룡등운형 대지명당은 그 발복의 시기를 만난 것이리라.

가장 확실한 사실은 비촌 즉, 날멀이라는 지명은 수백 년 전에 이미 오늘의 실현성을 내다보고 지어진 선현의 예지력에 기인한 것이라는 점이다. 억불산의 기가 강성해 산의 영향권에 놓인 사람들에게 해를 끼칠까봐 이를 제압하

기 위해, 또 옛사람들이 흉화를 피하려는 방편으로 억세게 보이는 산의 이름에 큰 숫자를 붙인 점이 곧 풍수지리적인 해석이다.

전남지역만 해도 강진 병영면의 조산(兆山), 강진읍의 천불산과 만덕산, 화순읍의 만연산, 장흥과 광양의 억불산 등 드센 산이 많다. 이런 관점에서 백운산에서 발달한 억불봉이 한편으로 비껴서 독립된 상봉으로 충천의 기세를 가진 그 강세에 훤히 노출돼 있는 비촌마을과 평촌마을은 흉화를 입기 전 그 곳을 떠났다는 다소 역설적인 설명도 가능하다.

그렇다면 억불봉아래 의연히 자리 잡고 결점이었던 물까지 얻어 그 주인을 기다리는 황룡등운형의 명당은 어느 정도 규모를 가진 대혈일까. 어렵게 구한 결록의 몇 구절을 살펴보면 '이 명혈대지에 선영을 쓰게 되면 그 아들은 매우 어질고 의로운 의인으로 세상에 빛을 발할 것이고, 그 후손은 대를 이어 도덕률을 지키는 스승이 될 것이다'고 나와 있다.

그런데 결록 내용을 찬찬히 살펴본 결과, 억불봉의 대지가 거대한 역량을 펼쳐서 제 몫을 다하려면 그 아래 비촌터가 있는 깊고도 넓은 계곡이 물로 가득차야 한다는 것을 암시하고 있는 대목에서 눈이 번쩍 띄었다. '만약 혈 좌우

계곡에서 모여 흐르는 물이 줄지어 급류(폭포)를 이루면 그 명당에 응결된 서기가 흩어지는 현상은 신의 조화로도 막을 수 없다'는 내용이 그 것이다.

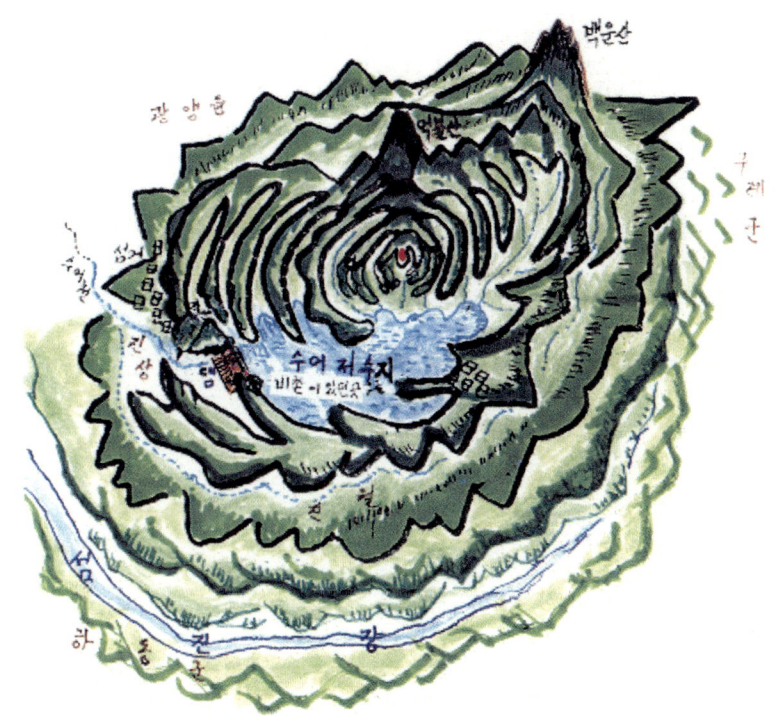

[황룡등운형의 명당 산도]

결국 억불산 아래의 경사지고 긴 골짜기가 그대로 있어 물이 급류로 흘러내리면 명혈대지라는 황룡등운형의 역량

을 도저히 기대하기 어렵다는 뜻이다. 그리고 석두정락(石頭正落)이라는 결록에는 '억불봉의 상봉에서 중턱까지는 거의 강한 암석으로 돼 있으며 거기서 중출맥이 낙맥돼 쏟아지듯 내룡하고 있고, 또 그 대지명혈의 전면에 놓인 안산은 인공적으로 꾸며 만든 것'이라고 적혀 있다.

수어저수지에 물을 담기 위해 높이 쌓아 올린 일자형의 댐은 정혈의 안산으로 놓이고, 그 너머로 겹겹이 보이는 진월면쪽의 산봉우리들은 마치 상운처럼 수성체의 조산을 이루니, 황룡이 등운하는 물형을 뒷받침한 것처럼 돋보인다. 어치골의 100여호가 넘는 마을이 마치 삽시간에 어디론가 사라지고 그 자리에 호수가 생겨 명당대지의 음양합국을 형성하는 한편 그 명당에 서리는 지기가 쏟아져 흐르거나 흩어지는 것을 막아주는 수어저수지가 생겨 난 것이다.

비촌의 지명에 대한 연유를 밝히는 과정에서 또 한 가지 예언성 지명을 발견한 것은 뜻밖의 수확이었다. 수어저수지에 몸체를 적시고 있는 각산과 그 주위의 지명이 섬거(蟾居) 즉, 두꺼비가 산다는 것과 관련된 얘기다. 그 곳에서 평생을 살아온 나이 지긋한 사람들에게 확인한 결과, 두꺼비 섬자와 살거자로 합성된 지명처럼 두꺼비가 산 지역이 아니었다.

광양시에서 발간한 자료를 살펴보니, 이 지역에 솟아 있는 삼정봉, 매봉, 각삼봉이 병풍처럼 둘러싸여 있는 지형이 마치 두꺼비 형상 같아 섬거역의 이름이 붙여졌다고 돼 있다. 하지만 실제 살펴본 결과, 섬거역(기차정거장) 보다는 섬거라는 지명이 먼저 생겨난 것으로 미뤄봐도 얼른 와 닿지 않았다. 그러나 다음 두 가지의 예측은 설득력이 있다고 믿어졌다. 섬거지역을 끼고 흐르는 수어천이 망덕산 어구의 섬진강물과 합수되고 섬진강의 물고기들이 수어천을 거슬러 올라와 많이 서식하게 되니, '섬진강 물고기가 산다'는 의미로 섬거라는 이름이 지어졌을 것이다.

다른 하나는 골짜기에서 흘러내린 물로는, 물의 쓰임새에 있어서나 황룡등운형의 대혈에 걸맞는 물을 충족시킬 수 없을 것이니 언젠간 지형적 특수성을 살려 섬진강물로 용수량이 확보될 것을 내다보고 섬거라는 예언성 지명이 생겨났을 것이다.

지명에 느닷없이 두꺼비 섬자가 관련된 것부터가 쉽게 납득이 가지 않는다는 것은 누구나 느끼는 부분이다. 고려 우왕때 왜구가 섬진강 하구를 침입했을때 수십만 마리의 두꺼비가 울부짖으며 달려드는 바람에 왜구가 피해갔다는 전설이 있어 이때부터 두꺼비 섬자를 붙여 섬진강이라 부르게 됐다고 한다.

그런 전설이라도 있었으니 섬진강 이름은 그런대로 이해의 공감대를 형성할 수 있지만 섬거라는 지명은 앞서 든 예언성과 분리해, 전혀 상상하기 어려운 이름이다. 오늘도 쉼 없이 수어저수지 한가운데서 물보라를 일으키며 섬진 강물이 흘러 들어오는 광경을 보면서 풍수지리란 '땅이 지니고 있는 생명의 질서에 인간이 품고 있는 생명의 논리를 적응시키고자 하는 우리 고유의 지혜'라고 정의한 뜻을 재음미해 본다.

선현의 예지력은 초과학적이라 해도 부족함이 없다. 그 깊은 뜻을 미처 헤아리지 못한 우리의 우매함이 그저 안타까울 따름이다.

제8절 나주 신도리 · 영암 삼호

당초 계획대로라면 삼호의 예언성 지명을 살펴봐야 할 차례다. 그러나 답산 과정에서 중앙정부가 역점사업으로 추진하는 혁신도시의 예정지가 나주 산포면 신도리(新道里) 일대에 자리 잡게 되면서 삼호와 이곳을 함께 다루기로 했다. 먼저 신도리를 직역하자면 새길이 열린다는 뜻이다. 또 道단위 행정구역 정도의 새로운 도시가 확충된다는 뜻도 포함됐다고 본다.

[혁신도시의 부지에서 본 산세]

흔히 한 나라의 수도는 가장 큰 태조산에서 뻗어 내려온 큰 산줄기의 끝자락에 넓게 자리 잡은 양택지에 형성된다. 그 보다 규모가 작은 용맥의 끝자락에는 일반적인 도시가 형성되고, 점점 규모가 작은 산맥과 대지의 넓이에 읍 소재지와 마을이 들어선다. 음택의 규모 역시 그 혈을 짓는 후룡에 따라 결정되어 지는 것으로 알고 있다. 다만 음·양택의 적지를 따지는 요소 중 가장 큰 요인은 집터는 현실생활에 따르는 요건들이 잘 갖춰진 땅이어야 하고 묘터는 땅에 묻힌 체백이 잘 보존돼 그 기감이 후손에 감응될 요건을 갖추어야 한다.

신도리를 중심으로 이 지역이 어떤 지리적 요건을 갖췄기에 혁신도시가 들어선 것일까. 우리나라에서 도(道)라는 행정구역을 도입해 쓰기 시작한 것은 고려 성종 14년

(995)때 부터라고 한다. 고려때 지금의 광주·전남을 강남도(江南道), 해양도(海陽道) 등으로 나눠 불렀는데 현종 9년(1018)에 2개도를 대표하는 고을인 전주와 나주의 첫머리를 따서 전라도라는 명칭을 갖게 된다. 역사적으로 봐도 신도리의 모태가 되는 땅 나주는 남도의 중심이면서 대표성을 지닌 곳임을 짐작할 수 있다.

비록 도청 소재지가 무안 남악으로 갔지만 그에 버금가는 혁신도시로 확정됐으니, 역사성에 입각해서도 신도리의 예언성 지명이 지어지게 된 유래에 대한 궁금증은 해소될 것으로 믿는다. 나주 혁신도시 구역과 그 중심축이 되는 신도리까지는 무등산으로부터 어떻게 발달했느냐가 중요하다. 혁신도시로 확정된 곳의 후룡은 발달해온 상태가 참 특이하다. 워낙 전문적인 내용이라 여기서 다 설명할 수 없으나 어쨌든 무등산에서 대간룡이 화순방면으로 낙맥한 후 여러 과정을 거치면서 산포면과 다도면 경계지점에 이르러 마침내 혁신도시를 품에 안을 수 있는 분지의 구릉맥을 형성한다. 그리고 신도리를 중심으로 서남방에 태봉산, 남방에 봉황산, 동남방에 건지산, 동방에 식산, 북방에 이름 그대로 야산을 나성(羅城·혈을 중심으로 4방8방으로 성으로 에워싸 혈을 품에 안아 주 듯 병열한 산세)으로 삼고 있다.

쉽게 말해 무등산에서 남향으로 200리도 넘게 줄기차게 뻗어 내린 용맥이 다시 북방 쪽으로 역세의 행룡을 거듭하다가 남평의 지석천 및 영산강에 둘러싸인 산포의 드넓은 땅 중심에 위치한 신도리에서 그 길고 긴 내룡(來龍)의 여정을 마무리 한다. 평야를 적시는 강줄기가 북상해온 용맥과 서로 배합하며 조화합국을 이루는 땅인 신도리 일대를 오른쪽에서 에워싸는 식산의 산줄기가 남평읍까지 큰 울타리를 치듯이 북상하는 형세도 예사롭지 않다.

이런 역사성과 지리적 요건을 종합적으로 분석하면서 옛적에 신도리라고 이름 지어 오늘날 혁신도시가 들어설 것을 예언한 선대의 예지력에 또 한 번 감탄하면서 무안 일로땅을 거쳐 삼호로 향했다. 영산호와 영암호, 그리고 최근에 축조된 화원방조제로 새로 생긴 금호호에 둘러싸여 지명이 말 그대로 큰 호수 3개의 중심에 놓인 신비의 땅 삼호에 도착했다. 3개 호수 중 금호호는 삼호읍과는 공간적으로 너무 멀고 목포만이 삼호읍을 포용하고 있다.

[삼호읍의 전경과 내룡도]

삼호에 관한 기록 중 고작해야 용당리 가지도(可之島)에 군왕지지의 대혈이 있다는 일지스님의 결록이 전해오고 있을 뿐이다. 실제 간산 결과 현대조선소가 건립되면서 백호 자락이 파괴된 까닭에 하늘이 점지한 명혈은 아닌 듯싶다. 오히려 용당리와 삼포리 경계에 있는 100m 높이의 갈마산에 자리 잡은 갈마음수형(渴馬飮水形·목마른 말이 물을 마시는 형국)의 음택명당이 보였다. 특히 삼호의 조종산이라 할 수 있는 호등산에서 내룡행도해 용두마을뒤에 문천무만의 대지를 작혈, 이른바 와룡청수형(누워있는 용이 물소리를 듣는 형국)이라 이름 붙여진 음택 겸 양택 명당이 명혈로 보이면서 물(水) 즉, 삼호와 연관됨을 찾을 수 있었다.

하지만 이런 음·양택은 어디서나 볼 수 있는 혈인데다 규모나 형세로 봐 큰 호수와 관련지을 만큼 천장지비의 대

지가 아니었다. 삼호의 풍수지리학적 특징은 규모나 성봉의 강세를 자랑하는 월출산 천왕봉에서 발원해 향로봉, 월각산, 별묘산으로 어어 지면서 강진군과 경계를 이루다가 좌선해 해남군과 경계를 형성하는 가학산, 흑석산에 이르러 528m로 낮아져 부드럽고 아름답게 변환된 후 영암 미암면 일대를 통과한다. 이 과정에서 수십절의 용맥이 드디어 삼호면 접경에 당도한 연후에 다시 평양맥으로 꿈틀거리며 영산호와 영암호를 잇는 운하에 이르러 잠룡과협한 뒤 크게 비룡, 예의 호등산을 우뚝 일으켜 세운다.

[삼호읍의 산세 산도]   [신도리의 산세 산도]

그러니까 조악하고 기세가 왕성하며 화기에 찬 월출산의 지기가 삼호반도에 이르러 서기로 바뀌면서 그 생왕한 지기가 삼호반도에 감돌아 서리니, 삼호는 단순히 3면이 물로 싸여있는 땅이 아니다. 서기가 어린 땅으로 바꿔져서 날로 번창을 기약함으로써 축복받는 땅으로 발전되는 양택(산업체 등 기반시설이 들어섬)이 된다는 것을 암시해 주고 있다.

그런데 삼호 주위에 물이 머무는 호수가 구축되지 않고 영산강의 물줄기와 영암호에서 내려온 물줄기가 바다로 빠져 나가면 삼호땅에 서리는 월출산의 지기는 물길 즉, '누시수'를 따라 훑어내려 바다로 유실되고 말 것이다. 또 서기 없는 공허한 땅은 자칫 불모지로 변질될 가능성이 높다.

따라서 옛 선각자는 월출산의 영기어린 지기를 담고 흐르는 한줄기 큰 용맥이 삼호에서 매조지를 하게 될 것이며 그 운기는 결코 헛되지 않을 것임을 미리 내다 보고, 때를 맞춰 삼호 주위에 지기를 안아서 새어나지 않게 할 호수가 들어설 것임을 예지해서 삼호라는 예언성 지명을 지어서 전해졌을 것이다. 땅에 대한 순수한 애정과 후대를 배려하는 선대의 깊은 뜻에 감사할 따름이다.

그동안 선대가 예언해 현실로 밝혀진 예지의 땅을 독자

들과 함께 밟아왔다. 땅은 인간과 동떨어진 별개의 것이 아니라 사람과 더불어 생명을 같이한다는 것을 새삼 일깨워줬다고 본다. 이제 우리는 후대를 위해 어떤 예언을 남길 것인가를 생각해볼 때라 여겨진다.

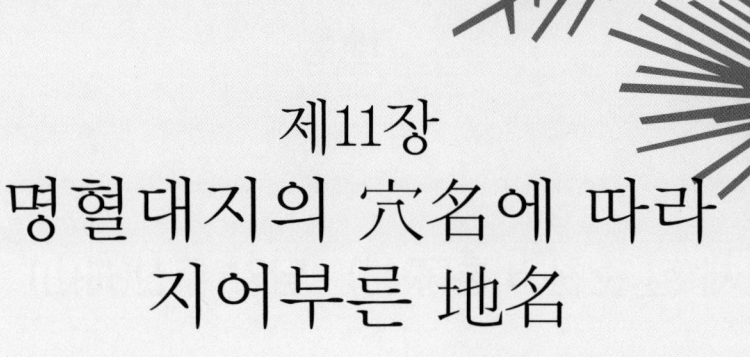

제11장
명혈대지의 穴名에 따라
지어부른 地名

[제11장]
명혈대지의 穴名에 따라 지어부른 地名

제1절 순천 비촌(飛村) · 담양 주산(舟山)

[비룡분수형의 명당이 있는 산세 전경]

　20여년전 광주민속박물관이 문을 열었을 당시 눈 여겨 봐 둔 '**남도의 명당도**' 중 비룡분수형(飛龍噴水形 · 하늘로 날아오르는 청룡이 물을 뿜어내는 형국의 명당)을 확인하기 위해 박물관을 찾았다. 선조들의 신앙관을 한 눈에 볼 수 있는 전시공간에 들어서자 20여년 전에 봤던 명당의 산도가 그대로 있었다. 반갑기 그지없었다. 전시코너에는

무등산의 명혈 등 5개소의 명당산도가 짜임새 있게 게시
돼 있었으며 왼쪽에 비룡분수형이 자리 잡고 있었다.

[남도의 명당도]　　　　[비룡분수형의 명당도]

　이제 비룡분수형의 명혈이 인접한 곳에 꽤 큰 마을이 비
촌(飛村)으로 불리게 된 연유를 살펴볼 차례다. 그 마을과
주위의 마을을 학군으로 삼아 세워진 섬진강변의 초등학교
도 비룡초등학교라 불렀다. 이런 사실을 알고부터 그 지역
어딘가에 마을이름이나 학교이름과 깊이 연관된 이름난 명
당이 자리 잡고 있음을 예측했다. 그래서 현지답산 이전에
박물관을 찾았던 것이다. 비록 호남 56대 명혈의 반열에는
명시되지 않았으나 일지스님과 도선 국사의 유산록(결록)
에 빠짐없이 실린 것을 보면 예사로운 음택명당은 아닐 듯

싶다. 그보다 더 큰 등급의 자리가 아닌가도 여겨졌다.

앞서 소개한 광양 진상면의 비촌마을은 마을이 날아가듯 없어질 것을 선대의 혜안으로 미리 내다보고 지어 부른 예언성 지명인 곳에 비해 이름은 동일하지만 순천시 용림에 있는 비촌은 날비(飛)자가 들어간 명혈대지가 있음을 암시해 주는 지명이라는 점에서 사뭇 다른 의미를 지니고 있다.

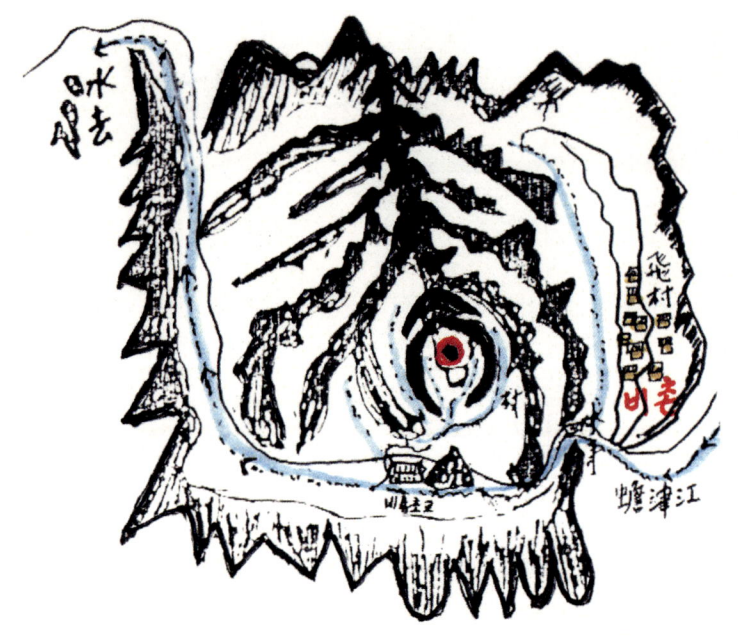

[결록에 명시된 비룡분수형의 산도]

가끔 구례 고향길을 가다 순천 용림 비촌 마을 앞을 지나

면서 마을 바로 앞에 하늘 높이 날아 갈 듯 드높게 솟아 있는 비룡봉을 바라보며 비룡분수형의 명당이 과연 어디쯤에 그 신비의 터를 감추고 있는지 궁금하던 터였다. 박물관을 나와 호남고속도로를 달려 곡성을 거쳐 압록땅을 지나 비촌마을 입구에 차를 세웠다.

결록에 명시된 대로 구례읍에서 서쪽으로 20리 정도의 거리라 예측된 지점이다. 민속박물관의 명당도에도 그 혈에서 구례읍이 동쪽으로 20리라고 적시했다. 탐랑성(목성체의 준봉)으로 높이 솟은 주산의 기상은 가히 대혈의 작혈을 예측할 만 했다. 마치 힘찬 물고기가 물길을 헤치듯 내룡한 맥은 수십 절을 내려오다가 석암으로 봉우리를 형성하고 마무리 현무봉을 세워 놓았다. 또다시 3~4절을 꿈틀대며 내려오다 흡사 양팔로 혈장을 감싸 안듯 개장을 한 후에 중심맥이 좌선으로 박환하며 교도를 형성하다가 마침내 삼태교구(마무리 용맥이 지기를 서리게 하기 위해서 법칙에 맞게 굽어 도는 모습)를 이뤄 대혈을 맺었다.

이는 필자의 견해일 뿐 검증되지 않았으므로 우선 하나의 가설로 남겨 놓고 넘어 갈 수밖에 없다. 이만하니까 '백자천손에 칠대장상지지'(7대에 걸쳐 장수와 재상이 배출)라고 결록에 명시했을 것이다. 혈 앞에 포근하게 평면으로 적당한 넓이로 펼쳐진 내명당(혈 앞의 뜨락)과 이를 호응

하듯 감싸 도는 청룡과 백호 그리고 혈을 둘러싸듯 휘감아 돌아가는 섬진강의 수세는 대지명혈이라는 확신을 갖게 했다. 이렇듯 특출한 음택명당을 손에 잡힐 듯한 거리에 두고 마을이 형성됐으니 비룡분수형의 비(飛)자를 원용해 비촌이라 이름 지었을 것이라 짐작된다. 이 세상 모든 사물은 그 주인이 따로 있다고 한다. 비룡분수형의 명당 주인은 어느 적덕지가에게 돌아갈 것인가. 세상이 알아주는 선덕인에게 돌아갈 것이라는 믿음을 뒤로 한 채 담양 주산리로 발길을 재촉했다.

황룡부주형(黃龍負舟形: · 황룡이 배를 짊어진 형국)의 명당 물형 중에서 주(舟 · 배)자를 따서 주산(舟山)이라는 마을 이름이 붙여진 곳이다. 이곳 역시 대지명당이 있음을 암시해 주고 있는 땅이다. 주산리는 주산 마을과 주청 마을, 그리고 노안동을 한 행정구역으로 하고 있는 담양군 고서면에 속한 지역이다. 모두 물위에 떠다니는 배와 관련이 있다. 노동 또한 뱃머리와 관련이 있고 보면 지명을 지을 때 이미 이 지역 인근에 배와 관련된 명당이 깃들어 있음을 암시해 주고 있다.

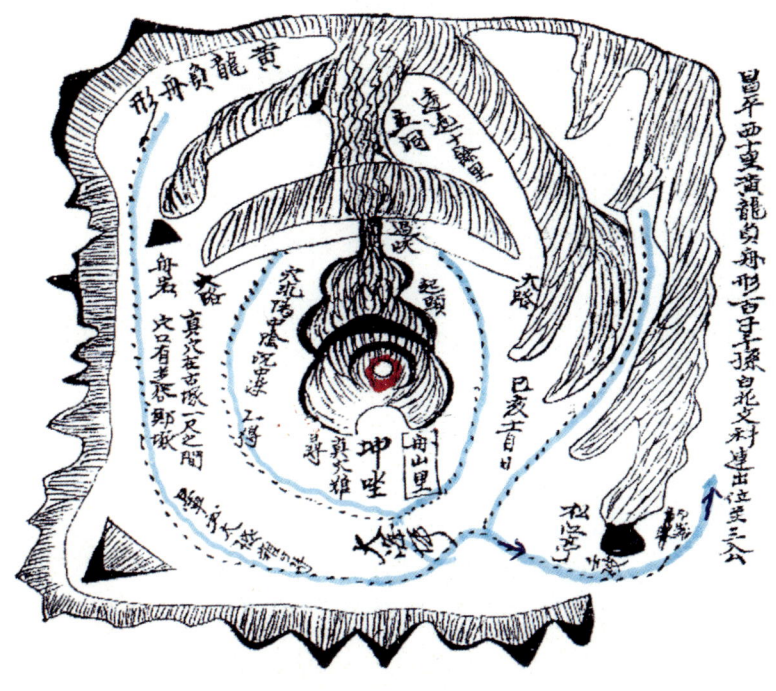

[황룡부주형의 명당 산도]

　결록의 산도에 명시된 대로 주산리는 창평소재지로부터 서쪽 10리쯤 되는 거리에 있음을 확인할 수 있다. 산도에는 '이 자리는 백자천손에 백화(과거시험에서 초시 복시 전시를 거쳐 대과인 문과에 합격하면 임금으로부터 어사화를 받는데서 기인함) 문과가 연이어 나와 삼공(조선시대의 영의정, 우의정, 좌의정)에 이르리라고 적혀 있다.

　이렇듯 대지명혈이라면 주룡을 자세히 살펴볼 필요가 있

다. 실사 결과 본혈이 작혈되기까지 내려온 용맥은 무등산에서 발원해 향로봉, 장원봉, 대봉으로 내려와 도동고개를 넘어 월각산을 지나 대포리봉에서 깃대봉으로 분지시킨다. 그중 한줄기가 고서면 방향으로 출맥해 117.7m의 주산을 세워 긴 내룡의 매듭을 짓고 사뿐히 내려 앉아 결인처를 만든 후 살며시 올라서서 대지의 요건을 갖춘 뒤 황룡부주형의 명혈을 짓고는 끝을 맺는다.

[주산마을 전경]

마을뒷산인데도 여기저기 혈처가 됨직한 곳에는 어김없이 산소들이 자리 잡고 있어 마치 공동묘지가 될 뻔했다고 한다. 결록에 쓰여진 대로라면 진혈은 매우 찾기 어렵다. 왜냐 하면 진혈처는 이미 쓰여 진지 오래돼 고총이 일척지간에 자리 잡고, 혈구는 지곡(지실이라고도 하고 무등산 뒤의 가사문화권에 자리 잡은 양택명당마을)의 정씨 묘

가 놓였으니 진혈이 비어 있어도 용사(用事)하기가 어렵다
는 얘기다. 다만 아쉬운 점은 주산 뒤쪽으로 옛 도로 2차
선의 큰 길을 내면서 마무리되는 용맥을 절토해 손상시킨
것이다. 다행히 석맥이 드러나지 않고 절토지점이 결인처
인 까닭에 혈맥이 끊이지 않았으므로 황룡부주형의 명혈
은 그 명맥을 유지하면서 **건·곤·태**(乾·坤·兌)의 태교
혈을 찾게 될 적덕가가 나타나기를 기다릴 것이다.

　황룡부주형이 배의 형국을 갖췄으니 혈전에 펼쳐진 고서
면 창평땅은 결록에 적힌 대로 대해평(大海坪) 즉, 드넓은
들을 바다로 보고 혈 뒷편의 주산이 마치 황룡이 짊어진
배와 같이 보였을 것이라 여겨진다. 인근에 대지 명혈이
있어 그 물형을 본떠 지역이나 마을이름을 지어 부른 연유
를 풍수지리적 관점에서 풀어봤다. 후대에게 국토를 사랑
하고 보호하면서 천혜의 땅을 잘 가꿔 질높은 삶의 보금자
리로 요긴하게 쓰라는 선대의 긴 안목과 끈끈한 애정에 옷
깃을 여미어 경의를 표한다.

제2절 광주 북구 望月洞

　지난 회부터 마을 이름이나 지역의 명칭이 인근에 자리

잡고 있는 이른바 명당의 물형(物形)에 따라 지어진 사례로 순천 비룡마을과 담양 주산마을을 살펴봤다. 이번 회는 광주 북구 망월동을, 다음 회는 화순 앵무촌을 돌아볼 예정이다. 이후 '**조선시대의 왕릉**'과 '**역대 대통령의 생가터와 선영**'으로 풍수기행을 떠날 계획이다.

광주 북구 망월동은 단순한 행정구역이나 지명에 대한 연원을 살피기 전에 한국의 민주화를 연 역사의 상징성을 가진 땅으로 더 유명하다. 따라서 민주화 성지의 표상으로 인식되기도 한다. 망월동은 광주민주화 운동을 떠올리게 된다. 특히 5.18 국립묘지에 들어서면 한국 민주주의 발달사에 그어진 큰 획을 온몸으로 느끼며 그저 할 말을 잊고 옷깃을 여민 채 영령들 앞에서 고개 들기가 부끄러워진다. 이렇듯 하늘의 뜻을 결코 피할 수도 비껴갈 수도 없다는 엄연한 진실을 깨우치면서 왜 망월동이라 불리고 전해오는지를 풍수지리학적 관점에서 밝혀볼까 한다.

하늘의 천기가 땅에 흐르는 지기를 만나 조화를 이루면 천기가 뜻을 이뤄 그 땅은 운기가 서려 복된 땅이 된다고 했다. 만약 망월동 어딘가에 하늘이 점지해둔 그런 땅이 있다면 5.18묘역에 잠들고 있는 고귀한 영령들도 천리에 상응해 옥토끼가 달처럼 떠오르는 무등산과 그 앞산을 바라보고 있을 것이다. 그리고 영령들은 '역사는 항상 정의 편

에 있으니 하늘의 뜻이 광주시민은 물론 이 땅을 사랑하는 모든 사람들의 마음으로 통해 환희가 솟구치는 역사를 만들어갈 것'이라는 기감(氣感)을 보내리라 믿어 의심치 않는다. 이런 숙연한 믿음으로 망월동에 대한 숙제를 풀어볼 차례다.

[옥토망월형 명당 산소에서 바라다 본 안산과 조산으로 그중 적색으로 덧칠한 것은 토끼가 바라보는 달 모양을 명시하기 위한 것이다.]

망월동은 본래 상대곡면의 지역인데 1914년 행정구역 폐합에 따라 분토리와 하대곡면의 복정리 일부, 그리고 창평군 서면의 죽곡, 죽월산리 일부를 편입해 옥토망월형(玉兎

望月形)의 명당이 자리 잡고 있는 땅이라해 망월리(望月里)라 부르며 석곡면에 편입시켰다. 이후 1955년 광주시에 편입되고 1957년 동제 실행에 따라 청옥동회의에 관할 됐다. 지금은 행정구역의 세분화 개편에 따라 옛 망월리 일대가 장등, 운정, 망월, 효령, 수곡동 등으로 분동 됐다. 여러 차례 행정구역의 개편에도 불구하고 지금도 옛 망월리 일대를 망월동이라 통칭해서 부르고 있는 것이 사실이다.

옛 망월리 지명이 지어진 연유가 옥토망월형의 음택 명당이 있다는데서 기인했기 때문이다. 이런 풍수지리사상에 대한 인식이 사람들의 의식화에 얼마나 큰 영향을 미쳤는지를 짐작하고도 남는다 하겠다. 필자가 실제 답산을 통해 더욱 확신을 갖게 됐지만 오래된 기억 속에 머물고 있는 사실을 떠올려봐도 망월동에 있다는 옥토망월형의 명혈이 주인을 만나 발음을 받아 후손 중에 나라와 지역사회에 크게 기여한 인물이 배출됐다는 사실도 확인한 바 있다. 그리고 아주 오래전 필자가 존경했던 그 명당의 후손 (교직 선배)과 옥토망월형의 산소를 찾아 간산해 본 경험이 있었다.

그때만 해도 간산이라기보다는 명당을 구경하러 갔다는 표현이 더 옳을 성 싶다. 당시 그 후손으로 부터 들은 애기 중 아직도 생생하게 떠오른 것이 하나 있다. "이곳으로

5대 조부모를 옮겨오기 위해 다섯 팀의 상여꾼을 동원해 30여리가 넘는 먼 길을 운구해 왔다"는 기억이 바로 그 것이다.

그리고 "당시 묘자리를 잡아준 지관의 말로는 장례 후 5대손부터 세상이 아는 인물이 배출될 것이라는 예언을 했다고 집안의 어른들로 부터 들었다"는 얘기도 새롭게 떠오른다. 그 후손의 얘기로는 그 지관의 예언대로 그로부터 5대손에 이르러 정규대학과정도 채 밟지 못한 형제가 차례로 고등고시(현재의 사시)에 합격해 관계에 진출하기 시작해 집안에서 꽤 많은 인물이 나왔다는 것이었다.

이번에 그 명당에 있는 산소를 다시 찾아보고 옛날 필자가 존경했던 그 후손과 나눈 얘기를 떠 올려 본 것이다. 철저한 소명의식을 견지하면서 지역사회 교육발전에 크나큰 족적을 남기고 지금은 야인으로 돌아간 그 교직 선배의 생각에 삼시 잠겨 본 것이다. 산소 우측에 세워진 비석에 '효열부 김녕 김씨 기행비'라고 새겨져 있는 것으로 봐도 이 가문이 예사롭지 않게 세인의 선망을 받으며 이어져 왔음을 짐작할 수 있다. 이제 산세를 살펴볼 차례다. 산소 터를 짓기 위해 내룡한 용맥을 위쪽 현무봉으로 부터 측정해 본 결과, 그 산맥의 내려온 교도(혈을 짓기 위해 규칙에 맞게 각도를 형성하며 행룡해온 상태)가 진혈을 형성하기 위

한 법칙에 부합됐다. 작혈을 위한 통맥과정은 乾亥→壬子
→艮寅의 正교구였다.

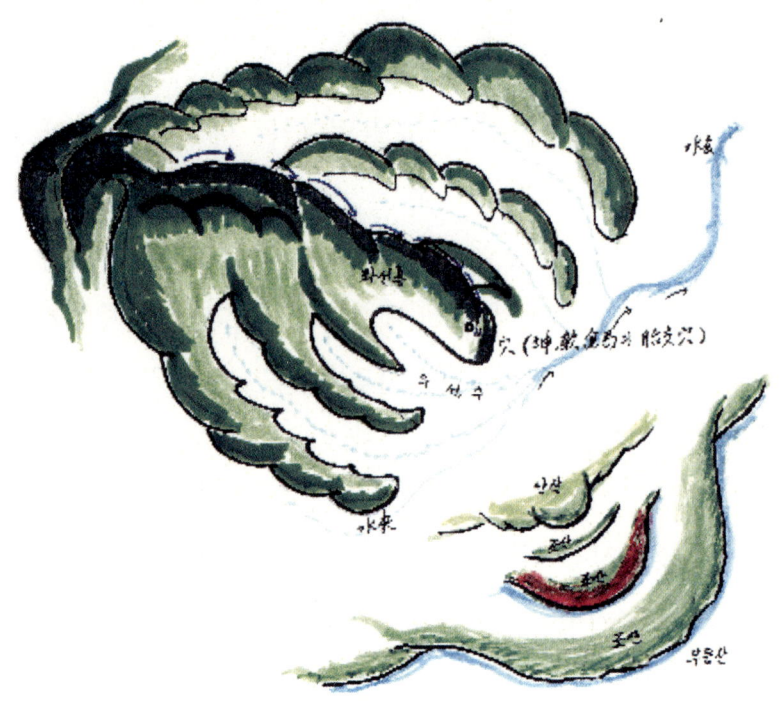

[옥토망월형의 전형적인 산도로 적색의 둥근 산봉이 옥토끼가 바
라보는 달의 형국인 조산]

[토망월형의 산세 전경]

또 좌선룡에 우선수로서 음양배합에 합치되고, 산소 앞
에 펼쳐진 안산과 조산의 어우러진 모습을 보면서 평소 도
외시했던 물형론 풍수도 매우 흥미로운 분야임을 새삼 느
낄 수가 있었다. 그것은 안산 너머 무등산과 바로 앞의 또
한 겹의 조산은 영락없이 지금 막 떠오르는 달의 모습과 너
무 흡사하게 닮아 보였기 때문이다.(사진참고) 또 사진과
함께 산도를 그려 소개했지만 호남고속도로 동광주 요금소
에서 건너다보이는 그 산소의 주룡(혈을 짓기 위한 산맥과
산봉) 역시 토끼의 형상을 닮아 보였다.

혈을 간직한 주룡이 토끼와 같고 산소 앞의 조·안산이
마치 달이 떠오르는 형국인 까닭에 옛날 이곳을 옥토끼가
떠오르는 달을 바라보는 형국이라 이름 지었을 법하다. 여
기서 말하는 달은 실제 달이 아니라, 산소 앞에 보이는 산

형이 마치 달처럼 보인데서 기인한 것이다. 그리고 혈명을 원용해서 이 지역의 이름조차도 망월동이라 이름 지어 부르게 됐을 것이다. 하지만 옥토망월형 명당의 뒤 산봉우리에 전에 없었던 고압선 철탑이 세워져 그 산소와 가까운 상공으로 고압선이 지나가고 있었다. 고압선 철탑이 주요 용맥마다 세워진 현실에 가슴이 저려왔다.

일본 강점기 때 우리의 주요 혈맥마다 쇠말뚝을 박아 민족정기를 끊으려 했던 뼈아픈 상처를 아물게 하기 위해 현재도 이런 쇠말뚝 제거 운동이 활발하게 벌어지고 있는 현실을 감안하면 더욱 더 그렇다. 자연의 품속에서 평온한 삶을 누리는 인간에게 고압선이 좋지 않다는 것은 과학적으로도 입증되고 있잖은가. 이런 가슴 아픈 사연을 간직한 채 화순 앵남촌으로 발길을 옮긴다.

제3절 화순 앵남촌

하늘이 점지한 명혈은 인작으로 비보를 만들어 채운다는 말을 증명이라도 하듯 혈전의 허한 곳에 전남학숙이 세워졌다. 화순 전남학숙을 앞두고 도곡온천 방향으로 가다보면 오른쪽에 30여호의 작은 마을이 보인다. 이곳이 바로

앵남촌(鸚南村)이다. 남쪽에는 앵남역이 있다. 마을 인근에 앵무봉충형(鸚鵡逢蟲形·앵무새가 벌레 먹이를 만난다는 형국)의 음택명당이 있어 그 혈명에 따라 마을 이름이 지어졌다고 한다.

[오른쪽 산밑에 있는 마을인 앵남촌과 앵무봉충형의 명당인근의 산세 전경]

옥토망월형 망월동의 경우와 비슷하지만 지역이름이 아니라 마을이름으로 한정된 점이 다르다. 여기서 독자들이나 필자가 궁금한 것은 이곳 명당의 물형을 하필이면 앵무새의 형국으로 봤을까 하는 점이다. 궁금증을 풀기 위해 잠시 명당의 물형론에 대해 살펴본다. 물형론이란 묘터나 집터의 참된 혈을 간직한 명당과 그 주변의 산세를 보고, 그 지형적 특성을 어떤 사물의 형상에 비유해 도식의 이름

을 가상해 지어 부른 명칭을 의미한다. 형국론이나 갈형이라 하고 화명(花名)이라고도 한다.

풍수지리에서 물형론이 크게 일반화 돼 널리 퍼지게 된 것은 중국의 유명한 유학자 주자선생이 지리학에 능통해 많은 풍수이론을 밝혔는데 그 중 1194년 65세 때 송나라 황제 영종(寧宗)에게 올렸다는 「산능의장」이라는 저서가 물형론에 관한 내용을 매우 소상하고 재미있게 소개하고 있다. 이 저서가 우리나라에 전해지면서 물형론이 폭넓게 알려졌고 특히 사대부 사이에서 더욱 깊게 인식됐다고 한다.

명당터를 어떤 사물에 비유해 이름 붙여 부르게 되면 흥미도 있고 잊히지도 않아 빠르게 전파된 것으로 여겨진다. 그리고 물형론을 많이 알고 들먹이면 일반인들은 풍수지리에 관한 지식이 풍부한 것으로 받아들이기도 한다. 물형의 유형에는 사람의 형상을 상징하는 인물형, 용과 뱀의 형상을 표방하는 용사형, 날짐승에 비유되는 비금형, 소나 말의 형상을 상징하는 우마형 등 이루 헤아리기 어려울 정도로 많다.

여기서 중요한 것은 산소나 집터를 지세의 물형으로 분류하는 그 자체가 곧 명당의 대소경중을 가리는 척도가 아니라는 점이다. 인물형에 비유되는 상제봉조형이 화순지역 어딘가에 있는 것으로 결록에 나와 있지만 지금 소개되

고 있는 날짐승에 비유된 앵무봉충형보다 그 규모나 격이 낮은 것으로 평가 돼 호남 8대지지의 반열에서 빠져있다.

그러나 앵무봉충형은 화순 동복면 연화리에 소재한 연소형(제비집 형), 화순 능주 금곡의 반룡농주형과 함께 호남의 대소 명당의 목록에 자리 잡고 있다. 그런데 호남 8대 큰 묘터 명당은 8개의 큰 자리로만 한정된 것이 아니라 그 품격으로 분류해 1품부터 7품까지 나눠지고 매 품격마다 위상에 해당되는 명혈이 각각 8개의 대지로 구성된다. 호남 대소대지는 8개의 명혈에 그치지 않고 모두 56대 명터(7×8=56)로 형성되고 그 순위도 결정됐다는 얘기다.

행정 구역 등 한정된 지역에 따라 지역마다 나름대로 또 다시 손꼽히는 대혈로 나눠져 있다. 필자가 조사한 바로는 호남 56대혈 중 전남지역에 소재한 대지는 30개소, 전북 25개소, 광주는 본량의 만월괘서형 단 한군데뿐이다. 또 앵무봉충형은 5품 2위에 사리 잡고 있음노 알 수 있었다. 결국 물형은 그 지역 어디쯤에 명당대지가 있다는 것을 암시해 주고 그 혈형에 따른 지형을 참고삼아 정혈을 찾아가는 이정표가 될 것이다. 그렇지만 물형론에만 의존해 혈터를 정확히 정하기란 매우 막연하고 정확성도 믿기 어렵다는데 문제가 있다.

예컨대 옥토망월형은 옥토끼가 떠오르는 달 모양의 안산

이나 그 너머의 조산을 바라보는 형국이고 보면, 분명 토끼의 눈에 정기가 모일 것이고 그 곳이 정혈이 될 것이다. 맞는 말로 들릴지도 모른다. 그러나 그 넓은 산과 지역에서 토끼의 눈을 찾는 묘책이 너무 어설프다는데 문제의 심각성이 있다. 토끼의 눈을 정확히 짚어내는데 따른 견해도 백인백색이다. 그래서 용진혈적이 풍수지리학에서 만고의 진리로 통하고 있는 것이리라. 용진혈적에 관해서는 다음 회에 언급하기로 하고 여기서는 물형론에 따른 앵무봉충형에 대해 알아본다.

앵무봉충형의 산도는 옛 명사들이 간산을 통해 남겨진 결록에서 원용한 것이라 현지의 지형과는 다소 차이점이 있지만 그림솜씨가 이 정도 되면 정혈을 찾아가는데 매우 유익한 자료라고 믿는다. 이 산도는 중국 명나라 때 우리나라에 귀화한 조선 선조 때의 무신 두사충에 의해 작성돼 결록에 실린 것 중의 하나라고 한다. 두사충은 풍수지리학 연구에 정진하면서 전국 각처를 돌아보며 결록과 산도를 남긴 인물로 전해져 오고 있다. 두사충은 어떤 관점에서 제시한 산도의 혈형을 앵무새가 벌레를 만나는 물형으로 이름 지었을까.

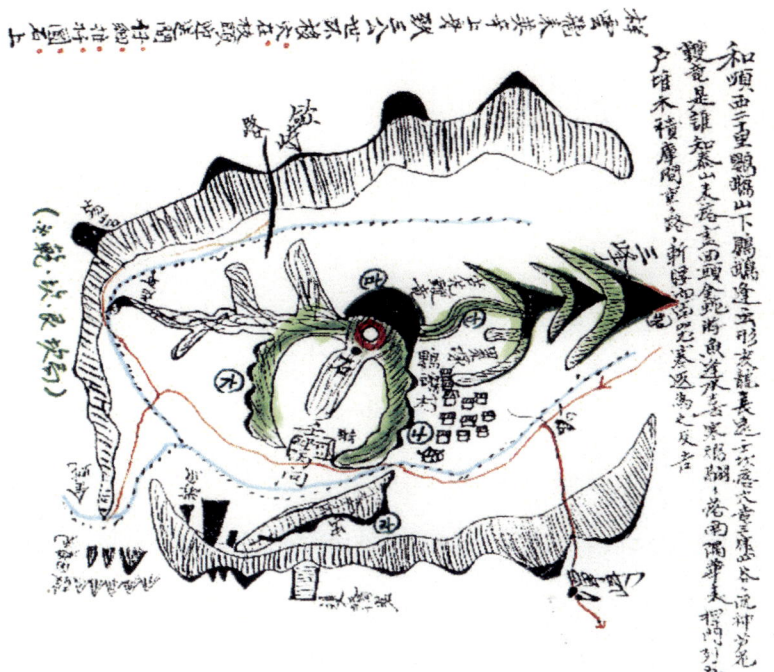

[앵무봉충형의 결록산도]

　물형은 단편적으로 이뤄지는 것이 아니라 명당이 소재
한 지형의 전체적인 꾸밈새를 봐서 이름을 붙인다. 그 중
혈이 있는 바로 뒤 봉우리가 둥그레한 금성체로 되면 날짐
승의 형상이 많고, 산봉우리가 우뚝 솟거나 뾰족한 목성체
및 화성체의 아래쪽 혈의 물형은 인물형이 많다는 게 일반
론이다. 앵무봉충형의 안산(산도㉰)이 되는 혈전의 산형이
마치 벌레가 꿈틀거리며 기어가는 형상인데다 그 안산에

서 건너다보이는 산은 영락없이 반월처럼 둥그레한 금성체였다.(산도㉤) 그 양쪽 내청룡(산도㉯)과 내백호(산도㉮)는 벌레를 잡으려는 새가 부리를 벌리는 형세였다. 새의 부리가 뾰족하게 내 밀거나 길쭉하지 않고 둥글게 싸여 있는 형국이 틀림없는 앵무새의 주둥이로 보였다.

그리고 산도에 그려진 호화편룡(풀꽃처럼 곁가지가 없이 일정한 넓이로 내룡한 용맥)은(산도㉰) 앵무새의 목처럼 보였고 그 후룡의 삼봉은 앵무새 수컷의 볏 같기도 했다. 안산이 무엇보다 살아서 기어가는 벌레 같으니, 앵무새가 벌레를 잡아먹으려는 형국이라 했을 성 싶다.

산도에 나와 있는 혈처가 형성되기까지 내룡한 용맥의 행태나 혈을 중심으로 짜인 사방팔방의 수려한 산세 그리고 혈을 중심으로 골짜기마다 흘러내려 한곳으로 모여 빠져나가는 물 등은 풍수지리에 문외한이라 해도 빼어난 수혈임을 알 수가 있다. 그 혈을 짓기 위해 내룡한 용맥을 보면 무등산으로부터 발조된 산줄기가 화순 너릿재를 돌아 칠구재를 건너 분적산을 일으켜 세운 다음 큰 지룡맥은 광주시내 쪽으로 힘차게 내리 쏟아 꿈틀대며 흘러간다.

다른 한 가닥은 노대마을로 그리고 다른 큰 줄기의 산맥이 칠구재 터널 쪽으로 위이, 기복, 박환의 생기 있는 용맥으로 내룡하다, 한줄기의 지룡이 보다 일찍 종괘산쪽으로

그 머리를 틀어 뻗어 내리고 있다. 다른 한 가닥의 지룡이 칠구터널을 건너서 우선으로 회두한 후 낙맥, 종괘산쪽(땀재 방향)으로 흐르는 용맥과 나란히 남향으로 흘러가는데 그 양쪽 산맥사이에 도곡 온천으로 통하는 도로가 산을 따라 함께 하고 있다.

그 도로를 타고 앵남촌까지 가는 도중에 오른쪽 용맥의 나아가는 형세를 보고 있노라면, 그 생기 있고 왕성한 형세에서 용맥이 마무리되는 어느 곳에 명혈대지를 만들었을 것으로 짐작된다. 몇 번을 심룡해 보아도 건해(乾亥), 임자(壬子), 간인(艮寅), 임자(壬子)의 순수정법의 교구 통맥 작혈이다.

앵무봉충형의 명혈대지가 바로 지척 간에 있어 앵무촌이라 이름 붙여진 마을은 진혈의 운기라도 받고 있을까. 아니면 인근에 명당이 있다는 것만을 암시하고 있는 것일까.

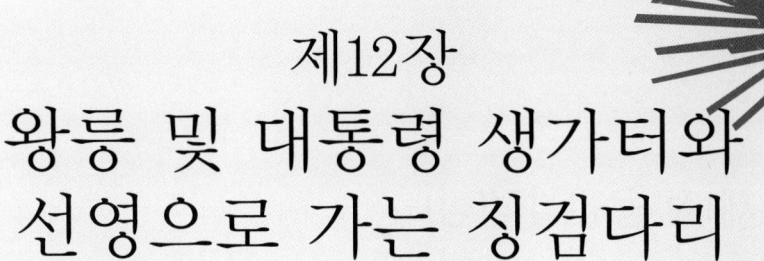

제12장
왕릉 및 대통령 생가터와
선영으로 가는 징검다리

[제12장]
왕릉 및 대통령 생가터와 선영으로 가는 징검다리

제1절 용진혈적(상)

풍수기행은 흥미 있는 것과 쉬운 얘기만 있는 것은 아니다. 가끔 꽤 힘들게 넘어야 할 험난한 애로가 가로막기도 하고, 때론 건너편에 펼쳐진 명당터를 뜻깊게 살피기 위해서는 슬기롭고 조심스럽게 건너야 할 세찬 냇물의 징검다리를 만나기도 한다.

이번 회와 다음 회는 왕릉 및 대통령 생가와 선영으로 가기 위한 험로를 극복하면서 독자들과 함께 더 알차고, 보다 의미 있게 엮어 가기 위한 오리엔테이션의 의미가 있다. 그래서 조금은 난해하고 쉽게 넘어가기 힘들어도 뜻깊은 풍수기행을 위해 용진혈적(龍眞穴的)에 대해 설명하고자 한다.

그 동안 풍수기행 내용에 주룡이니, 태교룡과 태교혈이니, 건곤태국 등의 난해하고 생소한 용어를 사용하면서도

필자는 매우 부담을 느껴왔다. 이런 용어는 용진혈적에 관한 지엽적인 기초용어였기에 더욱 그랬다. 특히 왕릉, 대통령 생가와 선영을 의미 있게 살펴보려면 그에 요구되는 기본적인 지식이 있어야 되는데, 그래서 용진혈적이 가장 중요하다. 풍수지리학이 시작돼 현재에 이르기까지 변함없는 핵심원리로 설정된 것이 다름 아닌 용진혈적이기 때문이다.

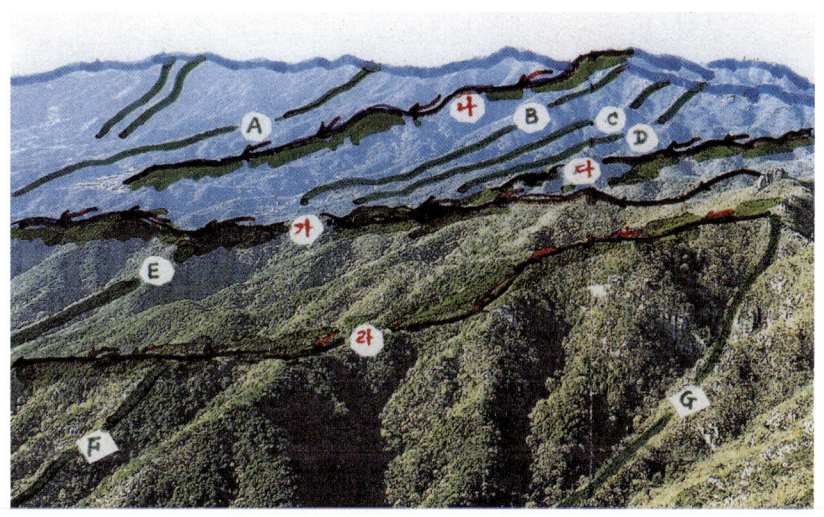

[주룡의 분별 참고 산세 전경]

중국 한나라 이후 음양오행의 체계를 갖춘 풍수지리학이 학문적으로 자리매김한 이래 오늘에 이르기까지 수천 년 동안 풍수대가나 술사들의 주장 또한 백인백색이다. 이런

발전사를 두고 다양성을 추구하면서 지리학이 발전하게 된 것은 매우 뜻 깊고 바람직한 학문발전의 양상으로 높이 평가되기도 한다.

다른 한편으론 백가쟁명의 와중에서도 그 정통성이 흩어지거나 학문의 정향마저 왜곡되는 역기능을 걱정하는 현상을 초래하기도 했다. 이와 관련, 가장 많이 회자되고 기억을 새롭게 하는 이채로운 사례 하나. 풍수지리학에 관심을 두고 연구에 입문한 사람이라면 누구나 한번쯤은 읽었던 풍수서의 하나인 인자수지(人子須知)의 저술된 계기라고 본다. 이 책은 동양에서 가장 많이 읽혀진 풍수서중의 하나인데, 쓰이게 된 동기가 매우 큰 흥미를 끌고 있다.

이 책은 중국 명나라 때 서선계와 서선술의 쌍둥이 형제가 40여년 각고의 노력 끝에 저술해 세상에 내놓은 39권의 지리서다. 이후 이들 형제는 그의 부모산소를 길지에 이장했고, 그 장지를 결정하는 과정에서 겪어야 했던 혼란이 너무나 곤혹스러웠다고 한다.

다시 말해 친산의 장지를 결정하기 위해 유명하다는 수십 명의 명사들을 초청, 도움을 청했지만 혈처에 대한 견해가 모두 다르고, 길지라고 정해진 곳마저 의견이 분분해 결국 합의점을 찾지 못한 채 허송세월만 보냈다고 한다.

이처럼 난처한 문제에 봉착한 서씨 형제는 친산 이장의

용사를 명사들에게 맡길 수 없다는 불안감에 휩싸여 고심 끝에 스스로 결정하려는 마음을 굳히고 이후 40년간 힘써 39권의 인자수지를 완성하게 됐다는 얘기다.

저술에 참고한 책만도 100여종이 넘을 정도로 폭넓게 인용됐고 명묘와 흉묘 수백기를 직접 돌아보고 수많은 고서를 참고했다고 한다. 필자 역시 30여년전 쯤 상·하권으로 번역된 인자수지를 구해 밤새 탐독했다. 그리고 그 내용에 매료됐으며 풍수지리학의 기초지식을 얻는데 큰 도움을 받았다.

그러나 어느 풍수지리학자의 말처럼 "서씨 형제의 식견이 평범했던 탓에 핵심논리를 벗어난 데다 풍수지리학의 핵심논리인 용진혈적을 꿰뚫어 적시하지 못하고 형기론에 치우친 나머지 아쉬움이 많다"는 점이 필자가 다시 읽어보고 느낀 독후 소감이라고 솔직히 밝혀 둔다.

서씨 형제가 심혈을 기울여 신친의 묘를 이장했을 터인데, 진나라 곽박 선생이 장경에서 처음 밝혀낸 만고불변의 생기론의 진리대로라면 서씨 가문은 그 친산의 발음에 의해 그에 상응하는 인재가 연이어 배출돼야 한다. 하지만 안타깝게도 어느 기록에도 그에 관한 입증을 찾아볼 수 없다. 오히려 중국 송나라 초, 망룡경과 도법쌍담 등 지리학의 진결을 저술했던 선사 오경란은 그가 일생동안 소점

(所占)했던 명혈로 인해 중국의 역사를 움직였던 인물들이 숱하게 배출됐다. 그가 소점한 명당 중에서도 가장 손꼽을 수 있는 것은, 그가 1059년 무원현 광갱령 금두혈(金斗穴)에 주자의 고조모 정(程)씨의 묘터를 점혈하면서 '이 혈의 음덕으로 공자와 같은 현인이 탄생할 것'이라고 예언한 대로 주자와 같은 대학자가 탄생한 것은 결코 우연이 아닐 것이다(이에 관한 내용은 본서 ㊦권에 상술되어 있음).

이는 풍수지리학이 그 역사와 전통 만큼이나 이설과 속설이 난무한 까닭에 풍수지리학을 연구하는 후학들에게 혼란을 초래하고 있어 그에 따른 애로가 많고 걱정 또한 크다는 것을 말하기 위해서라는 점을 밝혀둔다.

복잡하고 이론이 분분하지만 꼭 한 가지 학문적 논리에서만은 뜻을 같이한 것이 곧 용진혈적의 원리다. 용진혈적이 가장 확고부동한 풍수지리학의 핵심원리이자 불변의 이치임을 증명한 것이라 할 수 있다. '용은 참되고 혈은 적중해야 한다'는 용진혈적의 네 글자에 함축된 원리는 도대체 어떤 점을 내포하고 있을까.

필자는 연구 동호인이나 풍수지리의 이론과 실제를 접근할 때 마다 미흡하지만 용진혈적의 원칙에 충실했고, 안간힘을 기울였다고 감히 자부한다. 앞으로도 이런 의지와 노력만큼은 변함없이 이어지게 할 것이라고 스스로 다짐하

기도 한다.

 그러면 용진혈적에 깃들어 있는 진리는 무엇이며 용진은 무엇이고 그토록 중요하며 혈적은 또 무엇이며 어떻게 해야 그에 적중되는 것인지를 살펴볼 차례다. 여기서는 간단하면서도 근본이 되는 핵심만 알기 쉽게 해설해 왕릉 및 대통령의 생가와 선영에 대해 더 알기 쉽고 재미있게 독자와 함께 가려는 징검다리로 삼고자 한다.

 용진혈적의 핵심원리는 풍수지리학의 원전인 청오경과 장경에서 밝혀진 천(天)과 지(地)가 통한다는, 이른바 천기와 지기가 통한다는 천지교통의 원리와 땅속에 흐르는 생기가 살아있는 사람과 죽은 시신에 영향을 미친다는 데서 출발한다. 이 세상 모든 산봉과 산맥(용맥이라고도 함)은 地氣를 간직하고 있으며 그 지기는 용맥을 타고 흐르는 성질을 갖는다는 가설에서 부터 용진의 원리는 생성된다.

 태초에 星辰(산봉)과 용맥이 생성될 때 이미 그 생성과정에서 어김없는 음양오행의 이치가 작용됐고 어김없는 용맥의 행도(산줄기가 나아가며 일정한 규칙으로 절룡을 이루며 나아감) 이치에 의해 혈이 형성되기 때문에 거기에 숨은 이치를 분석해 파악하면 용의 진위를 가려낼 수 있다.

 산세의 내기(內氣)에 깃든 이치에 의해 생성된 산봉우리와 산맥의 겉모습을 면밀히 살펴 용맥의 진위를 가려내는

기법을 '형기론적 용세론'이라 한다. 또 산세의 형성과정에 적용된 이치를 면밀히 분석해 그 진위를 밝혀내는 것을 '**이기적 용세론**'이라 이른다. 그러면 용진의 기본이 되는 형기론을 먼저 살펴보고 그 다음에 이기론에 대해 분석하기로 한다. 참된 용이란 반드시 혈을 짓는 구실을 함으로써 그 몫을 다 한다. 이런 용을 주룡이라 한다.

그 주룡이 반드시 갖춰야 할 요건은 크게 3가지다.

① **용의 대소경중을 변별하는 기준**

② **주룡을 자세히 간찰하는 강령**

③ **주룡이 갖춰야 할 체계적인 질서**

주룡의 대소경중 변별	간룡(看龍)의 9대 강령	주룡의 8개 윤서(倫序)
幹龍: 大간룡, 小간룡 枝龍: 大지룡, 小지룡 旁龍		

※ 본서 ⊕권에 자세한 해설이 있음

워낙 복잡하고 전문적인 용어라 이쯤에서 마감하고, 다음 회는 혈적과 상관관계가 깊은 이기적 용세론에 대해 살펴보기로 한다.

제2절 용진혈적(하)

지난 회는 용진혈적 즉, **'참된 용맥에 적중된 혈'**이야 말로 풍수지리의 핵심원리라는 점을 강조했다. 또 주룡의 3대 요건을 도해로 대신 설명하면서 용진의 변별요건은 육안으로 살펴 그 진위와 구비여부를 밝혀낼 수 있는 특징을 갖고 있는 탓에 이른바 이를 형기적 용세론이라 했다. 형기론에만 의존해서 주룡을 살피고 주룡의 마무리단계에서 작성되는 혈장을 정확히 찾아 소점하기에는 한계성이 있기 마련이다. 왜냐 하면 이 세상 모든 용세가 형성되는 태초에 이미 이기(理氣)의 생성이치가 작용되었으므로 형기 속에 깃들어 있는 이기를 분석적으로 밝혀내야 시행착오 없이 정확한 간룡을 할 수 있고, 그 결실에 해당되는 혈을 밝혀낼 수 있기 때문이다.

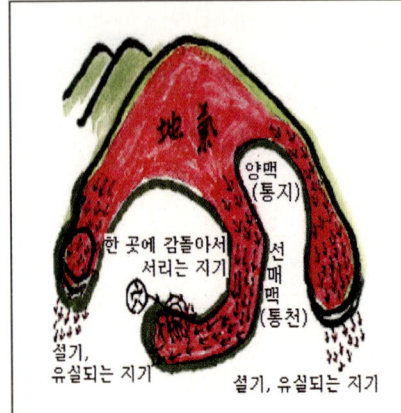

地氣가 일정한 곳에 맴돌아 서리게 하는 요건이 갖춰졌을때 맥을 따라 흘러온 地氣가 서리는 穴을 맺는다. 이를 작도해 보면 다음과 같다.

[지기가 응결되어 서리는 산세의 통맥도]

일부 사람들은 "**형기에 충실하면 이기는 그 속에 있어 들어 맞는다**"고 주장하는 경우도 있지만 그 것은 마치 잣대 없이도 정확하고 착오 없는 선분을 그을 수 있다는 것과 같은 위험성을 내포하고 있다. 신안(神眼)이나 도안(道眼)의 경지에 들지 못한 수준에서 눈에 보이는 형기론적 간룡에 의존하다 보면 한 치의 오차도 허용되지 않는다는 점혈의 어려움을 결코 극복할 수 없다고 봐야 옳다. 따라서 형기적 간룡과 함께 이법을 적용하는 이기적 간룡도 함께 적용, 두 가지의 변인이 조화를 이뤄야 용진혈적의 원리에 상응하는 심룡과 재혈(裁穴)을 할 수 있다는 것이 필자의 변함없는 소신이자 신념이다. 그렇다면 이기론에 입각해 용세를 측정하고 혈을 찾아가는 문제 해결에 접근할

차례다.

재(岵)

　상기 도해는 이 세상 모든 산봉과 산맥이 생성될 때 이미 어김없는 법칙성에 의거한다는 것을 확연히 적시한 것이다. 위 도시된 ※의 재는 어떤 경우이든 동서남북의 방위에 걸쳐 통과하고 ㉮와 ㉯의 솟구치는 용맥은 건곤간손의 방위로 행룡한다. 필자가 경(經)에서 터득한 이치에 따라서 300여곳을 조사 측정한 바 모두 일치했다. 이 세상 모든 산봉우리는 태양에너지를 비롯하여 천둥번개와 구름속의 방전, 지구에 영향을 주는 천체의 성군(星群)에서 전파돼 온 에너지의 천기와 지구자체가 함유하고 있는 자기장력 등이 종합된 지기를 저장하고 있다. 그 지기는 저장된 채 정지되지 않고 전달 매체인 용맥(또는 산맥줄기)을 따라 전기의 흐르는 속도만큼이나 빠르게 이동하는 성질을 지니고 있다.

그 지기가 살기를 털고 서기로 정제 돼 일정한 흐름의 법칙에 맞는 용맥을 타서 어느 지점에 서리게 될 때, 이를 일러 풍수지리학에서 혈이라 명명하게 된다. 용맥을 타고 흘러온 지기가 일정 법칙에 따라 땅속을 통과해야 일정한 혈처에 다다라 유실(流失)과 설기(泄氣)를 막고 청기(淸氣)가 한 곳에 맴돌아 서리게 된다. 또 그곳에 삶의 터를 잡고, 시신이 안장되면 그 좋은 지기를 받아 복된 삶을 누리고, 매장된 체백도 지기를 얻어 생기를 타고 후손에게 동기감응을 끼친다는 것이다. 이런 터를 밝혀내는 일이야말로 중대하고도 어려운 일이 아닐 수 없다. 이런 일 자체가 풍수지리의 진수이자 핵심인 까닭에 더욱 더 그렇다.

이에 따라 지난 28회에서 살펴본 형기적 용세론에 덧붙여 이에 수반되는 이기적 용세론을 알기 쉽고 간단하게 정리해 제시한 후 다음 회부터 소개되는 왕릉 및 대통령 생가 터와 선영을 더욱 뜻깊게 돌아보는 디딤돌을 놓고자 한다. 여기에는 어김없이 적용돼야 할 기본 법칙이 있고, 그 법칙을 실제 적용하기 위해 반드시 알아야 할 몇 가지 기초지식이 동원돼야 한다.

[좌선룡과 우선룡]

첫째 주룡은 마무리단계에서 그 나아가는 진행 형태에 따라 크게 시계바늘 방향으로 나아가는 좌선룡(左旋龍)과 그 반대 방향으로 진행하는 우선룡의 두 가지 행도(行度)가 있다. 좌선룡은 봄,여름.가을,겨울의 사계절의 순행과 오행의 상생과정에 순응하는 방향으로 진행해 삼라만상의 질서대로 진행된다 해서 순선(順旋)이라 하며, 우선룡은 그 반대여서 역선(逆旋)이라 한다.

둘째 주룡의 행도는 양용맥과 음용맥이 있고 양룡과 음룡이 상교하는 교구(음양이 배합하는 형태의 용맥 행도)를 이뤄야 비로소 혈을 잉태한다. 후천지기 즉, 땅속에 흐르는 기운은 움직이는 속성 탓에 일정한 법칙이 있어, 이에 어긋나면 난동이 있을 뿐이니, 정(靜)한 땅에 흐르는 기를 응결시켜 혈을 만들지 못한다. 또 음양의 두 용맥이 교구가 성립된다 해도 이들 음양용맥은 지리에만 의존하는

통지맥(通地脈)이기 때문에 반드시 천리를 관장하는 통천맥의 중매가 있어야 지리는 천기에 상응하게 되고, 천기는 지리에 상응해 마침내 음양배합의 합국을 이뤄 득의(得意·뜻을 이룸)하는 등 생기를 서리어 감도는 혈을 지을 수 있게 된다.

이 원리 속에는 통지맥과 통천맥이 겹쳐 이뤄지는 통천지맥도 있어 그 역할도 제외시킬 수 없을 만큼 중요하지만 이는 이후 사례에서 덧붙여 설명하기로 하고 여기서는 생략한다. 통지맥은 이른바 사태(四胎)인 乾, 坤, 艮, 巽(북서, 남서, 북동, 남동)을 끼고 쌍행하는 용맥을 뜻하며 통천맥은 사정(四正)인 子, 午, 卯, 酉을 끼고 쌍행하는 용맥을 가리킨다(상세한 내용은 ㊤권에 진술됨).

<mark>셋째</mark> 혈을 맺기 위해 내룡한 주룡이 마무리 단계에 이르러 반드시 지기가 한곳에 감돌아 서리게 하는 교구통맥을 형성해야 드디어 용은 혈을 맺는 필요충분조건으로서의 용진의 구실을 하게 된다. 그 용진은 지상목표인 혈적을 이뤄낸다. 조종산으로부터 내려오는 용맥이 아무리 뛰어나고 아름다워도 교구통맥이 형성되지 못한 곳에는 혈을 절대 짓지 못하므로 비록 주룡의 변별은 형기론에 의존하여 진위를 변별해야 되지만, 정혈할때는 필히 이기적 용세론의 법칙에 비춰 용맥을 교구통맥에 맞춰서 나경으로 정

확히 측정해야 한다.

　넷째 주룡이 태맥으로써 교구통맥을 이뤄야 대지의 혈터를 만들게 되는데 태룡맥의 교구통맥의 횟수에 따라 2태룡교혈, 3태룡교혈, 4태룡교혈(도Ⅳ참고) 등으로 대중소가 결정된다. 즉, 2태교혈은 보통사람의 부귀가 기약되고, 3태교혈은 장상(將相)이 예고되며 4태교혈은 [4]군왕지지가 기약된다.

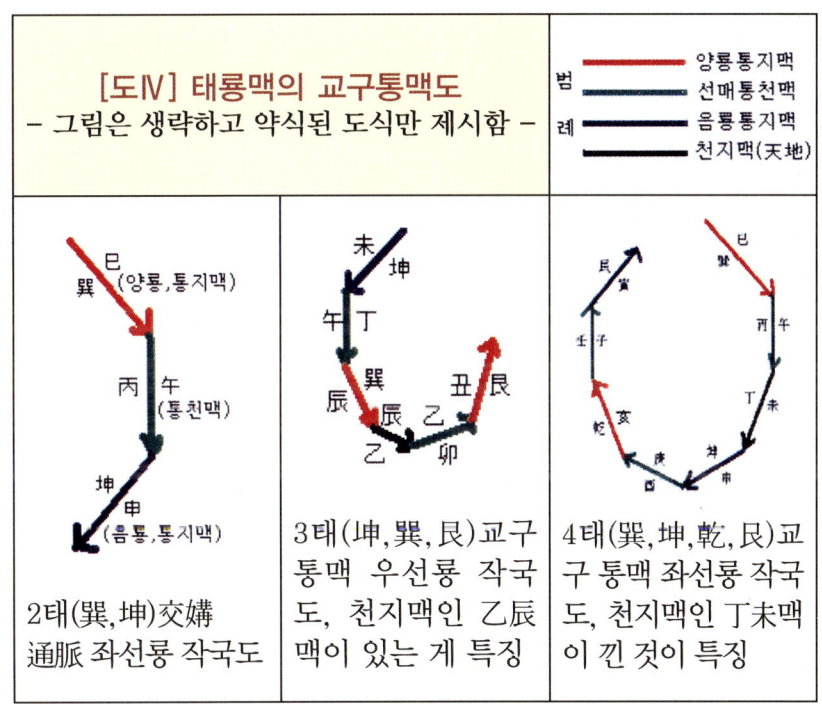

[도Ⅳ] 태룡맥의 교구통맥도
– 그림은 생략하고 약식된 도식만 제시함 –

범례
━━━ 양룡통지맥
━━━ 선매통천맥
━━━ 음룡통지맥
━━━ 천지맥(天地)

2태(巽,坤)交媾 通脈 좌선룡 작국도

3태(坤,巽,艮)교구 통맥 우선룡 작국도, 천지맥인 乙辰맥이 있는 게 특징

4태(巽,坤,乾,艮)교구 통맥 좌선룡 작국도, 천지맥인 丁未맥이 낀 것이 특징

---

4) 음 · 양택 모두 3태교혈의 겸전이면 군왕도 보장된다고 한다.

다섯째 모든 산봉과 산맥의 형성은 이법에 의해 이뤄진다는 것은 산세의 형태로써 입증된다. 따라서 이기론적 용세론을 도외시해서는 안 될 것이다.

마지막으로 이기적 용세론에 입각해 도출된 교구통맥법에 의한 작혈의 원리를 현대과학의 에너지 전달체계로 설명될 수 있는데 요즘 지기의 응결상태와 수맥파를 측정하는 각종 도구가 발명 제작돼 이를 뒷받침하고 있다. 이런 기초를 바탕으로 왕릉 및 역대 대통령의 생가와 선영으로 발길을 옮긴다.

[교구통맥의 이해 도해도]

제13장
왕릉으로 떠나는
풍수기행

[제13장]
왕릉으로 떠나는 풍수기행

제1절 준경묘

[준경묘 산세도]

왕이나 왕후의 유택은 능, 능묘, 능상, 능침 등으로 불린

다. 백성들의 묘와는 구분됐다. 그래서 왕릉은 풍수지리학적으로 천하대지였을 것이라는 예측이 가능하다. 이런 탓에 왕릉에 대한 풍수지리적 간산의 어려움이 있는지도 모른다. 이런 위험부담을 감수하고 풍수기행의 소재를 왕릉으로 정한 필자의 의도가 너무 무모한 것은 아닐까.

이번 풍수기행의 기획 의도는 이승에서 누린 홍복의 차별화가 사후 유택까지 귀결되거나 결정되지 않을 것이라는 천리의 관점과 가장 지엄한 신분이었던 왕과 왕후의 사후 유택을 가감 없이 냉철히 살펴 분석함으로써, 풍수지리학 연구의 또 다른 깊이와 영역을 넓혀나갈 수 있을 것이라는 관점에서 시도했다. 이에 따라 진정한 의미의 풍수지리학 연구 기행이 될 것이라는 가능성과 그런 믿음을 갖고 간산을 시도하고 그 결과를 소개할까 한다.

왕릉에 대한 풍수기행은 몇 가지 제한성이 있다. 소재의 범위는 물론 역사 과정을 살펴 독자들의 궁금증을 모두 풀어주기에는 왕권시대가 너무 길 뿐 아니라 풍수지리적인 특성을 커버하는 시대적 배경이 다른 탓에 그 한계를 극복하기란 매우 어렵다. 또 왕권시대 장례문화의 근거자료를 수집하는데도 한계성이 있게 마련이다. 그래서 이번 왕릉 기행의 소재와 배경을 다음과 같이 한정시킨다. 우리나라 왕권 군주시대가 5천년을 넘는 긴 역사를 갖고 있지만 풍

수지리학을 도입해 왕권의 기반을 구축하고 사후 왕릉조성까지 적용했던 시대가 고려 이후다. 따라서 사료나 문헌 고증 및 자료를 바탕으로 소재를 구해 그 기초위에서 소개할 수 있는 시기는 조선시대로 좁혀진다.

그 가운데 동구릉과 서오릉을 중심에 두고 왕릉의 간산 기록을 정리해 소개할까 한다. 이야기의 전개 순차와 내용 구성의 틀도 독자들의 궁금증을 풀어주는데 주안점을 두기로 한다. 왕릉은 이른바 국사(국풍)에 의해 소점된 혈이니 모두 제왕지지의 명혈이며 그래서 왕통이 계승된 것은 아니었을까. 그러니 굳이 이에 대한 답산결과를 쓸 필요가 있겠느냐는 의견도 있을 것이다. 또 왕릉은 어떻게 점혈돼 터가 결정됐고, 관장했던 기관은 어디이며 책임자는 누구였을까. 어떤 절차에 의해 조성됐을까 등이 독자들의 궁금사항일 것이다. 그리고 조성된 왕릉은 풍수지리학적으로 과연 어떤 자리였을까도 꽤나 큰 관심사항일 것이다. 실제 간산 결과에 의해 분석·평가하고 그 소견을 밝히는 것이 필자가 감당해야 할 몫이다. 조선왕조의 왕릉이 제왕지지가 아니라, 조선왕조의 창업 자체가 제왕지지에 묻힌 선대의 발음에 의해 달성됐다는 데서부터 이야기의 실마리를 풀어가야 한다. 승하한 왕과 왕후의 묘가 군왕이 난다는 제왕지지에 쓰였으니, 500년 왕통이 계승됐다고 주장한다면 이는

설득력 있고도 그럴듯한 견해라 할 수 있을 것이다. 그러나 조선시대 왕릉 중 군왕지지가 거의 한곳도 없다는 것이 풍수지리학을 정통으로 연구한 선대학자들의 일반적인 견해다. 필자 역시 동구릉과 서오릉 등 몇몇 왕릉을 간산해 살펴본 결과 군왕지지는 눈에 들어오지 않았다.

오점된 왕릉과 왕족의 릉(또는 원과 묘)이 가끔씩 보였다면 너무 외람된 표현이라 하겠으나, 이는 어디까지나 필자의 수준과 객관적인 평가 관점에서 언급한 것이니 참고하기 바란다. 왕권세습제가 지배했던 군주시대에 처음 왕권을 잡아 제국을 통치하게 된 원인이 어떤 영향을 받아 이뤄졌는지를 따져보는 편이 훨씬 설득력이 있다. 조선왕조를 창건한 이성계가 혁명가로서 성공하기까지 두 가지 변수가 맞아 떨어졌다고들 한다. 하나는 개인의 역량과 노력도 뒷받침됐지만 시대적 상황이 더 크게 작용했다는 게 역사가들의 평가다. 나른 하나는 풍수지리적 배경이 크게 작용했다는 것이다.

이른바 도참설에는 '한양에 이씨 성을 가진 사람이 새 왕조를 열 것이다'는 내용이 전해옴에 따라 이미 고려조에서 이씨 성을 가진 관리를 한양에 파견, 지기(地氣)를 누른 역사적 기록이 전해진 것만 봐도 이를 전혀 무시할 수 없다. 이 태조가 개국의 명당을 살펴서 그 진위를 밝혀 놓은 기

록들이 명백하게 전해진 것 또한 이를 뒷받침해 주고 있다. 조선왕조 족보의 하나인 완산실록에 따르면 전주 이씨 시조인 신라 사공 이한공의 3세손인 이천상공이 신라말기에 중국으로 건너가 9년 동안 풍수지리학에 도통한 뒤 전주 건지산 왕자봉 아래에 을좌신향(乙坐辛向)의 서룡시우형(瑞龍施雨形)의 명당대지를 찾아 전주 이씨 시조인 이한을 안장했다.

그 묘소를 두고 **"내 후손에서 왕이 될 자손이 반드시 날 것이므로 중간에 어떤 어려움이 와도 이 묘를 다른데로 옮겨서는 안 된다."**고 후손들에게 간곡히 당부했다. 그 후 16세손인 이린이 고려 명종때 집주라는 벼슬을 지냈다.이린이 전쟁에 나가 대패하자 조정에서는 그의 책임을 묻게 됐다. 이 때 나온 것 중 그의 선조묘가 문제가 됐다.

특히 당시 국사인 이대극이 왕에게 "한양 터에 전주 이씨가 등극하게 되는데 이는 서룡시우형의 시조묘의 발음에 힘입어 이뤄진다."고 진언하자 명종은 이린을 유배시키고 전주 이씨 시조 이한의 묘를 파굴하도록 명령했다. 그러나 파묘 순간에 청천벽력과 폭우가 쏟아져 파묘에 참여했던 인부 10명이 죽고 모두 혼비백산해 흩어지고 말았다. 이 소식을 전해들은 명종은 천시(天時)라며 파묘 중지 명령을 내렸다고 한다. 필자의 간산결과 건지산으로부터

乾亥→壬子→艮寅→甲卯→巽巳의 三胎交穴이었다.

[전주이씨시조 사미공 翰과
비 경주김씨의 단]

[목조대왕 황고인 장군공
양무의 묘소]

이 묘가 바로 건지산 아래 전주 이씨의 조경단(시조의 묘
터)으로 알려지고 있다. 조경이란 경사가 시작된다는 뜻으
로 기쁨이 비롯되는 시조의 단 이름으로만 쓰인다. 이 단
은 묘가 있는 곳이 불확실해 단을 쌓아 놓고 제향을 지내
기 위한 것이다. 또 전주 이씨의 또 다른 선대 묘에 군왕지
지로 알려진 이양무의 묘인 준경묘가 세인들의 주목을 끌
며 오늘날까지 회자되고 있다. 이린의 손자이자 태조 이성
계의 4대조인 목조 이안사는 그의 아버지 이양무에 이르
러 전주에서 살았고 자신은 전주에서 관직을 맡았다.

용비어천가에 목조의 사적이 실려 있듯이 이안사는 전주

지주사와 다투고 강원도 삼척으로 피신한다. 삼척에 온 그는 친산 이양무의 산소 준경묘를 깊숙한 산골 노동산 아래에 안치하고 모친 묘소 영경묘를 이웃 가까운 곳에 안장했다. 필자가 독자들에게 알리려는 관심사항은, 앞서 건지산 아래의 군왕지지인 시조묘(조경단)와 함께 준경묘를 강조하기 위해서다. 준경묘는 오늘날 강원도 삼척시 미로면 활기리에 있다.

이 곳의 산소벌안에 서 있노라면 풍수지리에 관계없이 대지명혈이라는 말이 절로 나온다. 워낙 전문적인 내용이라 여기서 모두 설명할 수 없지만 풍수지리학적으로 분석해도 이 산소는 군왕지지로서 손색이 없다. 주룡의 규모는 물론 간룡지세를 배경으로 3 태교구의 작혈이 더 돋보인다.

고려의 500년 도읍지를 무너뜨리고 조선의 새 왕조가 창건된 것은 전주의 조경단과 삼척의 준경묘의 발음에 의해 얻어진 에너지가 뒷받침된 것은 분명해 보인다. 하지만 함경도 이성계의 생가터도 분명 군왕의 지기를 받게 된 터이지만 이를 실증적으로 제시하지 못한 점이 못내 아쉽다. **훌륭한 인물이 배출되는 풍수지리적 요건은 음택의 뒷받침이 반드시 필요하지만 그 인물이 잉태된 생가터(양택)도 더욱 중요하다.** 필자는 생가터의 地氣가 더 큰 영향을 준다는 것을 믿고 있다. 물론 생가터에서 받은 지령에 선조

의 음택발음이 더해졌을 때 완전한 발복이 발현되는 것 또
한 분명한 이치다.

   그래서 조선 태조 이성계의 생가터에 대한 기록이나 실
제 간산평이 사뭇 궁금해진다. 이후 역대 대통령 생가터
편에서 생가터가 참으로 중요하다는 것이 입증될 것이다.

제2절 조선 궁궐터와 왕릉 개관

[서울 근교의 왕릉 분포도]

조선시대에 들어 태조 이성계가 첫 번째 추진했던 국책사업 중의 하나가 한양으로의 천도였다. 그런 뒤 이 태조는 자신의 유택을 어디로 정할지를 놓고 걱정했다. 군주 왕권시대는 말할 것 없고, 오늘날 대통령의 자리에 오르게 된 것도 풍수지리학적 관점에서 분석해보면 양택과 음택의 발복이 조화를 이뤄야 가능하다. 특히 두 가지 변인 중에서도 양택(생가터)의 중요성이 크다는 것을 확인할 수 있다. 왕릉만을 일방적으로 답산해 얻어진 자료만으로 조선왕조의 영고성쇠와 파란만장한 과정을 풍수적 요인에서 찾으려는 노력은 한계에 부딪힐 수밖에 없다. 음·양택은 상호작용의 변인임이 중요한 사례로 입증되고 불가분의 관계를 갖고 있기 때문이다.

무학대사와 권중화는 "**조선의 대궐은 현 인왕산 아래 사직공원자리에 유좌묘향(정서쪽을 배경으로 정동쪽을 향함)을 놓아야 한양터의 국세에 들어맞는 것**"이라고 알려줬다. 그러나 정도전 등은 "자고로 성왕들은 남향터를 잡아 집권해야 천하의 모든 소리에 귀를 기울이고 남쪽의 밝은 형상을 보고 밝은 정치를 한다"며 "대궐을 동향으로 놓을 수 없으므로 선현의 말대로 남향을 놓아야 한다."고 주장했다. 이런 주장이 득세해 끝내는 남향을 놓을 수 있는 현재의 경북궁터에 자리 잡는 쪽으로 가닥이 잡혀졌다.

양기풍수에 자(子)좌오(午)향은 1음1양의 대충방위여서 절대 피하는 좌향임을 모를이 없었을 텐데…

혁명주체 세력의 이런 의견이 워낙 강하자 무학대사 등은 한 발 물러서 "(현재의 경북궁터에) 궁궐을 짓되 물이 우측에서 좌측으로 흐르는(우선수) 국세이므로 해좌사향(서북북에 배경을 삼고 동남남쪽을 향함)으로 입향을 정해야 한다."고 대안을 제시했다. 그러나 혁명주체 세력들은 "그러면 다시 중들의 세력이 중흥할 것"이라 주장하며 끝까지 자좌오향(정북에 배경을 두고 정남을 향함)을 놓고 만 것이다. 여기서 믿기 어려울 만큼 적중된 신비스런 비전인 「산림비기」의 한 구절이 회자되며 전해왔음을 상기해 보면 정말 놀랍고도 흥미롭다.

"한양에 도읍을 정할 때 스님의 말을 따르면 길하고 정(鄭)의 말을 들으면 궁궐 좌향을 자계좌(배경을 북방에 두는 좌향)로 할 것이나. 그러면 남산이 태고(매우 높음)하니, 신유능군(군왕을 업신여기는 신하가 있게 됨)이요, 한강다탄(한강물이 크게 여울짐)해 국무십년안(한 나라의 편안한 날이 십년을 넘지 못함)이라 혹은 국난이요 또한 국상이라."

산림비기의 이런 내용은 불행하게도 현실로 드러나고 말았다. 조선개국 10년, 한양천도 4년 만에 왕자 난으로 골육상잔의 비극이 일어났다. 뒤이어 정종 양위, 단종애사,

연산·광해군의 폭정으로 반정이나 폐출당한 군왕, 임진 왜란 7년의 풍진, 정묘·병자호란으로 임금의 남한산성 붕어, 연산생모 윤비 폐출 등 혼란이 요동쳤다. 또 27명의 왕 가운데 무자(無子)의 왕이 8인이요, 적자 대통계승이 어려웠으며 군약신강(君弱臣强)으로, 명당을 쓴 권신과 척신들의 국권 실제장악, 군왕의 허약에다 경술년 망국이었다. 어디 그 뿐인가. 명종 8년과 임진왜란 등 개국 100년도 안된 사이에 두 번에 걸친 궁궐소실 및 장녹수, 장희빈 등의 여인천하 시대가 있기도 했다.

원래 경복궁터는 대궐터가 되지 못하는 양택혈이라는 것이, 정통풍수지리학에 의해 밝혀진 사실이다. 그 원리에 상응하는 지리적 요건을 모두 설명하기에는 방대한 까닭에 몇가지만 소개한다. 서울의 판국은 백두대간이 내려오다 철령에서 간인룡(동북방에서 남서방으로 뻗어 내린 용맥)이 700리를 내룡하다가 강세룡인 도봉산에서 치솟아 용루의 형태를 만들었으므로 강세룡 중의 강세룡이다.

남산 너머 조산이 되는 관악산 역시 속리산에서 발조 700리를 북쪽으로 역룡 역세 하다가 경북궁터의 주산인 북악산과 대치하는데 이 역시 강세룡(염정 화성)이다. 모두가 하늘을 찌를 듯한 출진룡이라 상등룡이라고 하지만 혈을 맺는 당처에 와서 귀인이 병풍을 두르고 고즈넉이 앉

아 있듯이 그 배경에는 후중하면서도 넓고 포근하게 펼쳐
진 산이 웅좌해서 뒤켠의 모든 강세룡의 살기를 가려 줘야
만 한다. 이는 기본중의 기본이다. 인왕산 밑에서는 뒤켠
의 숱한 살기가 숨겨져 나타나지 않지만 북악산(청와대 후
산)밑인 경북궁은 살성에 노출돼 그에 의한 흉화를 면하기
어렵다. 가장 중요한 것은 북악산이 주성의 요건을 갖추지
못했고, 개장천심룡이 없는데다가 주룡맥은 경복궁(지금
의 청와대)쪽으로 행룡하지 않고 있다는 것이다. 그런데다
정북방에는 삼각산이 경북궁을 엿보며 넘겨다보는 흉한
규봉사가 있다. 특히 궁궐의 배경이 되는 진산의 용세 하
나만 보더라도 경북궁터는 왕도(王都)로서 결점이 너무 많
아 진정한 궁궐터가 될 수 없는 곳이다.

[조선시대 왕릉 전경]

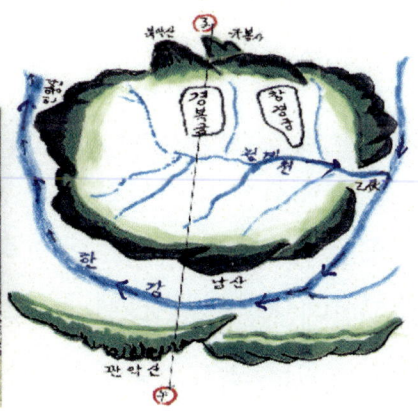

[한양도읍지 산도]

주위의 산세를 자세히 살펴 볼 때 삼청동에서 한국일보 사 쪽으로 내려가는 용맥과 가회동에서 낙원동까지 내룡한 용맥, 명륜동옆으로 종묘까지 내려간 용맥 모두가 실상은 인왕산 아래의 사직공원터를 위한 호종의 용맥들이다. 그리고 인왕산의 오른쪽 백호맥(터에서 앞을 보고 오른쪽의 호위사)에서 뻗어 내려 남산을 지나 장충동을 거쳐 청계천까지 굽어드는 맥과 약수동 뒷산들과 왕십리에 이르기까지 오른쪽에서 거두어주는 모든 산맥은 아래쪽에서 인왕산터를 옹위하는 하수사들이다. 그런데 경북궁 뒤는 주산이 없는 사실상 과산에 가깝다.

북악산이 언뜻 보기에 목성체인 탐랑성의 수려한 산봉으로 그 형태를 갖춘 듯 보이지만 다시 주목해 보면 주산이 되기에는 오른쪽으로 편립돼 있는데다 손바닥처럼 터를 감싸듯 솟아 있지 못하고, 마치 손등같이 무정하게 배면하고 있는 형세가 분명하다. 그런데다가 개장하여 터를 감싸는 호종사가 없고 천심룡이 출신되어 터에 지기를 내려 보내는 주룡의 매체가 뚜렷하지 않고 여러갈래로 분지된 것이 결격이라고 보여진다. 행도의 맥이 보이지 않는 것이 아쉽다. TV화면에 잡힌 청와대와 그 후산 북악산이 어쩐지 짜임새가 없고 안정되지 못해 불안정한 것처럼 느끼는 것은 비단 필자만의 생각일까. 여기서 중국 송대의 풍수지리 대가 주

경일 선생의 지적을 다시 한 번 음미해볼 필요가 있다.

그는 "뒷산이 양 팔을 벌리듯 감싸고 둥글게 솟지 않으면 맥이 내려오지 않고 개면(솟은 산이 양팔을 벌리듯 펼침)이 안 되면 혈을 맺지 못한다."고 강조했다. 한양 천도가 거론될 때 풍수지리학에 밝은 무학 대사와 권중화의 의견을 무시하고 인왕산을 외면했던 것은 천운일까 국운이었을까. 정말 안타깝기 그지없는 과거사가 아닐 수 없다.

조선개국 시기는 서기 1392년(임신년)이다. 이로 부터 519년 동안 즉, 제1대 태조부터 제27대 순종까지 왕릉(왕후의 능호까지 포함)은 64위다. 여기에다 왕에 오르지 못하고 요절하는 등 사후에 능호를 추존 받은 경우까지 더하면 능의 수는 더 많아진다. 64위중 왕릉은 25위이고 왕후릉은 37위다. 그러니까 계비 왕후의 능은 12위인 셈이며 연산군, 광해군과 그들의 비와 희빈 장씨는 능호를 받지 못하고 묘로 격하됐다. 능은 왕위에 즉위한 군왕의 묘를 포함, 사후 추존돼 능의 반열에 오른 경우이며, 원은 후궁이나 세자책봉을 받지 못하는 등 능호를 받을 수 없는 경우에 해당된다.

묘는 폐출돼 왕위나 왕후지위에서 평인으로 실격된 경우에 속한다. 그리고 왕릉을 포함한 왕족의 묘는 1산 1혈과 1산 다혈로 크게 나눠 배치돼 있다.

이태조의 왕릉인 건원릉을 비롯해 모두 9개의 능 17위는 경기도 구리시 인청동 62번지 동구릉에 안장돼 있다. 제19대 숙종과 제1계비 인현왕후의 명릉을 비롯하여, 5개의 능 14위는 경기도 고양시 덕양구 용두동 475-96번지 서오릉에 안장됐다. 제3대 태종과 원경왕후의 현릉과 세종과 소헌왕후의 영릉 등 20개 능과 2개 묘는 궁궐로부터 100리 안팎의 1산 1혈에 안장돼 있다. 다만 태조의 비 신의왕후를 비롯하여 정종과 정안왕후의 능은 북한땅에 있어 사적으로 지정되지 못해 안타까운 실정이다.

제3절 조선시대 왕릉의 정혈과 규모

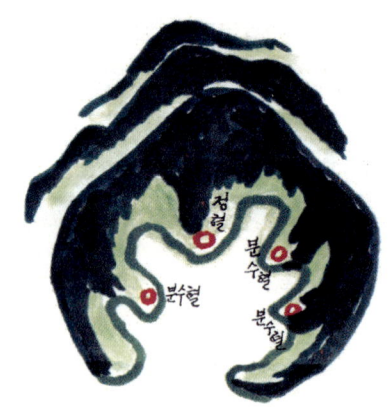 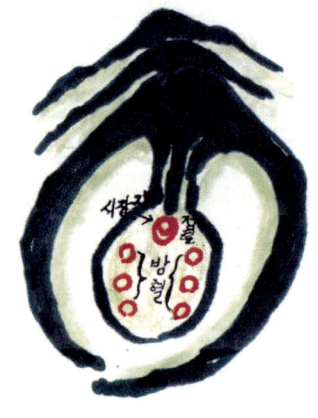

[분수혈형]　　　　　　　　[방수혈형]

태조 이성계는 종묘와 사직을 왕조의 2대 지주로 삼고, 터를 잡는 일을 풍수지리를 전담하는 서운관(뒤에 관상대로 개칭) 관원들에게 시켰다고 한다. 조선시대 경국대전을 보면 과거시험의 음양과 풍수지리영역에 출제했던 이론 과목으로 청오경, 장경, 지리신법, 명산론[사진참고] 등의 순서로 정하고 이에 관련된 분과적 지리서를 확충해 나갔던 것으로 기록돼 있다. 이들 서적 모두가 중국에서 저술돼 우리나라에 수입된 것이다. 그런 탓에 풍수지리의 정통성을 가리는 척도는 중국 한나라 청오자가 지은 청오경과 진나라 곽박선생이 지은 장경에서 비롯된 것임을 확신할 수 있다.

어쨌든 과거시험에 음양과를 둬 그 시험에 합격한 풍수지리학에 조예가 깊은 인재들로 하여금 능묘(陵墓)의 후보지를 찾아 그 가운데 가장 우수한 길지를 왕가의 능으로 지징했다고 한다. 그러나 서운관의 관원들은 경륜이 짧고 경험적 실증에 약한 탓에, 이른바 국풍의 반열에 오른 명사가 왕명을 받아 능묘지역 선정에 적극 참어함으로써 내지명혈의 재혈에 착오가 없도록 했다.

고려시대에도 마찬가지 이었다. 당시 국사로 왕의 신임을 한몸에 받았던 도선은 장차 천명을 받아 특출한 사람이 나올 것을 예견하고 송악군(현 개성)에 가서 많은 시간을

보냈다고 한다. 이때 왕건의 아버지인 왕용건의 집터를 잡아주며 왕건의 출생과 고려의 건국을 예언했다는 내용이 도선본비에 나온다. 이 단험에 의해 적중된 응험으로 인해 도선국사의 풍수지리의 높은 경륜이 세상에 회자된 단초가 되었다 이 내용은 역시 본서 ⊕권에 상술됨.

 조선시대 초기에는 무학 대사가 왕사로 존경받고 이태조의 신임을 받았다. 그는 고려 때부터 조선 초기까지 소위 3화상으로 유명한 지공, 나옹선사와 함께 불교에 도통했던 인물 중의 한사람이었다.

무학 대사는 고려 충숙왕(1327)때 경상도 합천에서 태어났다. 18세에 원나라에 유학했으며 함경도 석왕사에 머물고 있을 때 이성계를 만나 그의 꿈을 **"국왕이 될 예언성 큰 꿈"**이라고 해석한 후 인연을 맺기 시작해 이 성계가 왕위에 등극하자 왕사로 극진한 예우를 받았다.

한양 천도 논의 때도 여러 중신들과 제도권의 풍수지리학자들의 의견을 다 듣고 난 다음, 결론적으로 무학 대사의 의견을 물었다는 기록에 비춰봐도 그에 대한 이태조의 신임이 매우 두터웠음을 짐작할 수 있다. 특히 이태조의 묘터로 현 경기도 구리시의 동구릉 시장자 자리에 정혈, 건원릉을 조성했다고 전해진다. 그런데 필자가 끝내 풀지 못한 궁금증이 하나 있다. 그토록 이태조가 무학 대사를 신뢰했다면 한양의 궁궐터를 정할 때 인왕산 아래에 짓지 않고, 하필이면 정도전 하륜 등 비전문가의 의견에 따라 현 경복궁터에 지었을까 하는 점이다.

무학대사 외에도 왕의 주위에서 풍수지리에 관한 중요한 조언을 한사람은 수없이 많다. 무학대사 뜻에 함께하며 한양터의 궁궐자리를 인왕산 아래로 조언했던 권중화를 비롯하여, 서운관의 풍수지리학자이자 조선 초기 국책 풍수 사업에 많이 참여했던 이양달은 태종 때부터 세종까지 두터운 신임 속에서 왕의 자문역할을 했다.

예종 때 세종의 능침을 여주땅 모란반개형인 현 영릉으로 천릉하는 대사를 맡은 상지관 안효례, 흥선대원군에게 충청도 덕산의 가야산아래 군왕지지를 소점해 주고 왕권을 되찾게 한 정만인, 그리고 고종 때의 국풍 전기응, 주은한, 김광석, 김공석 등 왕위가 바뀌거나 일정기간을 두고

한 시대에 걸쳐 국지사로 행세한 인물들이 문헌 여기저기에 나타나고 있다. 그렇지만 국풍의 명단이나 상지사의 명단이 시대와 왕권에 따라 빈틈없이 정리되지 못해 소상히 알 수 없는 점은 매우 아쉬운 대목이다.

태조실록에 확실히 전해온 것은 조선조의 왕도를 전도하는 과정에서 서운관의 관리들은 이론에 밝은 법안(法眼)지관의 범주를 벗어나지 못했고, 거시적이고 미래지향적인 안목이 부족해 국가경영전략을 내다보는 풍수지리의 역할을 해내기가 어려웠다. 이 때문에 당시 국정의 중책을 맡았던 도평의사사에서 "지리라는 학문은 분명치 못한 곳이 있기 때문에 사람마다 각기 자기 의견만 내세워 서로 같기도 하고 다르기도 하니 어느 것이 참말인지, 어느 것이 거짓인지를 분별하기가 어렵다. 고려조에서 전해오는 비록마저 이와 비슷해 음양산정도감을 둬 일정하게 교정하라"고 요청했다.

[족장지의 두 가지 형태]

태조 이성계는 이를 인정하고 허락했다. 이태조의 입장에서 중신들이나 서운관 관원들 모두 미덥지 못했을 것이다. 중신들의 풍수 수준은 상식을 벗어나지 못했고, 서운관 하급관리들의 수준은 문자에 얽매인 법안으로 안목이 너무 좁아 국사에 반영하기는 역부족이었기 때문이다. 그래서 제안된 것이 풍수이론을 체계화시키고 정리하는 음양산정도감을 설치한 것이다. 권중화, 정도전, 성석린, 남은, 정총, 하륜, 이직, 이근, 이서 등으로 하여금 서운관원과 함께 지리와 도참설에 관한 여러 가지 책을 모아 참고해 교정토록 했다.

이상 소개한 내용은 조선의 왕도를 전도할 때 터를 정하는 직접적인 과제 해결을 위한 조치였겠지만 이는 조선왕조의 전 과정을 통해 풍수지리를 국책 즉, 궁궐개보수를 비롯하여, 왕조를 굳건히 다지는 일과 왕족의 능묘선정 등에 기본이 되는 지침서이자 강령이 됐을 것이다. 왕조의 창건과 왕권 수호 및 국가경영의 기조에 풍수지리사상이 깔려 있음을 알 수 있다. 이를 기틀삼아 조선왕조의 궁궐을 한양의 경복궁터로 확정하고, 이어 이성계는 그의 사후 유택을 정하는데 깊은 관심을 갖게 된다. 이때를 기해 이성계는 과거 고려시대 때 왕릉의 조성에 따른 막대한 폐해를 개선하기 위해 이른바 족장제를 도입할 것을 결심했다

고 전해진다. 왕사인 무학 대사에게 1산1족에 장사를 지내는 길지의 족장지를 골라 왕족의 능묘를 조성할 수 있도록 그 적지를 구하도록 지시했다.

이태조가 1산1혈의 능묘제를 지양하고 1산1족 능묘제를 강조한 까닭은 성묘에 불편하고 묘지를 지키는 일에 품이 많이 들며 묘를 고치고 다듬는 일에 과다한 경비가 들고 묘를 잃어버릴 우려가 크다는 단점을 없애기 위해서였다. 하기야 1명의 왕이 붕어할 경우 그에 소요되는 경비와 인력은 상상을 초월했다는 기록이 이를 잘 증명해 주고 있다. 왕조실록에는 이태조가 태종8년(1408)에 붕어하자 충청도에서 3천500명, 황해도에서 2천명, 강원도에서 500명 등 모두 6천명의 병정과 인부가 60일간에 걸쳐 능역을 조성했다니, 정말 그 폐해가 얼마나 컸는지는 짐작이 가고도 남는다. 그런 탓에 이태조의 족장제 도입은 설득력이 충분하다고 본다.

족장지란 명당길지가 여러 군데 자리 잡고 있는 한 권역의 지역에 많은 묘소를 조성하는 장사형식을 뜻한다. 족장지 유형은 크게 두가지다.

하나는 분수혈형이고 다른 하나는 방수혈형이다. 이는 중국 명대의 서선계, 서선술 형제가 지은 인자수지(人子須知)에서 논한 것에 근거를 두고 있다.(사진과 도해 참고)

이런 두가지의 족장제 유형 중 조선시대에 도입한 것은 분수혈형으로 건원릉을 비롯해 9개의 능이 안치된 동구릉과 숙종 1계비의 명릉 등 5개의 능묘가 조성된 서오릉, 그리고 서삼릉 등이 이에 해당된다. 그밖에 왕릉은 1산1혈로 돼 있다.

이태조가 강조해 시행했던 족장제도 이조 중엽 선조 장지를 동구릉으로 결정했을 당시 지관들이 풍수지리 이론상 1산1혈 외에는 불길하다고 주장하고 나섰다. 이에 이원익이 반박, 반론을 물리친 사실이 경기도 시흥땅에 있는 이원익 신도비에 명기돼 있다. 또 철종 임자년(1855년)에 이호연의 저서 지리연회에는 족장제 찬성론이 들어있다. 족장론이든 1산 1혈론이든 조선 왕릉이 과연 군왕의 유택으로서 용진혈적에 맞게 써졌는지를 밝혀보기로 한다.

제4절 동구릉 간산기 (상)

동구릉은 57만평의 대지위에 조선시대 왕과 왕비 등 9개 능에 17위의 유택이 들어선 국내 최대 규모의 왕릉군이다. 처음에는 9릉이라 하지 않았으나 철종 6년(1855)에 추존 왕(죽은 뒤 왕위에 추증됨) 익종의 능묘인 수릉이 9번째로

조성된 뒤부터 동구릉이라 부르게 됐다. 그 이전에는 동오릉 또는 동칠릉이라 불렀다고 한다.

동구릉은 태조 이성계의 능묘인 건원릉을 비롯하여 ①현릉(문종과 현덕왕후 권씨) ②목릉(선조와 의인왕후 박씨 및 계비 인목왕후 김씨) ③휘릉(인조의 계비 장렬왕후 조씨) ④숭릉(현종과 명성왕후 김씨) ⑤혜릉(경종의 비 단의왕후 심씨) ⑥원릉(영조와 계비 정순왕후 김씨) ⑦수릉(순조의 세자인 추존왕 익종과 신정왕후 조씨) ⑧경릉(헌종과 효현왕후 김씨 및 계비 효정왕후 홍씨) 등 9개 능으로 조성됐으며 1970년 사적 제193호로 지정된 국가문화재다.

조선의 왕릉은 대부분 서울과 경기(개성 포함) 일원에 있다. 도읍지인 한양으로부터 100리 안에 능을 만들었기 때문이다. 다만 단종의 무덤인 장릉이 강원도 영월에 자리 잡고 있다. 이 가운데 왕릉답사의 최적지로 동구릉이 손꼽힌다. 다음이 서오릉이다. 동구릉만 둘러봐도 조선시대의 다양한 형식과 묘제의 변천과정을 알 수 있고, 제시해 놓은 설명문 등을 통해 조선왕조의 역사까지 되짚어 볼 수 있다. 왕릉은 입구에 신성한 곳임을 알리는 홍살문을 지나 왕이 오르던 참도의 돌길을 따라 가면 정(丁)자 모습의 정자각이 있고, 오른쪽으로 비각과 제사준비를 하던 수복청이 있다. 정자각 뒤로 언덕 같은 능원이 이어지며 그 위가

봉분이다.

[동구릉 묘역의 전형인 태극문양의 홍살문. 군왕이 홍살문을 통해 정자각으로 걸어가는 참도와 신도,민도가 있으며 오른쪽으로 수북청이 세워져 있다. 그 뒤로 능원이 이어지고 그 위로는 능묘의 봉분이 자리 잡고 있다. 경기도 구리시 인장동 산 2-1번지 일대에 자리 잡고 있는 동구릉은 태종 8년(1408)에 태조 이성계가 사망하자 一山多穴의 원리에 따라 족장제 도입을 지시했던 이 태조의 유훈으로 건원릉(나라의 연호를 정했다는 뜻)이라는 능호를 붙여 처음 안장하면서 왕릉군이 조성된 곳이다.]

봉분은 삼면을 담장(곡장)으로 둘러쳤으며 그 안쪽으로 무덤을 수호하는 석조각의 호랑이와 사악한 것을 물리친

다는 양이 놓여있다. 봉분 앞에는 상석과 장명등, 좌우에는 망주석이 있으며 그앞에는 말을 거느린 신하와 장수가 서 있다. 봉분도 아랫부분을 12면으로 된 병풍석으로 두르고 각면에는 화려한 문양과 함께 12지신상을 새겼으며 그 바깥 역시 12면으로 된 난간석을 둘러쳤다.

건원릉은 고려 공민왕과 노국공주의 현정릉을 기본으로 삼아 만들어졌다고 전해진다. 이런 양식은 삼국시대 이래 전통위에 중국의 제도가 더해져 정립된 것이라 한다. 특히 봉분에 병풍석을 두르고 십이지신상을 새긴 것은 통일신라시대부터 비롯된 우리의 전통적인 능묘 조성 양식이다.

동구릉에는 건원릉과 같은 단릉외에도 왕과 계비를 한 봉분에 함께 모신 합장릉, 홍살문과 정자각 등은 하나지만 봉분과 석물을 완전히 따로 쓴 동원이강, 한 담장 안에 2위의 봉분을 조성한 쌍릉 또는 3기(왕과 비, 계비)의 봉분을 마련한 삼연릉 등 다양한 형식의 묘제를 두루 살펴볼 수 있다. 동구릉에는 서오릉과 달리 그 지위에 따라 달리 칭하는 원이나 묘의 무덤이 없는게 특징이다.

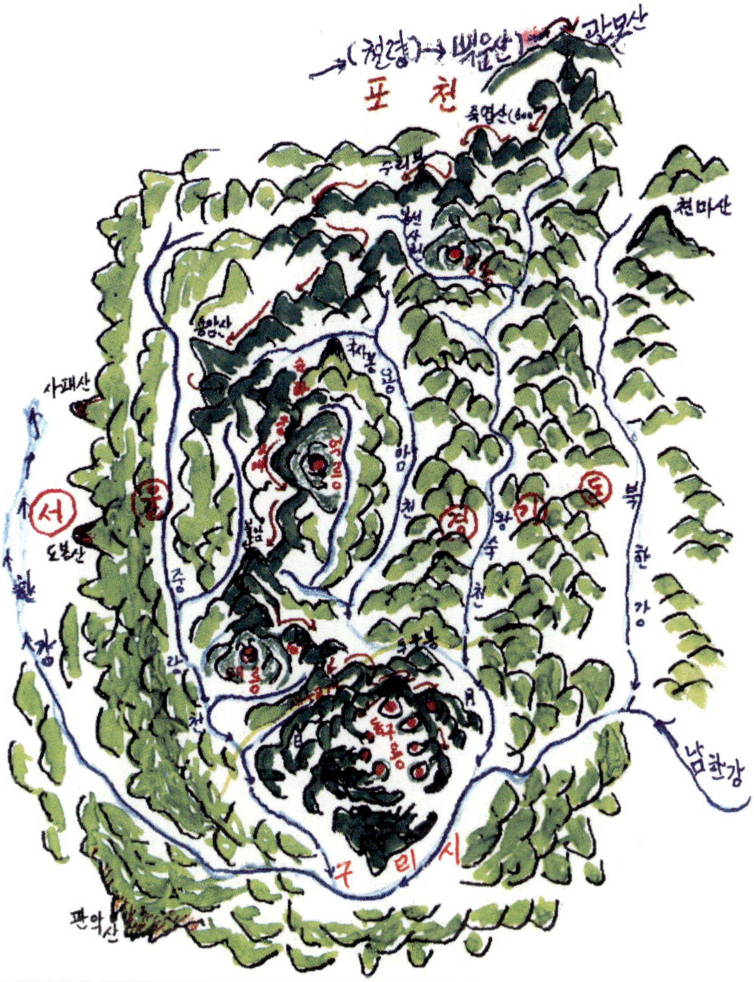

[동구릉은 이씨 조선 개국 태조 이성계의 건원릉을 위시하여 선조,인조,영조,헌종,현종,경종,문종,문조릉 등 9릉이 있다.(18개릉 안치)「조선풍수」란 책에는 건원릉은 무학대사가 소점한 자리인데 일월상포형(日月相抱形)의 매우 귀하고 드문 대지라고 기술하고 있다.(57만여평 규모)]

능은 왕과 왕비 그리고 추존된 경우의 무덤이며 원은 왕이나 비의 자리에 오르지 못한 임금의 부모나 왕세자 내외의 무덤이다. 묘는 대군이나 공주, 후궁 등의 무덤이다. 왕위나 비에 있었다 해도 폐위돼 복권되지 못한 연산군, 광해군, 희빈장씨의 무덤도 묘라 칭한다. 그렇다면 조선시대 왕릉군 즉 족장지를 누가 찾아서 점혈했을까 여러 설이 전해지고 있어 어느 하나로 딱히 결론 내리기가 매우 어렵다.

필자의 예측으로는 다음 두가지 설이 상호 협력을 통해 이뤄낸 합작품이 아닐까 생각해 본다. 태조 이성계가 도읍지를 한양으로 전도한 이후 한가지 걱정을 털고 나서 자신의 유택을 어디로 정할지를 놓고 걱정을 했다. 이즈음 왕릉이 1산1혈로 설정되는데 따른 폐해를 덜기 위해 족장제를 도입할 것을 제안하고 무학 대사와 함께 한양 근교를 돌아보고 오늘의 동구릉 지역에 이르러 자신의 유택은 물론 왕가의 묘지를 한 지역에 모아 쓸 만한 족장 대지를 찾아내게 된다.

그런 후 한양으로 돌아오는 길에 이태조는 어느 고개에 올라 **"이제야 걱정을 덜었다."**고 말했다. 그곳이 바로 '근심을 잊는다.'는 망우리(忘憂里)고개다. 또 다른 설은 조선실록에 나타난 기록으로, 당시 검교감찬 의정부사 김인귀

가 지금의 동구릉지역에 길지가 있다고 보고해 영의부사 하륜 등이 정했다는 것이다. 이는 무학과 이태조가 현재의 동구릉을 둘러보고 결정했다는 속설과는 다른 셈이다.

여기서 되짚어 볼만한 사실은 설혹 태조와 무학이 한발 앞서 동구릉의 길지를 찾아 점혈했다해도 무학이 입적한 때가 태종 5년(1405)이었고 그가 입적한 3년 뒤인 태종 8년(1408)에 이 태조가 붕어했으니 건원릉을 조성할 즈음에는 무학이 타계한 탓에 능묘의 재혈과 조성에 직접 참여할 수 없었다.

만일 그때까지 무학이 생존해 있었다해도 태조가 없는 무학의 영향력은 한계에 부딪혔을 것은 불을 보듯 뻔한 이치다. 그것은 실록에 나타난 무학 대사에 대한 혹평에서 확연하게 입증된다. **'무학의 언행이 풍수이론에 밝지 못한 듯해 풍수대가는 아니다.'**라는 대목이 바로 그것이다. 무학 대사가 풍수대가가 아니었다면 이 태조만한 인물이 그에게 속았을리 없으며 무엇보다 백성들 사이에 그토록 많은 설화를 남겨놓았을리 만무할 것이다.

실제 그가 태종 5년에 타계하자 회암사 부도에 안장시켰지만 사간원이 상소문에서 "자초 무학은 천한 노예출신이고 살아서 종교적 업적도 별로 없었으며 죽어서는 아무 이적(異蹟)을 나타내지 못했기 때문에 왕사 칭호를 받을 만

한 인물이 못된다."고 탄핵하면서 그의 부도를 훼절시킬 것을 주장하기도 했다. 필자가 동구릉을 간산하고 느낀 점은 그곳은 분명 분수혈형(分受穴形)의 족장지로서 마치 잘 자란 호박 넝쿨에 많은 호박이 열리듯 길지명당을 간직한 좋은 땅이 확실하다는 것을 분석적으로 평가할 수 있었다.

이태조와 무학 대사가 이곳에 왕릉군을 조성하자고 의기투합했을 것이 분명하다는 얘기다. 다만 당시 족장지에 걸맞은 땅을 찾아 놓고도 태조의 유택이 될 건원릉의 혈처를 재혈하지 않았거나 재혈했다고 해도 두사람이 모두 타계한 시점에 이르러 건원릉의 소점자리가 당시의 국풍이나 풍수지리에 밝은 중신들에 의해 변경되지 않았을까하는 의구심을 떨쳐 버릴 수 없었다. 다음 회는 간산을 바탕으로 객관적 관점과 이론적 근거에 의해 동구릉을 자세히 살펴보기로 한다.

제5절 동구릉 간산기 (하)

동구릉 가운데 건원릉은 제일 먼저 조성된 시장자의 유택이다. 그러나 용진혈적에 자리 잡았는지는 알 수 없는 노릇이다. 동구릉을 5시간에 걸쳐 동호인과 함께 자세히

간찰한 점을 무척 다행스럽게 생각한다. 무엇보다 동구릉의 그 많은 명혈을 맺기 위한 용맥의 본원부터 살피는 것이 순서일 성 싶다. 족장지의 수많은 혈을 짓기 위해 내룡한 용맥은 대간룡에서 분지 돼 대지룡 맥락의 혈장까지 줄기차게 이어 온 강세룡이 확실하다. 변계량이 지은 '건원릉 비음기'에는 "건원릉은 장백산(백두산)을 뿌리로 해 2천 여리를 뻗어오다가 철령에 이르러 꺾여 서쪽으로 수백리를 내려와서 우뚝 선 것이 백운산(경기도 포천시)이다.

[태조 이성계의 유택인 '건원릉'을 비롯한 동구릉 분포도]

여기서 다시 남쪽으로 100여리를 뻗어 와서 북으로 모이면서 남으로 행한 산이 곧 검암산이다. 능의 좌향은 계좌정향(북쪽에서 15도 동쪽으로 머리를 두고, 향은 남쪽에서 15도 서쪽으로 향한 방위)"이라고 적혀 있다. 틀린 내용은 아니다. 그러나 왕릉의 위상을 염두에 두고 너무 확대 과장된 것임을 필자는 5000분의 1 지도를 통해 확인할 수 있었다. 우리나라 모든 산맥의 본원은 백두산에 두고 있다. 하지만 동구릉의 본원이 되는 태조산 격은 포천시 소재의 백운산이라는 것이 사실과 더 가깝다.

백운산도 그 간룡맥이 동구릉으로만 단일용맥으로 어어져 있지 않고 서쪽으로는 광덕산, 명성산으로 뻗어나가다 북서쪽의 임진강까지 발달해 있다. 다른 한 자락은 국망봉으로 남락하다가 연인산, 대금산, 청우산, 깃대봉, 운두봉, 천마산으로 이어져 남남동쪽으로 뻗어 내려오다 그 유명한 안동 김씨 세도정치의 근원이라할 덕소 김번의 '옥호저수형'의 묘터를 만든 묘적산에 이른다. 또 한 용맥이 국망봉, 청계산, 현등산을 거쳐 백석이 고개에서 한 가닥의 산줄기가 서쪽으로 머리를 틀어 천보산으로 흐르다가 굽이굽이 용틀임치면서 한양 터의 원맥이 되는 북한산에 이르게 된다.

백석이고개에서 남향으로 분맥 돼 국사봉, 죽엽산, 용암

산, 깃대봉, 수락산으로 이어져 오다가 동구릉의 근조산 (가까이 있는 본원의 산)이라할 불암산을 일으켜 세우고, 소조산 격인 검암산이 솟구쳐 그 남쪽 울하에 태릉을 지어 놓고, 이내 동편으로 회두하다 '강릉'을 지어 놓고는 잘록한 결인처를 만들어 새우개고개를 넘어 작혈을 예고하며 마지막으로 크게 솟구쳐 동구릉의 마지막 진산이자 주산이 되는 용마산을 우뚝 세운다. 다시 머리를 남쪽으로 틀어 동구릉의 현무봉을 만들고는 마치 봉황이 날개를 드넓게 펼치듯이 좌우로 개장해 무려 57만평이 넘는 능역을 짓고는 그 큰 날개를 오롯이 접어서 청룡 백호가 서로 교쇄해 동구릉 능역의 모든 물이 한 곳으로 모여 나가게 하는 능묘의 국세를 만든다.

주룡의 형세나 거슬러 올라 그 근본을 살피고 나면, 과연 동구릉과 같은 길지명당을 지을 수 있는 강세와 동·정 (動·靜)의 요선을 갖춘 용맥이 틀림없다. 하지만 그 본원이 되는 태조산을 백두산까지 연결시킨 건원릉 비음기는 너무 확대 해석했다는 느낌을 지울 수 없다. 포천의 백운산이나 국망봉에 그치는 것이 더 실제적이고 설득력이 있어 보인다면 왕릉의 주룡의 격을 폄하시키는 것일까. 어쨌든 위이, 기복, 낙맥, 비룡, 결인, 과협 등 주룡의 윤서를 밟아 내려 온 동구릉의 주룡은 대단하다. 또 의정부에서부

터 용암산 자락을 호종하며 주룡의 우측을 따라 흐르는 물
줄기가 중랑천에 이른다.

그 좌측에는 포천 가까이 솟은 수리봉 산골에서 흘러 내
려온 물줄기가 국사봉 아래에서 근원이 된 산골물과 합수,
주룡의 좌측을 호종하며 남향으로 내려 흐르다가 새우개
고개의 분수령에서 내려온 물과 합수, 동구릉의 주산과 현
무봉을 휘감아 우회하면서 이른바 수전현무의 창암천을
이루다가 포천지역의 죽엽산 깊은 계곡에서 발원, 수백 리
를 내려온 물과 합쳐져 왕숙천으로 넘쳐흘러 동구릉의 청
룡자락을 옹호하며 돌아 흐른다. 이후 우측 중랑천과 만나
한강으로 접어드는 수세는 가히 동구릉 능역의 지기를 오
롯이 지켜내기에 부족함이 없다 하겠다.

이렇듯 빼어난 주룡맥을 구비하고는, 마무리된 동구릉의
국세에 자리 잡은 능묘들은 과연 용진혈적에 자리 잡았을
까. 출입이 완전 통제 돼 자세히 둘러보지 못한 목릉과 숭
릉을 제외하고는 능묘에 이르는 후룡맥과 그 용맥이 과연
혈적의 충분조건에 충족됐는지를 살펴봤다. 그러나 간산
결과 우리 일행은 너무 놀랍고 당황스러웠다. 우선 동구릉
의 정혈 중 정혈에 속하며 시장자(始葬者)가 다름 아닌 태
조 이성계의 유택인 건원릉이 왜 그곳에 정혈 됐는지를 도
저히 납득할 수 없었다.

첫째 동구릉의 전체 국세를 관장하는 현무봉격에 해당되는 중심의 산봉우리에서 발달한 천심룡(으뜸이 되는 봉우리에서 마치 뚫고 나오듯 뻗어 내린 중심출맥)에는 휘릉이 자리 잡고, 건원릉은 상봉의 개장에서 좌출맥 자락에 점혈된 점은 쉽게 납득이 가지 않았다. 둘째로는 건원릉의 혈처는 형기적 용세론에 의존해서 소점된 듯 교구통맥이 성립되지 않아 더욱 놀랍고 의문스러웠다. 셋째 혈처로 돌아오는 용맥은 두 번씩이나 결인하고 중간에 마치 봉협을 방불케 하는 봉만이 응결된 점이 빼어난 입수(入首)처럼 보였지만 그 용맥의 행도는 감룡(북쪽에서 남쪽방위로 내룡한 맥)에서 탈피하지 못한 채 그 끝자락에 봉분을 짓게 된 점은 어떤 근거인지 도대체 이해되지 않았다.

필자는 비로소 동구릉의 간산기를 남긴 많은 선각자들이 건원릉의 규모와 형기적 용세에 감탄은 하면서도 혈처의 용진혈적에 대해서는 가타부타 언급하지 않은 연유를 어렴풋이 짐작할 수 있었다. 그리고 준비해간 엘로드(수맥·기맥탐지기)도 시원찮은 결과를 보여주기도 했다. 이런 이유로, 건원릉을 무학 대사가 처음 소점 한 혈처라고 믿기는 어려웠다. 무학 대사의 유일한 풍수지리서인 「정음정양론(淨陰淨陽論)」이나, 그가 가장 중요시했던 정혈법이 교구통맥이었음은 세상이 다 아는 사실이기 때문이다.

필자와 일행은 乾亥 · 壬子 · 艮寅의 교구가 형성된 산도의 ㉮지점에 큰 매력을 느꼈으며, 그것도 아니면 건원릉 바로 옆의 Ⓐ지점에 대해서도 심도 있는 논의를 거쳤음을 밝혀둔다. 그리고 중국 송대 옥수경 등 용격에 대해 깊이 있게 연구한 명사 장자미와 풍수지리학의 중시조라 일컫는 당대 양균송 선생이 남긴 명언을 재음미하면서 동구릉의 9개 능묘 중에서 단지 경릉과 원릉만이 정혈에 대한 정도를 일깨워 줬으며 ㉮,㉯,㉰,㉱,㉲ 지점간에 대해서는 **"왜 이들 지점에는 정혈하지 않았는지……."** 궁금증만 더했다. 용진혈적이나 교구통맥법에 의한 정혈, 그리고 용장혈졸(龍長穴拙:용맥은 으뜸이나 혈은 볼품없이 숨겨 자리 잡는다는 뜻)이라는 풍수지리학의 진수를 함축해 놓은 개념과 용어를 다시 한 번 생각나게 했던 동구릉의 간산을 마무리하고 서오릉으로 발길을 옮긴다.

제6절 서오릉 간산기

서오릉은 경기도 고양시 용두동 산 30번지에 자리잡고 있다. 동구릉에 이어 두 번째 큰 조선왕실의 왕릉군으로 사적 제198호로 지정된 문화재다. 이곳은 ①**경릉**(추존 덕

종과 소혜왕후 현씨 능묘) ②**창릉**(예종과 계비 안순왕후 한씨 능묘) ③**명릉**(숙종과 계비 인현왕후 민씨, 제2계비 인원왕후 김씨 능묘) ④**익릉**(숙종의 비 인경왕후 김씨 능묘) ⑤**홍릉**(영조의 비 정성왕후 서씨 능묘) 등 5개의 왕릉이 한양 궁궐의 서쪽에 있다해서 서오릉이라 불렀다. 또 순창원(순회세자와 공회빈 윤씨 능), 수경원(영조 후궁 선희궁 영빈 이씨 묘), 대빈묘(숙종의 후궁 옥산 부대빈 장씨, 경종의 생모의 묘) 등이 주위에 자리 잡고 있어 족장지의 전형을 보여준다.

서오릉이 처음 조성된 때는 세조 3년(1457) 당시 세조의 세자였던 원자 장이 세자로 책봉된 지 2년여 만인 1457년 20세에 요절하자 경기도 일원의 여러 길지 중에서 명당으로 선정된 곳이다. 특히 부왕이 직접 답사한 후 세자의 묘지로 결정, 이곳에 처음으로 안장되면서 시작됐다. 이후 성종 2년(1471)에 추존 돼 덕종이 되고 그의 묘호도 경릉으로 승격됐다고 한다. 서오릉이 분수혈형의 족장지에 알맞은 명당길지라는 기록과 간산평들은 문헌 여기저기에 기록돼 전해지고 있지만 어느 명사가 소점 했다는 기록이 확인되지 않고 있어 그 연유가 아쉽다.

다만 세조 12년(1466)에 고려부터 조선 초기까지 풍수지리학을 관장했던 서운관을 관상대로 개칭하고 풍수학을 지

리학으로 바꿔 경국대전에 수록해 놓은 점으로 미뤄 세조가 관상감 관원과 당시 경륜을 갖춘 지사로 하여금 의경세자의 유택을 정했을 것으로 추측된다. 서오릉은 동구릉과 함께 동일한 왕실의 능묘 군집지라는 점에서 큰 차이가 없다. 하지만 서오릉에는 왕릉은 물론 순회세자를 모신 순창원과 숙종의 숙인 장희빈의 대빈묘 등 원과 묘가 경내에 조성돼 있다. 세조의 장남인 의경세자가 안장된 경릉은 세조의 평소 소신인 간략한 장례로 인해 봉분에 병풍석, 난간석, 무인석 등도 없이 대군묘 형식으로 간략하게 조성됐다.

숙종과 그의 제2계비인 인현왕후가 쌍분으로 조성되고 그 오른편에 단릉으로 조성된 제1계비 인원왕후의 능이 동원이강의 배치를 하고 있는 명릉은 숙종의 명에 의해 인력과 경비를 대폭 절감, 간소한 후릉제도에 따라 부장품의 수량을 줄이고 석물치수도 실물크기에 가깝게 했다. 기존의 8각 장명등의 옥개도 4각형으로 제도화함으로써 조선 릉제의 새로운 분수령을 형성한 것으로 평가되기도 한다.

그러나 숙종의 원비 인경왕후 김씨의 능인 익릉은 숙종의 능제 단순화 교령이 내리기 이전에 조성된 까닭에 기본적으로 오례의 제도를 따르고 있으면서도 부분적으로 임진왜란 이후의 양식을 반영한 것으로 기록돼 있다.

서오릉의 능역에서 많은 사람들의 화제에 오른 희빈 장

씨의 묘 상단 뇌두 부위에 큰 바위가 있다. 그런데 그 사이를 뚫고 솟아 자란 장송 두 그루가 있어〈사진〉 보는 사람마다 생전에 표독스런 희빈 장씨가 사후에도 이어져 그 독기가 바위를 가르는 소나무로 환생한 것이라고 입을 모은다. 선한 끝은 아름다움으로 남아도 악한 끝은 흔적이 흉하다는 옛말을 다시금 되새기게 한다.

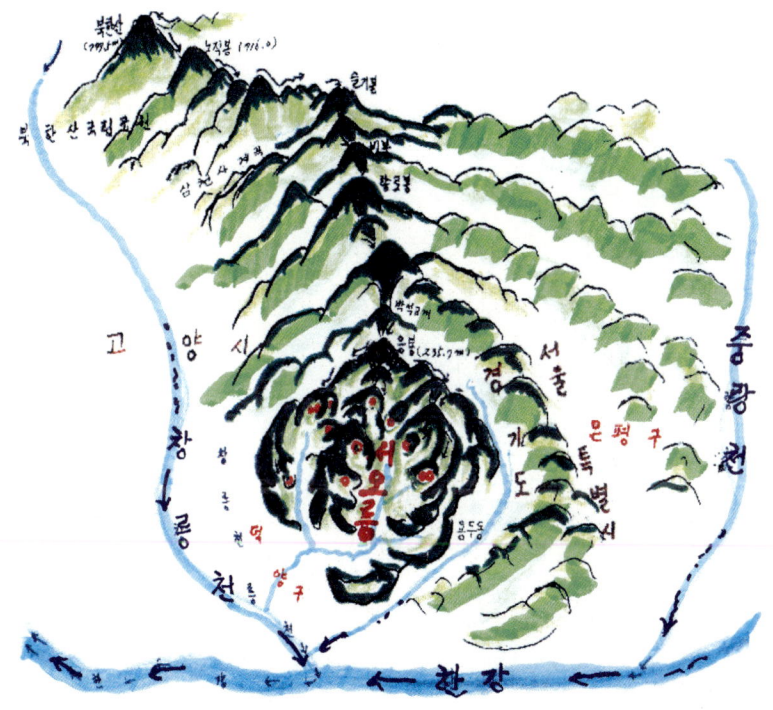

[서오릉과 주변 산세도]

산도에서 보듯 서오릉의 혈장 역시 족장지의 형태를 지닌 분수혈형으로서 동구릉보다 그 형세나 규모에 있어 다소 미세한 국세를 이루고 있다. 그 조종산이 북한산에서 발조된 것에서, 이미 동구릉에 미치지 못한다고 볼 수 있다. 그러나 미세한 용세와 혈장의 국세에도 불구하고 이곳이 왕실의 능묘지로 선정된 것은 혈을 맺기 위해 내룡한 용맥의 행도와 혈처의 제반 요건이 풍수지리적인 준거에 비춰 결코 격이 떨어지지 않는다.

내룡맥의 행도만 봐도 북한산에서 발조된 용맥이 주룡의 용격을 갖추면서 노적봉, 슬기봉, 비봉, 향로봉을 거쳐 박석고개에서 숨고르기와 제살과정을 거쳐 비룡, 낙맥을 거친 뒤 서오릉의 진산이 되는 응봉을 치솟게 한다. 마치 봉황이 날개를 펼치듯 넓고 크게 개장해 혈처를 여기저기의 용맥 기지맥지에 결혈시키면서 아우르듯 포용한 뒤 좌우의 날개를 창릉천과 용두천이 모이는 그 안쪽에 오롯이 접어 교쇄해 지기의 유실과 설기를 막고 상서로운 땅의 훈기가 혈처에 서리도록 감싸고 있다.

하지만 용진혈적의 원리에 따라 두루 살펴본 결과 익릉, 단릉, 홍릉 등 3개 능묘만이 진혈의 요건을 갖췄을 뿐 다른 왕릉은 규모나 조성에 쏟은 정성과 노력에 비해 혈증에 아쉬움이 많고 지기의 응결 상태도 기대에 미치지 못했음

을 재혈용맥의 측정과 지기탐지 결과 확인할 수 있었다.

[통천맥에 쓰여진 명릉]　[희빈 장씨 묘의 전경. 표시 부위 바위를 가르고 솟아 자란 소나무가 눈길을 끈다.]

특히 최근 개장해 그 안내판에 풍수 지리적 연구에 소중한 적지임을 제시하고 있는 명릉에 대한 간산에 큰 기대를 갖고 꼼꼼하게 내룡맥을 측정하고 재삼 세찰해 종합 분석한 결과 좌선룡 결작 요건을 갖춘 혈처인데도 간인맥(동북쪽에서 남서쪽으로 뻗어 내린 음미룡에서 첫번째 교도를 형성해 30도의 몸을 트는 형세) 음룡과 양룡의 중매격인 갑묘룡(동쪽에서 서쪽으로 흐르는 맥)의 끝자락 두툼한 곳에 정혈함으로써 교구통맥에 미치지 못한 곳에 능묘가 조성된 까닭에 국풍이 설정한 혈처에 스민 뜻을 도저히 헤아

리지 못해 답답한 심정이었다.

이런 필자의 소견에 대해 독자들이나 풍수지리에 관심을 갖고 있는 사람들은 일고의 가치가 없다고 폄하할 것이라 믿고 있으면서도 간산소감을 밝힌 것은 나름대로 객관적인 근거와 확신을 갖고 있기 때문임을 밝혀 둔다.[사진 1 참고]

여기서 명릉의 혈처에서 60도 꺾어 비스듬히 내려가는 巽巳의 용맥은 왜 간과했는지 이해되지 않았다. 하지만 오른쪽으로 50여m거리에 안장된 숙종의 제2계비 인원왕후 김씨의 능은 용진혈적에 들어맞는 요건을 갖췄는데 왜 같은 능역에 쓰인 능이 이렇듯 차이점을 드러내는지 마냥 궁금할 따름이다. 정혈에 있는 인원왕후는 경은 부원군 김주신의 딸로 1704년 왕비로 책봉됐으며 1757년(세조 33년) 창덕궁 영모당에서 71세로 소생 없이 승하해 같은 해 7월 명릉 서쪽에 단릉으로 조성됐다. 간인, 갑묘, 손사의 작혈로서 음미, 양미 맥이 갑묘의 선매를 받아 교구를 형성했다.

그러니까 1674년에 승하한 숙종보다 83년 후에 조성된 단릉은 점혈의 책임이 전혀 다른 지사에 의해 이뤄졌을 것이니, 그 견해 차이를 예측하기가 어렵지 않았다. 또 서오릉에 맨 처음으로 조성된 경릉도 그 뒤 용맥을 자세히 실

측한 결과 우선룡에다 용맥의 행도가 진혈조건인데 보기 좋게만 내려온 감룡(북방에서 남방으로 내려온 맥) 자락의 덩실한 언덕위에 정혈돼 교구통맥과 용진혈적의 이법에는 거리가 멀게 조성됐으니 이를 어떻게 설명해야 좋을지 주저스럽기만 하다. 또 일반적인 능 배치와 상반되게 덕종릉이 우측에 자리 잡고 있는 것도 특이하다. 이제 동구릉과 서오릉의 간산기를 마무리하고 다음 회에 1산1혈의 왕릉과 왕릉기행을 종합적으로 정리하고 제37회부터 역대 대통령의 생가와 선영으로 풍수기행을 떠난다.

제7절 왕릉의 간산을 마치고 나서

왕릉의 점혈과 용사는 왕실은 물론 국가경영에 중요한 변인으로 작용했다고 보는 것은 무리가 아니다. 필자가 왕릉을 돌아보고 간산평을 쓰면서 용진혈적의 풍수지리적 만고불변의 이치에 들어맞게 정혈된 왕릉보다 다소 비껴간 경우가 있다고 지적한 바 있다. 이는 두고두고 분석하고 연구해야 할 과제가 분명하다. 하지만 누구도 부인할 수 없는 사실은 조선 27명의 왕중에서 자식이 없는 경우가 8명이고 적자 대통은 8명에 불과했다. 또 폐출된 왕이 2

명, 단종처럼 종친에 의해 양위되거나 피살된 경우도 있었다. 왕릉은 국운보다 그 왕실의 가족사에 영향을 미친다는 사실을 대입, 유추해 보면 조선 왕릉은 용진혈적에 들어맞지 못한 사례가 결코 적잖이 있음이 입증된다 하겠다.

풍수연구가들 사이에 **"조선조 500년은 천운이며 27명의 왕릉 중 영릉(세종대왕) 헌릉(태종) 광릉(세조) 장릉(인조) 외에는 길지명당이 없는데다 이 4개소의 왕릉마저 군왕지지는 아니다."**라는 말이 회자되고 있다. 그리고 크게 알려지지 않았지만 태교로 용맥이 조화를 이뤄 용진혈적 요건을 갖춘 덕릉은 그 음덕의 힘을 발현했던 진혈이었음이 발복에 의해 입증되기도 했다. 덕릉은 추존 덕흥대원군의 능소다. 경기도 남양주군 별내면 덕송리 수락산 아래의 국사봉 남쪽에 자리 잡고 있다. 동구릉을 작혈시키기 위해 포천시 백운산에서 발원한 강세룡이 죽엽산, 용암산, 깃대봉으로 이어져 내룡하다가 수락산을 우뚝 세운 뒤 그 동락(東落)에 간괘맥과 건괘맥이 감괘맥의 선매를 받아 용진혈적의 태교혈을 맺힌 자리에 자리잡았으니, 그 발음이 헛되지 않았음을 알 수 있다. 아닌 게 아니라 그 위력은 그 후손에 의해 300년 동안 발휘됐다. 덕흥대원군은 중종의 아들로 창빈 안씨 소생이다.

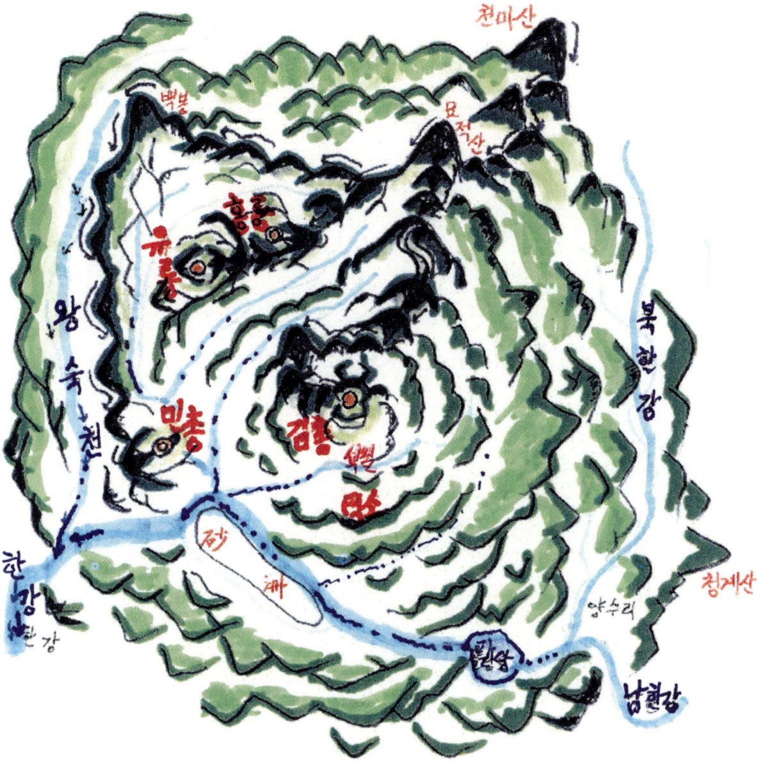

[천마산하의 왕릉 및 옥호저수형과 회룡고조형의 산세도]

1542년 정인지의 손녀와 혼인했다. 슬하에 세 아들(하성
군 하릉군 하원군)을 두고 30세에 숨을 거뒀다. 그 후 1567
년 명종이 후사 없이 승하하자 그 셋째 아들인 하성군이
조선 14대 왕으로 등극했는데 그가 바로 선조다.

이렇듯 진혈에 자리 잡아 발음의 기운이 확인된 왕릉을

관심밖에 두고는 형세만 우미(尤美)해 천하의 명당길지로 꼽혀 풍수연구가들의 답산 필수 코스로 선정된 홍릉과 유릉은 그 형국에 비해 진혈의 요건을 갖추지 못했음이 차츰 드러나고 있다.

왕릉의 후사로도 이는 증명된다. 고종이 생전에 국풍 전기응, 주운한, 김광석, 제갈책으로 하여금 신후지지를 선정하게 했다. 그곳이 바로 홍릉이다. 하관을 위해 천광을 해보니까 '500년 권책지'란 표석이 출토됐다고 한다. 의기양양해진 국풍들은 천하명당인 '매화낙지형'이라고 주상에게 보고하고 묘역을 호화롭게 조성했다. 그러나 이 자리는 용진혈적과는 거리가 먼 불성태교한 자손 패절의 흉지였다고 전해진다. 실제 간산해 보아도 진손, 묘을, 축간의 태교혈을 비워두고 갑묘의 허화에 소점되었으니 불성교의 민묘에 불과했다.

유릉은 순종의 능소다. 1926년 순종이 붕어하자 당시 국풍인 김기응, 김공석 등이 기룡혈의 대지명당이라 해 능묘로 선정했다. 하지만 이곳 또한 애석하게도 국중(局中)의 수세가 모이는 불성태교의 가국지였다. 그런데 홍릉과 유릉 인근에 근조산과 진산을 함께 하고 있는 안동 김씨 서윤 번과 남양 홍씨 부인의 묘소와 여흥 민씨의 산소가 대지명당에 자리 잡고 있어 풍수지리의 아이러니가 아닐 수

없다.[산도 참고]

김번의 '옥호저수형'은 학조선사의 소점으로 결정됐는데 조자손(祖子孫) 3대에 걸쳐 66년간 국권을 휘어잡고 좌지우지 했던 인재가 수많이 배출됐다. 간산결과 '조선 8대지라는 근거는 어디서 유래되었고, 오직 이 산소의 음덕으로만 그렇게 번성했을까?' 의문을 떨칠 수 없었다. 艮丑→乾戌→子癸의 이태교혈이었으니 더욱 의아스러웠다. 그리고 횡룡입수였다. 결인 비룡한 子癸맥에서 乾戌로 회두한 곳에 눈길이 갔다면 필자의 소견일까.

여흥 민씨 선산인 보검갑출형은 근조산인 묘적산을 안산으로 하는 회룡고조형국의 3태교구의 대지다. 민영기 대신의 13대 조산인데 3명의 왕비가 배출되고, 한말에 명성왕후 민비의 비호아래 민영환, 민영준, 민영기, 민태호, 민승호 등은 30년간 국권을 좌지우지했다. 다시 말해 근조산을 함께하고 있는 왕릉은 허화가국인데 반해 신하의 선산은 천하대지의 요건을 갖춘 진혈이었던 것이다.

조선 왕릉 중 최고의 수혈로 알려진 영릉은 경기도 여주군 능서면 왕대리에 있다. 원래 세종의 영릉은 경기도 광주땅 태종의 헌릉(현재 서울 강남구 내곡동) 옆에 있었다. 소헌왕후가 승하하기 1년 전 세종은 예조판서 김종서 등에게 헌릉 근처에 자신의 능자리를 잡도록 명령했다. 세종

의 유언으로 1450년 소헌왕후 옆으로 능침을 정했다.

[세종대왕의 능침으로 경기도 여주땅에 조영된 영릉 전경]

그후 영릉의 이전문제가 제기된 것은 세조 때였으나 세조의 장례가 끝나고 예종이 즉위하면서 또다시 영릉을 옮기는 문제가 본격 논의되기 시작해 결국 현재의 자리로 이장하게 된다. 영릉의 혈처는 그 형국이 빙글 돌아, 다시 주산인 북성산을 바라보는 회룡고조형국에 속한다. 이렇게 볼 때 북성산의 내룡맥은 빙글 돌아 영릉쪽으로 와서 뒤편 남한강의 삿갓바위에 부딪혔다가 북성산을 향해 되돌아가는 형국이 된다. 혈이 앉은 자리는 두 마리의 봉황이 서로 즐기는 양봉상락형이라고도 하고 그 형국이 모란꽃이 반쯤 핀 모습과 같다 해서 모란반개형이라고도 한다. 형국의 아름다움이나 그 이름은 중요하지 않다. 그렇게 돌아 앉아 혈처에 이르는 용세가 형기와 함께 이기의 요건에 충족돼

용진혈적을 형성해 서기어린 지기가 혈장에 맴돌아 서리는 것이 핵심이다.

영릉은 다른 왕릉과 다르게 회룡고조형으로 결혈했으며 丑艮→子癸→戌乾→子癸의 이태교구의 용맥이 조화롭게 음양 배합을 이뤄 참된 용의 교구가 성립된다. 다만 그 용맥의 주성이 후중하거나 특립특출한 기상이 적어 용세가 강세룡에 미치지 못하고 입암에 반사돼 혈처에 이르는 성봉이 현무정으로서 좀 더 고수(高秀)하지 못한 점이 옥에 티라고나 할까. 그래서 장상(將相)의 명혈로는 모자람이 없지만 군왕지지로는 아쉬움이 남는다고 전해진다.

왕릉을 돌아보면서 끝내 풀리지 않은 궁금증은 그 시대에 천하대지의 명당을 잡아 쓴 신하들의 부귀영화는 보장받게 한 지사의 안목과 왕릉을 길지명당에 소점하지 못한 당대 최고의 국풍의 안목이 왜 그리 차이가 컸을까 하는 점이다.

앞서 살펴본 안동 김씨와 여흥 민씨의 사례는 물론이고 동래 정씨외 반남 박씨등의 사례도 참고해볼 만하다. 반남 박씨는 전남 나주 반남땅 봉치의 명당 길지를 쓰고 정승 7명, 대제학 2명, 문과급제자 215명을 배출했다. 광산 김씨는 조선 8대 명당인 전북 순청 인계면의 천마시풍형의 대지에 김극뉴를 안장하고, 정승 5명, 대제학 7명, 왕비 1명,

문과급제자 253명을 배출했다. 사계 김장생과 그의 아들 김집이 문묘에 배향됐다. 이밖에 한산 이씨, 광주 이씨, 달성 서씨, 연안 이씨 등도 명당을 쓰고부터 발신해 부귀영화를 누렸고 나라살림을 좌지우지했다. 물론 한 자리의 음택명당의 발음이 모든 발복의 힘을 준 것은 아니라고 본다. 양택의 지령도 확인해야 되고 다른 선조의 음택도 간산하여 종합적으로 분석해서 결론을 도출해야 된다. '산이 산을 부른다' 했으니 명당기운으로 또 다른 대지의 명당을 썼을 것이라는 확신을 배제키 어렵다. 지면관계로 다 소개하지 못해 안타깝기만 하다. 이제 왕릉을 뒤로하고 역대 대통령 6명의 생가와 선영을 간산할 차례다.

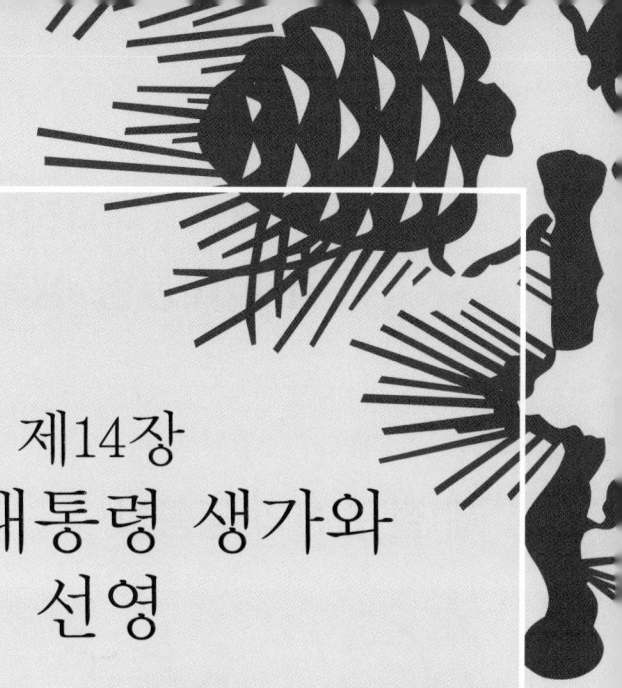

제14장
역대 대통령 생가와
선영

[제14장]
역대 대통령 생가와 선영

제1절 간산의 공통점

　풍수기행의 대상은 전국 곳곳에 헤아릴 수 없이 많이 산재해 있다. 그런 면에서 역대 대통령 생가와 선영을 풍수지리학적으로 분석·평가해 독자들의 궁금증을 풀어주게 돼 매우 뜻 깊게 생각한다. 굳이 역대 대통령의 생가와 선영을 간산 대상으로 선택한 이유는 정치가들의 족적이 다

른 대상에 비해 뚜렷한데다 실증적 사례 즉 응험의 사례가 확실하며 그 정보제시가 용이하고 객관적일 수 있기 때문이다.

이번 간산기는 용진혈적이라는 대원칙을 설정하고, 그에 충실하게 접근해 결과를 종합적으로 분석했다. 따라서 다른 풍수 전문가들이 내세운 특색과는 차별화를 됐다고 감히 자부한다. 예컨대 생가터와 선영의 간산과정에서 용진의 사실 확인 차원에서 갖은 어려움을 무릅쓰고 대통령이 태어난 집터와 선조 산소로 연결된 내룡맥을 최소한 현무정(玄武頂·혈처의 뒤 산봉우리 중 마무리 산봉) 내지는 주산(主山·현무정의 바로 뒤 산봉)까지 올라 혈처에 이르는 용세의 행도를 빠짐없이 측정했다. 또 그 용맥의 진행이 진혈(眞穴)을 맺기 위한 법칙에 적정한가를 세밀하게 분석했음을 밝혀둔다. 객관성을 확보하기 위해 19명의 연수회원들과 함께 간산에 임했었다.

다시 말해 용맥의 마무리 행도가 교구통맥(양룡과 음룡이 법도에 맞는 중간 선매룡의 중매를 받아 지기를 어느 한곳에 생기 있게 서릴 수 있게 하는 용맥의 배합)에 맞아 혈적의 형성에 빗나가지 않았는지를 실사를 통해 검증했다는 것이다. 이런 점이 지금까지 소개된 다른 간산평과 다른 점이라 할 수 있을 것이다.

이번 회부터 소개되는 풍수기행을 다음과 같은 몇 가지 제한성을 미리 알려 독자들의 이해를 구한다. 역대 대통령의 생가터와 선영이라는 주제에도 불구하고 그 대상을 박정희, 전두환, 노태우, 김영삼, 김대중, 노무현 전대통령 등 6명으로 한정했고 이승만, 윤보선, 최규하 전대통령의 생가와 선영을 답산 하지 못한 점을 매우 아쉽게 생각한다.

선영에 대해서는 모든 선영에 대하여 그 결과를 쓰지 않고, 생가터의 경우 잉태해 출생했던 양택에만 국한시켰으며 이사해 성장기를 보낸 집터까지는 미치지 못했다. 선대의 산소는 가장 확실하게 진혈로 평가돼 그 발음에 의해 대통령 자리에 오르게 한 동기감응의 에너지를 더해 줬다고 믿어지는 1개소의 간산에 한정했다. 또 다른 아쉬운 점은 대권을 거머쥐게 된 것은 풍수지리학적 관점에서 그 근거를 제시할 수 있지만, 그 집터와 산소터의 명당이 대통령직의 수행평가까지 관련될 수 없다는 것이다. 6명의 대통령의 업적과 그 공과는 훗날 역사가 평가할 몫이다. 이번 풍수기행의 특징은 그들이 태어난 집터와 선조의 산소가 대통령을 배출시킬 수 있는 터였으며 어떤 점이 그 것을 입증시킬 수 있을 것인가에 주안점을 뒀다.

[봉하 마을 전경]   [대계 마을 전경]

우리 국민 중에는 전·현직 대통령보다 더 훌륭한 리더
십과 경륜을 갖고 더 열정적으로 대통령직을 수행할 수 있
는 인재가 있었을 것이라는 가설은 결코 무리가 아니다.
다만 그 인재들이 그런 기회를 얻지 못했고 과학적으로 밝
힐 수 없지만 그 직을 맡을 수 없었던 결정적 요인이 있었
을 것이다. 그런데 어떤 연유로 대통령에 당선되고 직무를
수행하게 되느냐는 의문을 풀 수 있는 객관적인 증거가 없
다는 것이 우리의 궁금증을 더 해준다.

그래서 대통령에 당선되면 '**천운을 타고났다. 하늘의 뜻
이다. 운명적이다.** 군왕지지에서 태어났거나 그런 선영의
음덕을 받았기 때문'이라는 말들이 나돌기 마련이다. 이런
불가사의한 측면에서 해답을 찾으려는 노력이 잇따랐고

끝내는 그런 경우를 떠나 달리 답을 찾기 어려웠다는 것 또한 부인할 수 없다. 이렇듯 여러 가지 해답의 근거 중 생기감응론에 근거를 둔 풍수지리학에 배경을 두고 역대 대통령의 생가 터와 선대의 산소를 세심하게 심룡·심혈해 그 답에 접근하려는 과정이 이번 풍수기행의 의도이자 목적이다.

이제 6명의 대통령의 생가터와 선대의 산소를 세찰해 얻어진 공통점과 결론을 우선 종합하고 연이어 각론으로 들어간다. 왜냐 하면 간산을 마치고 분석한 결과 용진혈적의 준거 자료가 너무나 확실하게 드러난 공통점이 있었기 때문이다. 이번 간산은 풍수전문가와 수맥의 살기와 지기를 측정하는 전문가 등 20명이 함께 했다. 역대 대통령의 생가터와 선영에서 도출된 분석 자료는 놀랍게도 용진혈적의 공통점을 지니고 있었다.

⑴ 생가터 공통점

주산 내지는 현무봉에서 생가터의 혈까지 용맥의 행도는 모두가 좌선룡의 형태를 지니고 있다. 양택 길지의 대지를 만들려고 주산 및 현무봉에서 내룡한 맥을 중심으로 3태교구 이상의 용교통맥 행도를 하고 집터에 이르러 생기를 응결시키는 요건을 갖췄다. 이는 '1천보 이내에 4태교

가 이뤄지면 제왕지지가 되고 500보 이내에 3태교구가 형성되면 장상지지가 된다.'는 선사들의 예언을 뒷받침하고 있다.

집터로 진입하는 마무리 용맥은 艮寅맥(동북방에서 서남방으로 진행하는 용맥)이었다. 단 김대중 전 대통령 생가터만 예외였다. 생가터 규모가 선대 묏자리보다 더 크고 후중했으며 그 국세도 컸다. 주룡(집터를 짓기 위한 중심맥)이 간룡에서 대지룡으로 이어지는 강세룡에 해당됐다. 성봉 또한 특립 특출한 준봉이었다. 6명의 생가 터는 모두가 명지사나 전문 풍수가가 점혈하지 않고 우연히 얻어진 터였다. 어려운 처지에서 마지못해 살게 된 경우가 많았다는 얘기다.

[전두환 전 대통령 생가]   [김대중 전 대통령 생가 옆의 복원가옥]

(2) 선영의 공통점

이들 대통령의 선대 산소 중 진혈로 보이거나 알려진 음택은 모두 2태교구 통맥에 의해 작혈됐다. 단 김영삼 전대통령의 선조 산소는 3태교구의 작혈터였다. 김영삼, 김대중, 노무현 전 대통령의 선산은 한결같이 좌선룡(시계 바늘 도는 방향) 교구통맥으로 작혈했으나 군출신인 대통령들은 공히 우선룡 교구통맥으로 작혈했다. 선대의 선영 혈은 모두 지사의 힘을 빌어 명당대지를 구했다고 한다.

(3) 음·양택 공통점

국세가 크고 드넓으면서 용맥의 기지맥지에 혈처가 지어졌다. 주변의 사격(砂格)에 일자문성(토성체의 산)과 천마사가 있었으며 수구에 화표사가 있는 것이 공통된 특징이다. 조·안산이 격에 맞게 위치하고 있었다. 이런 공통점은 어느 하나의 요인도 차이가 없이 잘 갖춰져 있어 필자와 일행은 놀라움을 금할 수 없었다. 이뿐만 아니다. '인걸은 지령'이라는 풍수지리의 경구를 다시금 확인할 수 있었다. 하루 빨리 풍수지리가 일상생활에 미치는 영향을 과학적으로 분석되기 바란다. 다음 회부터 박정희 전 대통령의 생가와 선영으로 풍수기행을 떠난다.

제2절 박정희 전 대통령의 생가

[박정희 전 대통령의 복원된 생가, 초가지붕인 사랑채가 탯자리다.]

　박정희 전 대통령의 생가는 경북 구미시 상모동 171번지에 자리 잡고 있다. 구미시를 품에 안은 듯 하늘높이 치솟은 금오산(금까마귀의 상징성을 간직한 산)의 후중함과 서기어린 자태에 답산한 사람 모두가 감탄하게 된다. 우뚝 솟은 금오산의 정기를 오롯이 간직한 채 마치 천리마가 내달리듯 선산 땅으로 꿈틀대며 내려가는 용세에 다시 한 번 놀라기도 한다. 정기어린 산줄기가 그토록 내닫다가 그 정기를 응결시킨 선산땅 어딘가에 이르러 예사롭지 않은 유명한 명당대지가 깃들어 있을 것이라는 믿음을 갖게 한다.

　해발 933.2m의 위용을 자랑하며 마치 만산을 거느리고 호령이라도 하듯 우뚝 솟은 금오산은 일찍부터 무학 대사

가 왕기설을 언급한 명산이다. 풍수지리에서 강조하는 대지 명혈은 우선 그 혈을 맺는 배경의 산세를 보는 것이 중요하다. 산도에서 보듯 근조산인 금오산까지의 정기를 공급해주는 산맥은 백두대간에서 남하해 온 대간룡이 속리산, 지리산으로 꺾어지는 분지점에 이르러 명산 태백산을 일으켜 세운다. 이후 죽령, 조령을 거쳐 김천시에 이르러 대덕산과 수도산(1317m)을 솟구친 다음 두 갈래로 크게 맥을 가른다.

한 맥은 동남쪽으로 내려가 가야산을 세우고 한줄기는 북방으로 뻗어나 염속산(870.3m)과 백마산, 영암산의 준봉을 거쳐 동남으로 몸을 틀어 금오산을 세우고는 이내 북동으로 줄기차게 김천시와 구미시의 경계를 이루는 산맥으로 이어져 제석봉을 세운다. 금오산은 지나치던 산맥이 세워놓은 과맥 중의 산봉우리가 아니라 달려가던 산맥에서 별도로 뻗어내려, 빼어난 준봉을 일으켜 세워 하나의 독립된 주룡의 으뜸이 되는 수봉을 형성한 것이 가장 큰 특징이다.

[금오산하 금오탁시형 고 박정희 대통령 생가 산도]

　이 준봉 금오산에서 곧장 낙동강이 휘감아 도는 동남남 쪽으로 낙맥, 결인, 과협, 위이, 개장을 되풀이하면서 중조 산과 도수령을 거쳐 소조산을 넘어서 드디어 탐랑성의 수 봉으로 치솟은 효자봉을 주산으로 삼아 그 길고 긴 여정을 마무리하면서 작혈을 예고한다. 즉 현무봉을 세워 놓고 좌우로 날개를 펼치듯이 개장, 내청룡과 내백호 자락을 형성하고 마치 현무봉의 중심을 뚫고 나오듯 천심룡이 출맥해 이제까지 간직, 공급해온 지기를 혈처인 집터에 응결시키려는 행룡의 법도에 맞게 좌선룡으로 이어져 내려온다. 필자와 일행은 집터 바로 뒤에 마지막으로 솟구친 현무정까지 올라 그 용맥을 세밀하게 측정했다.

바로 이 점이 여러 정보매체에서 소개된 간산 내용과 크게 다르다고 봐야 할 것이다. 여기서 난해함에도 실제 측정된 용맥의 흐름을 소개하면 다음과 같다.[산도 좌측편 용맥교도 참고] 현무봉에서 낙맥 → 坤申맥(서남방에서 동북방으로 진행하는 산줄기) → 庚酉맥(서방에서 동방으로 진행하는 산줄기) → 辛戌맥(북서서방에서 남동동방으로 뻗은 산줄기) → 乾亥맥(서북방에서 동남방으로 진행한 산줄기) → 壬子맥(북방에서 남방으로 뻗어 내린 산맥) → 艮寅맥(북동방에서 서남방으로 진행된 용맥)의 틀을 형성해 공급된 땅의 기운을 艮寅맥에 이르러 비로소 서리어 맴돌 수 있는 이른바 삼태 교구통맥을 어김없이 이뤘음을 확인할 수 있었다. 바로 그 마무리 지점에 박정희 전 대통령이 잉태되고 태어나 성장기를 보낸 생가터가 사랑채로 자리 잡고 있다.

풍수지리학에서 강조되고 있는 양택의 기운이 미치는 영향력의 순위는 첫째 명당 기운을 받는 진혈의 집터에서 잉태돼 그 터에서 출생해 성장기를 보낸 사람이 땅의 기운을 가장 많이 받는다. 둘째는 잉태되지 않았지만 그 터에서 태어나 성장기를 보낸 사람 그리고 다른 곳에서 출생해 명당 양택으로 이사해 거주하는 사람 순으로 명당에 서린 정기를 받게 된다고 한다. 이렇듯 용진혈적의 군왕지지에서 잉태돼 출생하고 그곳에서 20년동안 성장기를 보낸 박정희 전 대통령이야말로 왕기가 서린 땅의 정기를 받았음이 입증된 셈이다.

박정희 전 대통령의 부친인 박성빈씨는 칠곡군에 근거지를 두고 살림을 일으켜 구미땅으로 이전하기 전까지만 해도 소작농을 두고 지낼 만큼 부농이었다고 한다. 그런데 공교롭게도 관직에 오르기 위해 가산을 탕진하는 비운을 맞게 되자 호구지책으로 그의 처가인 수원백씨의 선산이 자리잡고 있는 구미땅 상모리 효자봉 아래의 한 귀퉁이를 빌어 토담집으로 된 사랑채를 짓고 살게 된다. 그리고 이사 온지 얼마 되지 않아 어머니 수원백씨는 45세에 늦둥이를 잉태하게 되는데 그 주인공이 바로 박정희였다.

그의 셋째형 상희씨가 똑똑하고 능력 있어 집안을 다시 일으켜 세울 인물로 기대를 걸었으나 1947년 10월 1일 대

구 폭동때 좌익에 가담, 우익의 총에 맞아 목숨을 잃었다고 한다. 가족들의 기대를 받지 못한 박정희는 16세에 구미보통학교를 졸업하고 대구사범에 진학한다. 이후 남들이 부러워하는 교사직을 버리고 만주로 떠나 신경군관학교 제2기생으로 입학해 최우수성적으로 수료한 뒤 일본육군사관학교로 전학, 1944년 졸업과 동시에 소위로 임관 관동군에 배치된다.

해방 후 대한민국 육사 제2기로 졸업, 육군대위로 임관돼 37세에 장군이 되고 1961년 5.16을 일으켜 정권을 잡은 뒤 1963년 제5대 대통령에 출마 46세의 나이로 당선된다.

박정희 전 대통령의 공과와 숱한 이야기는 풍수기행의 내용으로 설정될 성질의 것이 아니다. 다만 보통 상식으론 도저히 성취하기 어려운 상황을 극복하고 한 나라의 대통령직에 오를 수 있는 행운과 그 에너지를 끊임없이 이어지게 한 원인을 어디서 찾아야 할 것인가가 더 큰 관심사다. 역설적으로 인걸은 지령이라는 풍수지리의 이치에 대한 믿음을 갖게 한다면 이는 너무 황당한 논리일까. 만약 박정희 전 대통령의 부친이 칠곡군에서 가산을 탕진하지 않고 어렵지 않게 살았다면 구미땅으로 이사하지 않았을 것이다.

또 상모리의 거처를 현재의 수원백씨 선영하의 제실 쪽

넓고 평평해 집짓기에 용이한 터를 잡았다면 과연 결과는 어떻게 나왔을까. 당시 모두가 부러워하는 교사직을 유지하고 일상적인 생활에 안주했다면…. 결코 우연이라 할 수 없는 삶의 구비구비에 얽힌 이런 사연들은 풍수 지리적이거나 또 다른 어떤 힘의 작용에 근거하지 않고는 도저히 풀리지 않는 불가사의한 변수일 수밖에 없다.

필자가 분석한 견해로는 박정희 전 대통령이 한 시대를 경영했던 통치권의 자리에 오를 수 있게 된 에너지는 검증되지는 못하면서도 그 결과가 뚜렷이 나타난 풍수지리학적 측면에 있다는 것을 다시 한 번 확인하게 된다. 그중에서도 잉태되고 태어나 성장한 생가터의 생기가 더 크게 작용했다고 평가한다. 다음 회는 박정희 전 대통령의 선영 답산기를 쓸 예정이다.

제3절 박정희 전 대통령의 선영

박정희 전 대통령의 선영 간산코스는 생가터에서 1km 정도 걸어서 돌아볼 수 있는 정총골이라는 문중산으로 잡았다. 그리고 또 하나의 간산 대상은 경북 칠곡군 약목면 관내동에 자리 잡은 이른바 금오탁시형(?)의 조부 산소로 정

했다. 이곳은 수년전 우리나라 전역에 풍수열풍을 조성했던 육관 고 손석우씨가 그의 저서「터」에서 소개했기 때문에 과연 책의 내용과 일치하고 그토록 천하대지인지를 직접 확인하기 위해서였다.

박 전 대통령의 조모산소를 비롯 그의 친산 그리고 형제들을 안장해 하나의 족장지로 설정된 정총골, 박씨 문중의 선산이 있는 곳은 생가터에서 그리 멀지 않은 곳에 자리 잡고 있다. 문중 선산지역은 생가터를 호종하는 외백호 자락인 것만은 틀림없었다. 주산은 생가터와 같은 효자봉에 두고 있었고, 그 성봉에서 발달해온 용맥이 국세의 좌측맥으로 이어진 다음 산도에서 보듯 혈을 맺기 위한 목성체의 현무정을 수봉으로 일으켜 세우고, 우선룡으로 낙맥해 진혈을 형성하는 교도를 작성하면서 참된 용이 내룡하는 형세가 뚜렷했다.

그 곳 어딘가에 대통령을 배출한 이른바 비봉귀소형의 조모산소가 자리 잡고 있을 것 같았다. 그곳에는 조모산소와 함께 바로 좌측에 새로 이장해온 듯이 보인 또 하나의 묘가 나란히 자리 잡고 있어 의아스러웠다. 그러나 이 의문점은 칠곡군에 있다는 조부산소를 간산하러 갔다가 쉽게 풀렸다. 이는 이후에 살펴보기로 하고 우선 그 혈처가 용진혈적의 진혈인지를 살펴봤다.

용맥의 교구통맥 여부를 가리기 전에 우선 현무정에서 혈주위와 국세를 두루 살폈다. 확인한 결과 생가터에서 예측했던 것보다 좌측용맥에서 발달한 혈까지의 용맥은 생기를 간직한 것처럼 보였고 혈처를 중심으로 좌우 청룡 백호를 따라 흐르다가 백호와 청룡이 상교하는 수구에서 합수돼 안산의 우측으로 구불거리며 빠져나가는 물줄기는 바람직한 수세형국을 만들었다.

그리고 주산인 효자봉으로부터 현무봉까지 이어진 용세 또한 생가터의 외백호맥에는 해당되지만 기복과 위이를 반복하며 형기적인 측면에서도 살아 있는 힘찬 기상을 띠고 있었다. 또 청룡 백호가 교쇄해 혈전의 안산은 마치 한 일자와 같다는 일자문성의 토성체 모양새여서 어느 결록에선가 밝혔듯이 도지목(나무가 가로 놓여 있는 모습)으로 안산을 이뤘다.

그 안산 너미로 생가디의 안산 억할을 하는 시신사(죽은 시체가 놓여 있는 모습)의 천생산 마저도 일자모양의 조산이 돼 안산과 2중의 쌍을 이룬다. 실망했던 마음을 추스려가며 가장 중요한 용맥의 진위를 분별하기 위해 현무봉에서 혈까지 맥의 흐름을 정확히 측정했다. 그 결과 우선룡의 이태교구를 형성하는 성교혈이 분명했으며 그 중심지기는 오른쪽의 조모산소에 이르러 응결돼 감돌았다. 그러

나 박정희가 대통령이 되고 난 뒤 수많은 풍수연구가들에 의해 소위 제왕지지로 회자되던 그런 정도의 보기 드문 천하대지는 아니라고 여겨졌다.

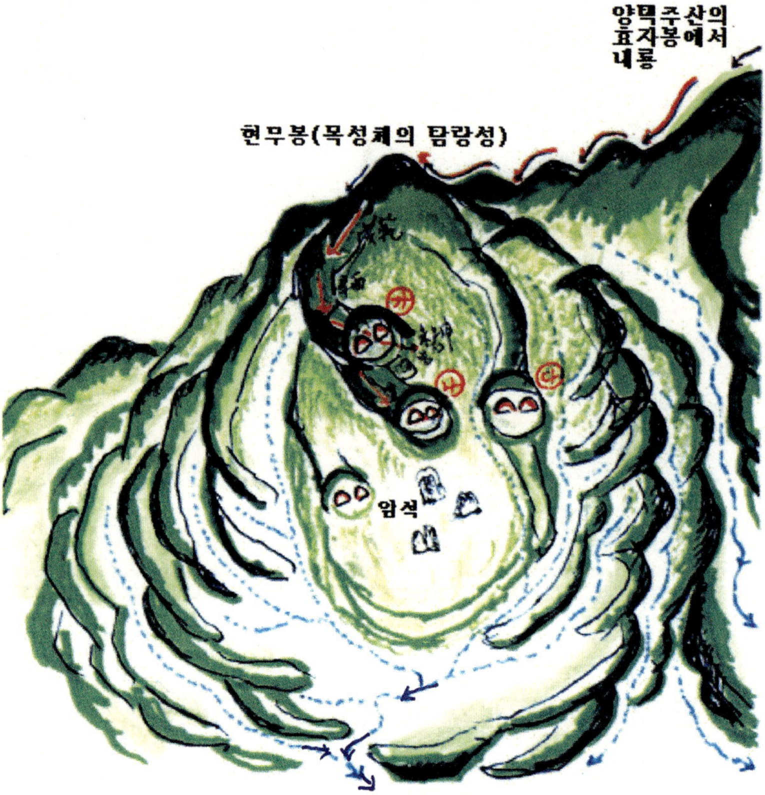

[박정희 전 대통령의 조모 산소로 ㉮는 조부모산소로 乾·兌·坤局의 이태교혈, ㉯는 부모산소로서 우측의 모친산은 지지가 응결된 혈, ㉰는 박대통령의 형이자 김종필씨의 장인 상희의 산소]

그 첫째 이유는 비록 태교에 의한 용진혈적은 충족되지만 그 용맥의 진행교도가 2태교에 그쳤다. 또 혈의 진산이 되는 효자봉 주산은 본 혈을 짓기 위한 단독적인 산봉이 아니라 생가터의 주산역할에 그 무게중심이 실려 있다. 셋째는 현무봉에서 중심출맥(천심룡)해 내룡한 입수룡이 아니고 편룡의 좌출맥(산을 바라보는 것을 기준)에서 비껴돌아온 섬입수(閃入首)에 의해 작혈한 음택이어서 그 규모가 크지 않았다.

그러나 태교혈은 군왕지지와 같은 천하대지는 아닐지라도 대지(大地)로 분류되며 탐랑성의 현무봉과 일자문성의 안산을 가진 묘터라면 비록 군왕이 난다는 제왕지지는 아닐지라도 국중 인물이 배출되는 음덕을 발현할 수 있다. 이곳에 묻힌 할머니 성산이씨는 박정희가 태어나기 7개월 전인 1917년 4월에 죽어 현재의 산소에 유택을 정했으니 묘를 쓴 뒤 태어난 박정희가 풍수에서 말하는 동기감응론에 의해 가장 확실히 음덕을 받았을 것으로 분석된다.

[안정된 옥인사]　　　　　[살기 띈 부석]

　그러나 할머니 산소의 발음에 의해 대통령이 됐다는 일
방적인 해석은 생가터와 비교해 설득력이 낮다고 본다. 다
시 말해 생가터의 정기를 타고난 박정희의 진운에 시너지
효과를 낼 수 있는 발음이 작용했다고 보는 편이 더 타당
성이 있을 성 싶다. 박 전대통령의 부모산소 아래로는 험
한 바위들이 무질서하게 놓여 있다. 그 중에는 2m정도 되
는 직육면체에 가까운 차돌이 금이 간 채 서 있다. 조모묘
가 박 전 대통령을 배출하게 한 큰 명당이라고 주장하며
떠들썩했던 당시에는 그 험상스런 바위가 임금의 도장인
어보사(또는 옥쇄사 등)에 해당된다고 강변하기도 했다.
과연 정확한 평가였을까. 유명한 묘터에 가보면 소위 혈의
증거라 해서 혈의 아래쪽 턱밑에 해당하는 곳에 요석이 박

혀있어 혈장에 서린 지기를 흘러 유실되지 않도록 한다. 그 요석은 반드시 땅속 깊이 박혀 있어야 하며 노출된 부위도 깨끗하고 둥그스름해 살기가 없어야 한다.[사진참고]

　그런데 이곳에 놓인 바위나 주변의 크고 작은 돌덩이들은 산비탈에서 굴러 내려온 부석에 지나지 않았다. 풍수지리학의 사격론에서는 혈 앞에 금이 가고 깨진 흉석 그것도 가장 험석이라는 차돌이 있으면 그 살기로 인해 흉액을 불러들여 자손이 살상을 당하는 재앙을 초래한다고 했다. 그 때문일까. 이 묘를 쓰고 나서 대통령을 배출하는데 음덕의 힘을 보탰을지 모르지만 묘를 쓴지 37년 후인 1947년 셋째 손자 박상희가 우익의 총에 맞아 숨졌으며 1975년 손자며느리 육영수도 같은 변을 당했다. 또 69년 후인 1979년 박정희마저 똑같은 비운을 당했다. 최근의 일이지만 증손녀인 박근혜 전한나라당 대표도 아찔한 순간을 넘기기도 했다.

　그런데 사람들은 묘의 발복이 왕성할 때는 문제의 바위가 어보사로 역할을 해 대통령이 나왔다고 하다가도 묘의 발복이 끝났으니 그 어보사가 흉석으로 작용, 흉사가 발생했다고들 말한다. 왜 정통풍수지리를 강조하고 믿을 수 있는 풍수사를 기대하는 여론이 거센지를 가늠해주는 대목이 아닐 수 없다. 필자는 조모 묘와 부모 묘의 간산을 마치

고 하산하면서 조모산소는 분명 용진혈적의 진혈이며 그 바위는 옥에 타라 생각했다. 이어 필자는 금오산 2대 명혈 중 하나였다고 알려진 박정희 전대통령의 조부 박영규 산소터가 있었던 곳으로 향했다.

경북 칠곡군 관내동 들녘의 남계저수지 옆 소나무 숲이 우거진 나지막한 야산에 자리 잡고 있는 산소는 이미 이장해간 뒤여서 잡초만 무성해 참으로 실망스러웠다. 여기가 바로 자칭 신안이라는 육관 고 손석우씨가 금오탁시형으로 제왕이 날 대명당터라고 강조했던 곳이다. 그러나 우리 일행은 어리둥절하고 실소를 금할 수 없었다.

그 곳은 금오산 자락이 아니라 영암산과 선석산, 비룡산의 연봉중에서 선석산을 주산으로 하고 있는 혈터에 지나지 않은데다 관내동 마을은 들녘을 지나 거리가 떨어진 곳에 있었기 때문이다. 특히 소나무숲속에 숨어 있는 혈은 회룡고조형으로 주산에서 들판으로 내룡한 지룡에 해당되며 저수지 윗쪽등을 타고 내려와 마지막 잘록하게 결인한 뒤 작혈한 곳은 파묘자리에서 30여m 떨어진 곳에서 새로운 주인을 기다리고 있었다.

버스에 몸을 맡기고 전두환 전대통령의 생가터를 향하면서 **"풍수는 곧 사람이 그 중심에 있고 사람은 자연의 순수함과 강직성을 외면해서는 풍수로부터 철저히 외면당**

한다."는 옛 선사의 말을 되새겨 봤다. 풍수연구가는 정직
성을 제일의적인 덕목으로 삼아야 한다는 것이다. '간장이
단집은 가도 말이 단집은 가지 말렸다.' 는 속담을 새삼 상
기시켜 본다.

제4절 전두환 전 대통령의 생가

전두환 전 대통령의 생가와 선영을 답산 하기 위해 경남
합천 땅으로 향한 버스안의 분위기는 매우 무겁게 가라앉
았다. 풍수기행이 순수한 풍수적 탐사에 목적이 있지만 답
산에 나선 20여명의 일행은 모두가 광주시민이라는 점에
서 80년 광주가 떠올랐기 때문에 우울한 심정이었는지 모
른다. 全 전 대통령의 생가는 경남 합천군 율곡면 내천리
외동과 내동마을의 중간에 위치하고 있다. 그리고 선영도
모두 내천리에 소재해 간산하기엔 어렵지 않았다. 생가는
언뜻 보기에 한국 어디서나 볼 수 있는 산골마을 그대로
이었다. 일행은 생가터로 이어지는 주룡(**혈을 맺을 수 있
는 요건을 두루 갖춘 산봉과 산맥**)을 세찰하기 위해 먼저
주산에 올라 그 맥을 타 보기로 했다. 내외동 마을과 생가
터의 주산은 용덕산에서 발달해 온 정상에 못재라는 연못

이 있는 지산이다.

[전두환 전 대통령의 복원된 생가와 주산인 지산 전경]

주산의 정상 바로 아래까지는 관광버스와 같은 대형차가 오를 수 있는 포장도로가 나 있고, 8부 능선 쯤에 주차장이 있으며 인근에 지산정이라는 팔각정이 마련돼 있다. 주산으로부터 전두환 전 대통령이 태어나 성장했던 생가터까지 용세를 살펴봤다. 경남과 경북에 발달해 있는 모든 산봉과 산맥은 낙동정맥을 제외하고 나면 지리산에서 그 근원을 찾을 수 있다.

특히 서북지역은 더욱 그렇다. 내천리 숲 전 대통령의 생가터와 주산인 지산에서 가장 가까운 근조산이라할 용덕산(228.1m)과 단봉산(200.7m)의 빼어난 기상에서 우리

일행은 놀라움을 금할 수 없었다. 그리 높지 않은 산봉인데도 주위의 더 높은 산봉을 압도했기 때문이다. 그리고 그 산맥이 끊임없이 발달해온 내룡맥의 본원과 그 과정을 확인하고 또 한 번 놀라지 않을 수 없었다. 남덕유산에서 줄기차게 이어온 산줄기는 그 유명한 황매산을 거쳐 철마산, 점암산, 무월봉, 대암산으로 이어져 수백리의 여정을 마무리하듯 택정재를 만들고 다시 단봉산을 일으켜 세운 뒤 소조산 격인 용덕산에 이르러 멀리서 싣고 온 강세의 지기를 잔뜩 안겨 놓은 뒤 낙맥한다.

이후 살기를 털고 서기를 여과시키는 듯 갑산재에서 잘록하게 결인한 연후에 비룡해 손사맥(동남방에서 북서방으로 향하는 맥)으로 치솟아 못재 위에 지산(못재위의 주산)을 만들어 그 길고긴 여정을 정리한 뒤 드디어 좌선룡(시계바늘 도는 방향으로 내룡한 용맥)의 주룡이 마을을 향해 360노에 가까운 행도를 진행한다. 그리고 생가 터는 주산을 향해서 자리 잡고 있다. 회룡고조격이다.

그 용맥을 측정하면서 내려간 우리 일행은 용맥의 흐름에 탄성을 지르고 말았다. **"군왕지지의 용맥"**이라고 옛 풍수서에 나와 있는 대로 제왕지지의 명혈을 짓는다는 천보(1km)내의 사태교구 통맥을 이루고 있는 것이 아닌가. 정말 믿기 어려웠다. 결국 8괘의 7절을 틀어가며 회룡하고

있다는 것이 실사로 입증됐으니 더 할 말이 없었다.

　사태교구란 건, 곤, 간, 손의 사태맥이 교도를 이루면서 음룡과 양룡이 중간에 선매역할을 하는 사정룡의 중매를 거쳐서 마무리되는 명당터를 만드는 형태를 말하는 것으로 천하대지나 제왕지지 등 가장 큰 혈을 짓는 용맥의 행도 형태를 뜻한다. 그러니까 남덕유산에서 발달한 황매산은 산천군에서 가장 높은 1,113m의 산인데 소백산맥의 덕유산을 태조산으로 해 남강이북의 합천군 산들은 이 황매산에서 가지를 쳐간다.

　한 가닥 정맥이 합천군과 의령군 경계를 이루며 북상하여 무월봉으로 진행하여 전두환 전 대통령 생가터를 향하고 다른 한가닥은 남으로 내려뻗어 의령군 가례면에 이르러 한우산을 세운 다음 거기서 다시 분맥되어 남으로는 자굴산을 따라 의령군 일대와 진주시를 커버하는 산맥을 형성한다. 그리고 한우산에서 동방으로 발달된 산맥은 의령군 유곡면, 용덕면을 거쳐 정교면 중교리 숫골산에 이르러 국부 이병철회장의 생가터를 만들었다.

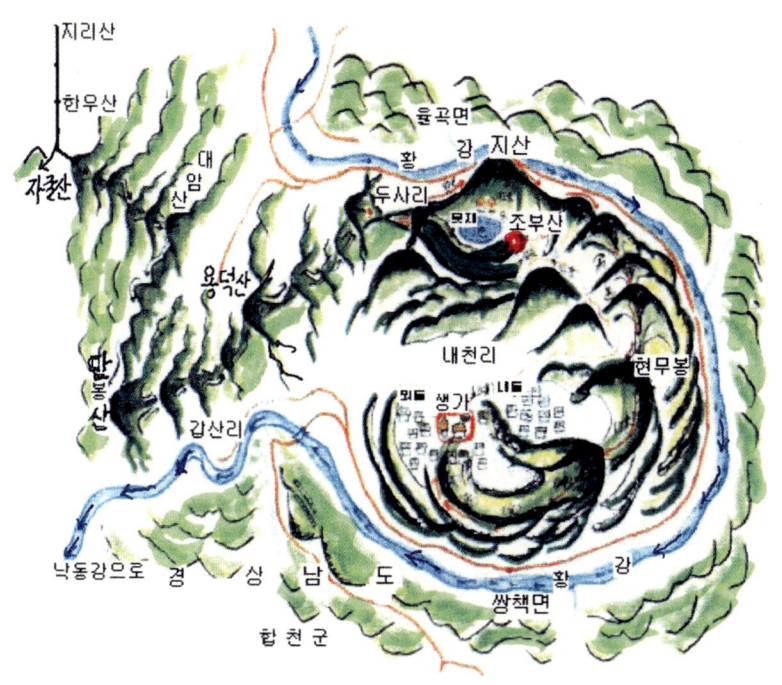

[전두환 전 대통령 생가터와 조부 산소 산도]

　역시 명혈의 뒤에는 뛰어난 준봉이 그 배경을 이루고 있음을 다시 한 번 입증됐다. 생가터를 적시한 산도에서 보듯 주산인 지산(池山)에서 좌선으로 거의 한바퀴를 선회해 마무리 용맥인 간인룡(동북방에서 서남방으로 진행하는 맥)의 끝자락에 예의 전두환의 생가터가 자리 잡았으니 우연의 일치일까, 의도된 점혈일까. 특히 이곳에 응결된

지기를 한점도 새어 나가지 않게 파수꾼이라도 세우듯 생가터를 중심으로 230°가 넘게 빙 둘러 흐르는 황강의 수세 또한 예사롭지 않다.

이 마을 사람들이 자랑삼아 말하듯 생가터의 물형은 '넓은 모래밭에 기러기가 빙글 돌아 내려앉는다.'는 평사낙안형에 가까웠다. 전두환은 완산 전씨의 후손인데 기사관을 지낸 전치원이 못재의 신비함을 보고 내천으로 터를 옮겨 왔다고 전해진다. 전두환이 생가터에서 보낸 성장기는 불과 9년이다. 그가 대통령직에 오른 것은 어떤 과정을 밟았든지, 풍수지리학 측면으로는 설명이 가능했다는 점에 경이로움을 떨칠 수가 없었다.

철학자 니체는 '**나는 왜 이렇게 똑똑한가**' 라는 글에서 천재가 배출되기 위해서는 풍토 즉, 우리식으로 해석하면 풍수조건을 언급한 대목이 불현듯 떠올랐다. 니체는 천재가 나올 수 있는 땅의 조건으로 '거대하고 엄청난 양의 에너지를 끊임없이 얻을 수 있는 가능성을 제공할 수 있는 곳'을 언급했다. 여기서 다른 점은 니체의 천재 배출 가능성과 대권에 오른 사람들의 권력욕구와 성취의 가능성이 다를 뿐이다. 공통점을 굳이 내세운다면 '인걸은 지령'을 들 수 있겠다.

또 중국 송나라 때 호순신이 지어 조선조 지관을 선발하

는 음양과의 필수 시험과목인 지리신법의 한 구절도 의미 있게 다가왔다. 호순신은 **"특정한 땅의 지기가 특정한 인체의 인기(人氣)와 만나 상관관계를 가질때 발복이 이뤄진다"**고 결론짓고 "무릇 땅에 집을 짓고 뼈를 묻을 때 받게 되는 것은 그 땅의 기운이다. 땅의 기운에는 좋고 나쁜 차이가 있게 마련이다. 따라서 땅의 기운을 받아 태어날 때 맑고 탁하고, 현명하고 어리석고, 착하고 악하고, 귀하고 천하고, 부자 되고 가난하게 되고, 오래살고 일찍 죽고 등의 차이가 어찌 없겠는가"라는 주석을 달아 땅기운의 중요성을 강조했다.

합천의 오지의 땅 율곡면 내천리에서 태어난 전두환씨가 대통령이 될 것이라는 가능성은 거의 전무했다. 그런데 불가사의한 일이 현실로 나타난 것을 무엇으로 설명해야 할까. 이런 현상을 미신으로 치부하기보다는 가급적이면 서기가 서리고 밝고 상서로운 땅에 삶의 터전을 정하고 수맥이 없고 지기가 감도는 곳에 조상과 자신의 유택을 마련하는 일에 한번쯤 관심을 가져도 무방할 것으로 생각된다. 그러나 아무리 천하의 명당대지에도 소홍과 흠이 있게 마련이다. 전회에 소개한 박정희 및 전두환 전 대통령과 그 형제의 비운의 사례가 이를 입증한다. 다음 회는 전두환의 선영 중 발음이 확실시 되는 음택을 골라 소개할 예정이다.

제5절 전두환 전 대통령의 선영

전두환 전 대통령의 선영 중에서 그 조부 산소의 발음이 가장 컸다고 20여명의 우리 답산 일행은 분석, 평가했다. 그의 조부 전영수 산소는 생가터의 주산인 지산(池山) 바로 아래의 못재 인접한 곳에 자리 잡고 있어 생가터의 용맥을 살피는 과정에서 그 용맥과 혈처도 함께 세찰할 수 있었다. 생가 마을인 율곡면 내천리 정상에는 아무리 가물어도 물이 마른 적이 없는 못재라는 연못이 있다.

전국적으로 심각한 가뭄이 들어도 못재의 수량은 줄어든 적이 없다고 하니, 자연의 신비함에 그저 놀라울 따름이다. 그래서 인근 사람들에게는 일종의 성역처럼 여겨지는 못재의 상단과 그 아래쪽에 완산 전씨의 선영이 자리 잡고 있다. 못재 바로 윗쪽 묘역이 이 지역 완산 전씨의 시조격인 전인의 묘소이고 그 곳에서 불과 30m쯤 떨어진 못재 건너편에 전두환의 조부인 전영수의 묘소가 있다.

우선 전씨 문중뿐만 아니라 인근 사람들에게 천하의 명당으로 알려져 있는 전인의 묘소를 살펴봤다. 그 명당의 발음에 의해 자손이 크게 번창 했고, 지금은 약 1천500호가 합천 일대에 살고 있다고 전해진데다 못재와 관련 지어 '게의 눈처럼 형국이 이뤄진 해목형'의 괴혈로 알려져 있

어 우리 일행의 관심을 끌었기 때문이다.

[못재; 검은 빛의 못, 우측 상단 전인의 묘]

용맥에서 혈증까지 빠짐없이 세찰한 결과, 다만 형기적
으로는 게의 눈을 연상케 하듯 봉분 둘레에 정원석과 같은
자연석 테가 빙 둘러 박혀있는 것을 제외하곤 용진혈적의
요건을 찾을 수 없어 의문점만 더 커졌다.

무엇보다 용덕산으로부터 낙맥, 결인, 비룡의 행도를 거
쳐 지산(池山)으로 치솟아 오른 용맥의 세찬 기상과 세력
은 이내 다시 낙맥해 마을 쪽으로 내달아 힘찬 진행을 이

어갔을 뿐 못재 쪽으로는 한 자락의 용맥도 낙맥되지 않아 우선 혈을 맺는 마무리 맥이 전혀 노출되지 않고 그저 넓게 비탈진 산봉의 측면에 자리 잡고 있는 것이 의아했다는 얘기다.

[못재 바로 윗쪽의 산소 ㉯는 이 지역의 입향 시조인 전인의 산소다. ㉮는 전두환 전 대통령의 조부 전영수의 묘소다. 2태교구의 용교혈로 평가된다. 못재가 있어 희귀한 옥지과협의 진혈요건을 갖췄다.]

그러나 못재 아래쪽에 새롭게 단장된 전두환의 조부 전영수의 산소는 그 용맥의 행도가 증명해 주듯 우선룡의 교구통맥을 이뤄 형성된 진혈이었다. 이는 실측에 의해 뚜렷이 밝혀졌다. 그 산소의 주산은 언뜻 보기에는 생가터의 주산인 지산(池山)인 것처럼 보이지만 용맥을 더듬어 측정한 결과, 예상과는 전혀 다른 형세였다.

물론 근조산인 용덕산은 생가터와 그 맥을 같이하고 있었다. 그런데 지산(池山)을 세우기 위해 크게 낙맥한 용맥이 벌의 허리처럼 잘록하게 결인한 다음 못재 왼쪽으로 치솟아 오르는 비룡맥이 어느 한 지점에서 분지(分枝)를 이뤄 한 가닥의 큰 줄기는 못재 상단의 지산(池山)으로 솟구쳐 오르고, 다른 한 가닥은 못재를 끼고 우선룡으로 행도하면서 未坤→午丁→辰巽의 교구통맥을 이뤄 마무리단계에 이르러 辰의 穴入首로서 진혈의 전영수 묘소를 만들었다.

이른바 용맥의 흐름이 혈을 짓기 위한 요건중 하나인 과협이 매우 희귀한 옥지과협을 형성하고 있는 것이 특이하다. 즉, 못재를 왼쪽에 끼고 돌아서 용맥이 그 행도를 진행함으로써 산맥 속에 실려 온 지기를 혈처에 올인 할 수 있는 요건을 갖췄다는 것이다. 만약 못재가 없었다면 윗쪽 전인의 묘소를 이루는 산비탈이 이어져 내려온 산세에 지

나지 않았을 평범한 맥이었다. 하지만 못재가 있어 그 옆을 끼고 도는 용맥이 독자적인 맥의 행도를 하게 됐으니 정말 오묘한 용맥에 의한 혈증이 아닐 수 없다. 산도를 그려놓고 보니 전영수의 산소터를 이루는 교구통맥이 '게눈'의 형상이었다.

더욱이 산도에서 나타나듯이 그 맥을 오른쪽에서 보호하며 따라오는 호종사가 백호의 몫을 빈틈없이 수행하고 있고, 집터 쪽으로 내려가던 산줄기의 한 자락이 전영수의 묘소 앞으로 넓은 내명당을 만들면서 백호자락이 끝나는 지점까지 발달해 서로 교쇄를 이루니 산의 정상 가까이에서 이토록 진혈의 제반 요건을 갖추기란 말처럼 쉽지 않다. 그래서 보기 드문 괴혈의 명당이 아니겠는가. 오직 감탄할 뿐이었다.

지기탐지 전문가의 확인에 의해서도 전영수의 묘소는 용진혈적 그대로였음이 더욱 확연하게 입증됐다. 파(破)에 따른 산소의 좌향 또한 격에 맞게 합법으로 설정돼 있었다. 그런데 전두환 전 대통령이 대권을 거머쥐게 되는 불가사의한 진원적인 에너지를 확보할 수 있었던 두 가지 변수 중에서 생가터가 군왕지지의 대지인 것과 이를 뒷받침해 준 시너지 효과를 충분히 제공하는 힘이 다름 아닌 조부 전영수의 음덕에 있었던 것이 입증됐다. 따라서 조부

묘역이 그곳에 들어서게 된 연유도 큰 관심을 끌었다. 전두환은 완산 전씨이기는 하지만 전인의 직계손이 아니다. 전인의 형님 후손이 전두환가의 직계다.

400년 전에 파가 갈렸다고 한다. 그런데 전인의 무덤에서 불과 몇십미터 안 되는 곳에 직계가 아닌 전두환의 조부 산소를 쓸 수 있다는 것은 상식적으로 납득할 수 없었다. 거기에는 숨겨진 이야기가 회자되고 있다. 전두환의 막내 삼촌인 전상희가 이서와 풍수에 능해 그 곳에 전영수의 산소를 썼다는데 처음에는 밀장(몰래 평장함)을 했다고 한다. 전영수의 사망연대가 1930년대인 것으로 미뤄, 사망 10년 후에 현재의 못재 부근으로 암장한 것이다.

처음에는 암장했다가 나중에 전두환이 소장으로 진급 군인으로 출세하면서 봉분을 제대로 조성했고, 지금처럼 번듯하게 묘역을 조성한 것은 전두환이 대통령이 된 뒤의 일이었다고 한다. 비문에 적힌 대로 '뭇산들이 두 손을 모아 절을 하며 여덟 개의 시내가 굽이돌아 율곡의 명당을 형성한 곳'일 정도로 명당길지가 틀림없다.

전영수의 산소 뒤에는 진손맥의 입수처에 보일락 말락한 바위가 엎드리듯 박혀있다. 흔히 술사들이 주장하는 입수바위는 권세를 가진 후손이 배출되고 복을 가져다준다고 해서 복바위라고 하며 귀히 여기지만 풍수이론대로라

면 지기가 응결되게 하는 장치이거나 지기의 흐름을 돌리고 막는 혈증으로 친다. 다른 각도의 해석으로는 巽·艮으로 入穴하는 혈처는 양미(陽尾)와 음미(陰尾)의 약세를 확충키위해 石穴로 作穴된다는 이치와 연관되기도 한다.

전영수의 묘소에 대한 저간의 일로 인해 전인 후손들은 대통령자리를 빼앗아 갔다는 믿음 탓에 지금도 전두환씨에 대한 감정을 좋게 가질리 없다고 짐작할 수 있다. 시중에는 초대 대통령 이승만의 조부모 묘를 그의 아버지가 제왕이 날 자리에 암장했으며 윤보선 대통령의 경우도 나라에서 하사한 땅인 이순신 장군의 땅에 그의 5대조를 암장했다고 전해지기도 한다. 정권에 도전하는 일부 사람들은 종교관이나 또 다른 요인을 초월해 풍수지리에 집착했다는 사실이 종종 드러나 세상을 놀라게 한다.

석물로 인해 흉화를 입었다는 전두환 전대통령의 친산과 그의 신후지지가 있는 율곡면 기리의 지릿재 정골은 답산하지 않기로 했다. 그 친산은 전두환이 한창 권력의 가도를 달리고 있을 때 쓰여 크게 참고할만한 뜻을 담고 있지 않다고 여겨졌기 때문이다. 권력과 풍수를 다시 느끼고 되새겨본 이번 풍수기행은 잊히지 않을 소재가 될 것이라 믿는다.

[단장된 전영수의 산소]

　권력과 풍수에 대한 소재는 예나 지금이나 퇴색되지 않고 계속 이어지고 있다. 이와 관련, 중국 수나라 문제의 둘째 아들 이야기는 새겨들을 만하다. 그는 어머니의 장지선정을 맡은 명풍 소길에게 은밀하게 접근 부탁했다고 한다.

　소길은 둘째 왕자가 왕통을 계승할 수 있는 자리를 잡아주면서 4년 후에 황제가 될 것이라고 예언했다. 4년 후인 서기 604년 수나라 문제가 죽자 과연 둘째 아들이 황제에 올랐다. 그가 바로 수양제다. 믿기지 않은 일로 치부될지 모르지만 틀림없는 사실은 권력의 지향과 풍수는 항상 그 끈을 이어가고 있다는 것이다.

　누구도 예상하지 못한 인물이 대권에 오른 사례를 설명

할 길은 아직도 풍수지리가 가장 설득력을 얻고 있기 때문이다. 권력을 떠나 복된 삶과 자연의 힘은 불가분의 관계를 가지면서 공존의 틀을 유지하고 있다.

제6절 노태우 전 대통령의 생가

노태우 전 대통령의 생가는 대구 동구 신용동 용진마을에 자리 잡고 있다. 용진마을은 이름 그대로 용이 나아가 그 기세를 가라앉혀 기지맥지를 이루는 명산 팔공산 간룡의 한 자락이 굽이굽이 꿈틀거리며 내려오다가 멈춰선 곳이다.

생가는 그 용맥이 매조지를 하며 땅의 가운을 한 곳에 응축시키는 자리에 위치해 누가 봐도 팔공산의 정기를 가득히 안고 있음을 느낄 수 있다. 왕옥혼이 쓴 '노태우 전기'에도 "**신용리는 팔공산 기슭에 위치하고 사면이 산으로 둘러싸여 분지를 이루고 있다. 그 곳은 시냇물이 흐르고 농지가 종횡으로 가로 놓여 있다. 팔공산 위에서 멀리 내려다보면 온 분지가 마치 한마리의 용이 도사리고 있는 듯 하며 신용리는 용의 머리에 위치하고 있다.**"라고 적고 있다. 이는 생가터를 중심으로 한 풍광적인 지세

를 아름답게 표현한 것이며 풍수지리적 관점에서 서술된 것은 아니다. 산도에서 보듯 팔공산은 노 전대통령의 생가 터를 형성시키는 태조산격의 명산이다.

[노태우 전 대통령의 생가와 팔공산으로부터 내룡한 주룡이 생가터 를 결작 시키기 위해 마무리 지기를 응축한 뒷산봉(현무봉)을 배경 으로 자리 잡고 있다. 오른쪽 언덕에는 거대한 암석이 박혀 있다.]

이는 낙동정맥에서 서남방으로 발달한 소간룡에 버금가 는 용맥이 군위군과 영천시를 가르며 뻗어내려 오다가 홀 연히 치솟아 오르기를 수백리, 이내 1192.9m의 명산 팔공 산을 하늘 높이 일으켜 세운 다음, 하나의 큰 줄기의 간룡 맥은 인봉과 관봉을 연이어 세우면서 동남쪽으로 줄달음 치며 크게 용틀임하는 용맥을 뻗어 대구시와 경산시의 분

계를 형성한다.

또 한 가닥의 간룡이 서쪽으로 출렁이며 내닫다가 991.2m의 파계봉을 드높이 세우고는 경상북도와 대구시의 경계를 이루면서 도덕산을 거쳐 남서로 뻗어 내린다. 그 가닥의 한줄기가 마치 어떤 소명이라도 달성시키리려는 듯 크게 결인처를 만든 다음 한숨을 돌리고는 곧장 용진마을의 주산이 되는 거저산으로 기어오른다.

그리고 다시 숨가쁜 용의 행도가 연이어져 좌선룡의 주룡(혈을 짓는 요건을 갖는 주체가 되는 용맥)을 형성하면서 기복, 위이, 과협의 용세를 이루다 마침내 용진마을, 그러니까 노태우 전 대통령의 생가터를 향해 이제까지 지켜서 가득 싣고 온 땅의 기운을 응결시키는 봉우리를 멈춰 세운 후 마치 창공을 날던 한 마리의 봉황이 살며시 내려앉기라도 하듯 평양맥을 이루면서 좌선의 행도를 거듭하다 팔공산의 정기가 빨려 들어가듯이 생가터로 들어가 길고 긴 용맥의 진행을 멈춘다. 그 용맥의 행도를 결인처에서부터 실사해 본 결과 영락없는 3태교구를 이루며 용진 혈적의 조건을 충족시키고도 남았다.[산도 윗쪽 교구통맥도 참고]

그리고 한줄기 용맥이 위쪽의 본신용에서 갈라져 내려오면서 주룡을 호종하는 백호맥을 이루고 그밖에서도 외백

호맥이 겹겹이 싸고돌아 용진마을을 포옹한다. 또 거저산 바로 아래의 주필봉에서 한자락 본신룡이 분지돼 마을과 생가터의 청룡맥을 이루며 마을을 껴안아 돌듯이 다정하게 내룡해 백호맥과 교쇄를 이뤄 국세의 모든 물이 한곳으로 빠져나가 지묘천을 채운다.

또 마을 가까이 병풍을 두르듯 내청룡 가닥이 마을터와 생가터를 안고 돌아 청룡 쪽의 허술함을 보완해 주고 탑박골과 큰골에서 모아진 신용저수지가 높은 곳에 자리 잡은 생가에 응결된 지기가 행여 새어날까봐 잘 에워싸고 있다. 현무봉에서 생가터로 진행해 돌아오는 용맥의 입수처에 큰 골에서 흘러온 개울물의 한가닥이 현무봉을 감아 돌아가는 작은 물줄기의 도랑으로 변해 '신용지'의 저수지로 들어오는 것이 매우 특이한 지세였다. 이는 용세를 단절시키는 작용으로 자칫 단정할 소지가 있다 하겠다.

그러나 생가터의 입수와 집뒤에 박혀있는 크고도 우람한 바위를 보고 나서 현무봉 아래로 돌아가는 실개천의 물길이 살기를 터는 제살의 역할을 해내고 있다는 것을 감지하고 그에 대한 의문점이 풀렸다. 자연암반이 집터나 묘지주변에 있는 것에 대해 풍수지리학에선 강세룡이거나 발복이 빠른 것으로도 해석된다.

그리고 그 암석이 흙을 동반하지 않을 때는 지기를 맴돌

아 서리게 하는 구실을 못한다고 해석한다. 땅속의 기(氣)는 암반과 토맥의 사이로 흐르는 속성을 갖고 있기 때문이다. 노 전 대통령의 생가터에 박혀있는 암석은 팔공산에서 내룡한 주룡의 맥이 그 마무리를 위해 생기를 서리게 하는 길석(吉石)이라고 필자는 해석했다.

왜냐하면 용맥을 확인한 결과, 그 교구가 성립된 진혈처에 박혀 있는 것이 실측으로 확인됐기 때문이다. 그리고 조산인 팔공산이 거의 암석이므로 그 맥의 혈 역시 조상을 닮아 석혈로 이뤄진다는 순수 정혈법에 접근되기도 한다. 어쨌든 노 전 대통령의 생가터는 옛 왕조시대라면 음택의 길지가 더해지면 군왕지지로서 손색이 없는 양택의 명당 대지임이 확실한 것이라 할 수 있다. 집터의 주룡이 팔공산의 명산 정기를 받을 수 있는 본원의 근거가 확실하고 집터까지 이어지는 주룡의 행도가 좌선룡으로서 생가터에 땅의 기운이 서리어 맴돌 수 있는 3태교구 통맥을 이뤘으며 마무리 용맥이 간인맥으로서 음두와 양두에 이어지는 음미의 배합을 이루는 지점이었다. 그리고 선매의 맥도 뚜렷했다.

또 생가터의 지기를 잘 옹호하고 보전하기 위한 청룡과 백호가 울타리 역할을 잘할 수 있게 발달한데다 물이 빠져나가는 길목에 적당한 높이의 일자문성의 화표사격인 길

사가 있어 금상첨화를 이뤘기 때문에 더욱 혈증이 확실하다고 믿었다.

집터 풍수의 대표적 고전으로 알려진 「양택심서」에는 '사람이 거처할 집에선 그 내려오는 산 능선(용맥)의 기세가 중요하다.'고 해서 집 뒤로 이어지는 내룡맥을 중시하고 있다. 어디 양택뿐이겠는가. 음택도 예외일 수 없다. 혈터로 이어지는 용맥이 불확실한데 거기서 진혈을 찾으려는 것은 마치 전깃줄이 이어지지 않았는데 전등에 불이 밝혀지기를 바라는 어리석음과 다를 바 없다.

그래서 작혈을 위해 조산으로부터 내룡하는 용맥을 주룡이라 한다.

주로 양택길지를 만드는 용맥이 좌선룡이기 때문에 이를 청룡으로 오해하는 경우가 있을 수 있으나 주룡과 청룡은 엄연히 그 몫이 다르고 윤서도 다른 것을 유념해야 한다. 하지만 옥에도 티가 있게 마련이다. 국내의 유명하다는 명혈대지의 대부분이 석혈명당인 것은 잘 알려진 사실이다.

[노태우 전 대통령 생가터 산도로 탐랑출진형(貪狼出進形)]

　　그러나 석혈 명당도 암석에서 나오는 살기를 피할 수 있
고 또 토살과 제살의 과정을 거친 곳에 혈을 정하거나 비
보를 통해 화를 피하는 것이 지혜로운 방법이다. 그런데

노 전 대통령 생가터 여기저기 돋아 있는 암석이 비록 권세를 누리는 인물을 배출시키는 길석이라고 해도 너무 드러나 노출 돼 있다. 결과론이지만 1932년 맏아들로 태어난 노 전 대통령이 7세 되던 해 부친 노병수씨가 29세의 젊은 나이에 교통사고를 당해 세상을 떠났다.

이를 두고 풍수 호사가들은 생가터의 암석과 관련이 있음을 시사하곤 했다. "대지의 명당을 쓰려거든 소흉을 감수하라"는 풍수지리학의 경구를 끝으로 용진마을 윗자리에 덩실하게 자리 잡은 군왕지지를 다시금 떠 올려 본다. 다음 회는 노 전 대통령의 선영을 소개할 예정이다.

제7절 노태우 전 대통령의 선영

노태우 전 대통령의 선영은 생가터에서 멀지 않은 곳에 자리 잡고 있다. 조부모 산소는 생가에서 500여m쯤 떨어져 있다. 생가로 내려가는 길에서 왼편에 띄엄띄엄 봉분들이 눈에 들어오는데 그 중 비교적 잘 단장된 묘소가 조부모 산소다. 생가를 만들기 위해 용진마을 쪽으로 내룡하던 용맥의 한 자락이 분지로 추켜세운 산봉우리가 평지와 만나 평범한 밭자락으로 변하기 시작한 경계지점에 위치

하고 있다. 하지만 용맥의 교도형태가 지기를 모아 서리게 하는 형세를 형성하지 못한데다 용맥의 흐름이 채 끝나지 않고 지나치고 있는 과맥에 자리 잡고 있어 혈증이 뚜렷하지 않아 크게 주목할 만한 요소를 발견하지 못했다. 다소 실망스런 마음으로 친산을 썼다가 이장한 파묘 처에서 약 50m쯤 위쪽에 있는 증조부 산소를 찾았다. 이 산소도 진혈이라는 믿음을 갖기에는 기본요건을 갖추지 못했다. 용진혈적의 관점은 그만두고라도 산등성이가 변환의 과정없이 밋밋하게 경사진 아래쪽에 위치해 형기적 관점에서도 이미 생기를 머금을 수 없는 혈처였다. 땅기운도 탐지되지 않았다. 그래서 노 전 대통령의 부모산소가 있다는 송정동의 안골에 기대를 걸고 그 곳으로 발길을 옮겼다.

필자는 풍수지리에 대한 대화에서 늘상 **"출생과 성장기를 보낸 생가터가 명당이어야 하는 것이 가장 중요하며 그 터기운으로 태어나 운세를 잘 갖췄다고 해도 후천적으로 그 운기를 지속적으로 강화시키게 하는 에너지는 조상의 묘터가 길지에 들어서 거기서 얻은 유전감응의 발음이 매우 큰 변수로 작용한다"**고 강조한다.

[노태우 전 대통령의 친산 전경. 뇌두 위의 입수용맥이 펑퍼짐해 점혈하기가 쉽지 않은 혈처라 할 수 있다. 왼쪽 부친 산소는 50년 가까이 되고, 오른쪽 모친 산소는 오래되지 않은 쌍분 묘역이다.]

그리고 언젠가 읽었던 중국 수나라 때 소길이란 학자와 그를 신임했던 황제 문제가 나눈 풍수지리에 관한 이야기가 문득 떠올랐다. 소길은 음양과 풍수지리에 능했다고 한다. 문제의 부인 헌 황후가 죽자 문제는 소길에게 장지를 잡게 했다. 소길이 무산의 한 곳을 소점하면서 "이 자리는 2천년 지지에 자자손손 200세 후손까지 보존해 줄 자리" 라고 말했다. 이 말을 전해들은 문제는 "인간의 길흉화복은 타고난 것이지 묘터의 좋고 나쁨에 있지 않다. 이전 왕조들이 어찌 명당을 고르지 않았겠느냐. 그럼에도 나라가 망하지 않았느냐. 만약 우리 조상들의 무덤자리가 나빴다

면 나는 천자가 될 수 없었을 것이다. 또 좋았다면 왜 내 동생이 전쟁에서 죽었겠는가."라고 말했다.

문제는 묘지와 인간의 길흉화복이 서로 관계가 없음을 말한 것이다. 또 묘지보다는 태어난 집터를 더 중시해야 한다는 것을 강조하고 있다. 그러나 수 문제의 그 다음 태도가 매우 흥미를 끈다. 그렇게 말해 놓고는 끝내는 소길의 말을 따랐을 뿐 아니라 그에게 큰 상까지 내렸다. 노 전 대통령의 생가터는 제왕지지로서 손색이 없었지만 선영은 아직까지 이를 뒷받침할만한 음택이 발견되지 않아 답답한 생각에 이런 말이 문득 떠올랐던 것이다.

권력과 풍수와의 상관관계는 두 가지로 분류된다. 하나는 권력지향적 의지와 욕망에 의해 풍수지리를 끌어 들인다. 또 하나는 우연히 얻은 명당대지에 터를 잡아 살았거나 묘를 쓰게 된 덕으로 권좌에 오르는 경우다. 필자가 주제로 삼아 쓰고 있는 역대 대통령의 생가와 선영편은 후자에 속한다고 할 수 있다.

그런데 적어도 직선이든 간선이든 대권을 거머쥐게 되는 불가사의한 운명적 에너지는 음·양택의 대지명당이 작용해야 한다는 것은 이미 풍수지리학의 정설로 굳어졌다. 산도에서 보듯 노 전 대통령의 부모 산소는 보기 드문 명당이었다.

태조산을 영산 팔공산에 근거하고 파계봉을 근조산으로 삼아 900m나 되는 탐랑성의 수봉을 주산으로 세운 다음 좌선으로 회두해 기복, 위이를 거듭하며 힘차게 행도를 이어오다가 용세의 마무리를 하면서 빼어난 목성체의 현무봉을 앉혀놓은 연후에 다시 우선룡으로 머리를 틀어 낙맥한다.

변국의 내룡맥을 형성하고 있다는 얘기다. 그런데 낙맥하면서 혈을 맺으려고 내려오는 그 용맥이 으뜸으로 치는 취기입수맥이라는 근거에 의해 보기 드문 명당대지라 일컫는 것이다. 취기입수라는 것은 풍수지리의 보편적 상식이다.

그런데 네 번에 걸친 취기처와 그 취기맥이 돌무더기로 뭉쳐진 뢰맥으로 형성된 것을 확인하고는 필자와 일행은 대혈을 예고하는 그 혈증에 놀라움을 금할 수 없었다. 아무리 취기맥이 발달해 내룡한다 해도 그 기세를 징하게 밈추고 동반해온 땅의 기운을 어느 한곳에 맴돌아 서릴 수 있게 하는 용맥의 교도가 법칙에 맞게 이뤄지지 않으면 소용이 없는 허맥에 불과하다.

그러나 자세히 살펴본 결과 그 용맥의 나아가는 상태가 영락없는 우선룡의 교구통맥으로서 용진혈적의 요건을 갖추고 있지 않은가.

[노태우 전 대통령 친산 산도로 탐랑출진형의 대지명당의 우선룡
艮,兌,乾局 태교혈이며 취기뢰맥(聚氣磊脈)입수가 귀격이다.]

　이 산소에 대한 간산 기록마다 마무리용이 널찍한 평맥
이라 신통치 않다고 했지만 필자는 위 용맥이 뢰맥의 취기
입수로 강세의 음룡이면 그것을 받아서 이어지는 아래쪽

용세는 드넓은 양맥인 것이 합법인 것으로 해석했기 때문에 형기적으로도 조화로운 음래(陰來) 양수(陽受)의 요건을 갖춘 작혈 입수라 믿었다.

다시 말해 그 것은 전혀 흠이 아니었다. 그래야 살기를 벗을 수 있는 토살의 과정을 거치게 돼 맑은 기운만을 혈처로 공급할 수 있기 때문이다. 후룡이 후중수봉에다 입수룡이 뢰맥의 취기형세에 우선룡의 교구통맥을 이뤘으니 손색없는 용진혈적의 핵심에 접근했다. 그리고 좌우 용호는 물론 물이 모아져 나가는 수구에 일자문성의 안산과 그 너머에 둥글고 천마모양의 조산들이 출중하니 예상했던 것 이상의 대지명혈임을 확인할 수 있었다. 그래서 일까. 노 전 대통령의 부모산소가 불당골에 있을 때는 군대에서 일이 제대로 풀리지 않았는데 이장 후 진급도 되고 승승장구했다고 한다.

노태우 대통령 전에 "1962년 소령으로 진급했고 1968년 중령진급, 중령진급 후 월남전에 참가해 무공을 세운 뒤 진급이 순조로웠다."고 기록돼 있다. 이후 1971년 연대장, 1974년 대망의 장군이 됐다는 대목을 보면 역으로 1962년에서 1968년 사이 6년간 소령으로 머물렀던 때가 가장 풀리지 않았던 시기였을 성 싶다. 일취월장 출세가도를 달리다가 마침내 1988년 2월25일 제13대 대통령에 취임한다.

그것도 2개 야당후보가 단일화에 실패, 후보가 난립한 덕(?)에 어부지리로 직선 대통령에 올랐으니, 이를 두고 후세의 역사적 평가에서 당사자의 출중하고 추종을 불허하는 능력과 역량 때문만이었다고 할까.

굳이 풍수지리의 이치를 대입하지 않더라도 천운을 타고나지 않으면 가능할 일일지, 더욱 궁금해지는 대목이다. 생가터 기운을 입은 것일까. 아니면 음택명당의 뒷받침에 의한 것일까. 두고두고 검증하고 정립해야 할 학문적 영역이 아닐 수 없다. 다음은 김영삼 전 대통령의 생가터와 선영을 둘러볼 차례다.

제8절 김영삼 전 대통령의 생가

김영삼 전 대통령의 생가는 우리나라에서 제주도 다음으로 큰 섬인 거제도 동북쪽 끝부분 바닷가 마을인 대계(大鷄)에 자리 잡고 있다. 주차장에서 내리자 이 마을에 사는 할머니 한 분이 **"뜸하더니만 또 한 차 왔구먼"**이라 한마디 하고선, 묻지도 않았는데 **"저기 저 기와집이 김영삼 대통령이 태어나고 자란 곳이라오."**하면서 손가락으로 가리킨다. 그 할머니가 지목한 곳으로 가보니 언덕위에 단

정히 꾸며서 관리되고 있는 한옥 2채가 눈에 들어왔다. 계단을 올라 김 전 대통령 생가터의 대문을 열고 안마당으로 들어섰다. 안내하는 사람의 몇 마디 설명을 듣고 우리 일행은 곧장 뒷동산으로 올라갔다. 집터를 짓기 위한 용맥의 행도부터 살펴보는 것이 우리 일행의 간산 원칙 중 가장 중요시되는 영역인 탓이다.

[김영삼 전 대통령 생가]

사여미인(砂如美人)이라 했던가. 혈이 확실하고 그 후룡이 생기에 차 있으면 주위의 산들은 모두가 주체인 혈의 영향권에 놓인다. 거제도 산세는 그 곳 섬에서 발원돼 그 곳에서 마무리되는 소규모의 용맥이 아니라 그 연원이 낙남정맥이 고성군에서 대곡산(542)으로부터 분행되어 발조

된다.

대곡산을 거쳐 고성읍과 통영시의 경계를 이루는 655.3m 높이의 벽방산을 솟구쳐 세우고 통영시를 통과해 기세가 꺾이지 않은 채 거제시가 가장 가까이 건너다보이는 용남면에 이르러 삼봉산을 세워 물을 건너는 이른바 도수과협의 준비를 끝낸다. 거제도가 손에 잡힐듯 가까운 곳 연기마을에 이르러 해간도를 징검다리 삼아 통영과 거제 해협을 훌쩍 뛰어 넘는다.

처음 시작해 내룡한다는 시래산(始來山)을 기점으로 거제도의 장도에 오른 용세는 할미봉, 황봉, 백암산을 통과해 거제도의 태조산이라 할 계룡산(566m)을 일으켜 세운다. 그리고 선자산, 북병산에서 북쪽으로 한 바퀴 몸을 틀어 한참을 달리다가 수려한 국사봉을 세운다. 이런 연후에 동쪽으로 회두해 긴 여정을 마무리하는 강망산(374.5m)을 우뚝 세운다. 이 강망산이 곧 김 전 대통령의 생가터를 비롯하여, 인접해 있는 선영의 혈터를 짓는 근조산이 된다.

멀리서 봐도 그 기상과 특립 특출한 산봉이 빼어나다. 강망산에서 개장, 낙맥, 비룡의 과정을 거쳐 남남동쪽에 일자문성의 주산을 세우고는 곧장 명혈대지를 맺으려는 용의 행도를 형성하며 혈처로 생기있게 진행을 거듭한다. 필자와 일행이 나경으로 내룡의 행도를 실측한 것은 바로

이 주산부터였다. 서남방에서 북동방으로 경사를 이루며 낙맥하는 곤신맥이 우리 일행을 맞이했다.

[강세와 수려함으로 내룡한 주룡이 주산에서 낙맥하면서부터 삼태교구를 거쳐 생가터로 이어진다. 바다와 어우러진 생룡이 더욱 생기가 넘치고, 안산의 계관사는 '금계포란형'임을 말해 준다.]

  이른바 지기를 관장하는 통지맥이 땅에 내려섰으니 그

생기가 더욱 발랄하다. 재를 이루면서 서서히 솟아오르는 용맥인 경유룡 즉, 서쪽에서 동쪽으로 건너가는 용맥인 것이다. 이 맥이 내려오는 곤신맥을 맞이하니 지리가 천리에 상응해 득의만만하다 하겠다. 경유룡으로 완만하게 기어 오르다가 좌선으로 몸을 틀어 용맥의 교도를 60°로 박환하면서 현무봉에 오른다.

이 산봉이 바로 천리 내룡한 용맥의 지기를 마무리하면서 응결시키는 집터(또는 묘터)의 바로 뒷쪽의 가까운 현무봉이다. 이 봉우리에서 또다시 서북쪽에서 동남방으로 살며시 내려가는 건해맥으로 방향을 바꾼다. 그리고 다시 한 번 땅기운을 응축시키려는 듯 취기처를 뭉쳐놓고는 다시 방향을 틀어 맥의 이름을 임자룡(복쪽에서 남쪽으로 나아가는 맥)으로 바꾼다.

다시 말해 통지맥인 건해맥이 통천맥인 임자맥을 만나게 된 셈이다. 임자맥이 15m쯤 내려서더니 언덕진 곳에서 교회 옆으로 회두해 마지막 방향을 틀어 통지맥인 간인맥으로 변환되는가 싶더니 마침내 생가 터로 빨려 들어가듯이 그 길고 긴 행룡의 일생을 마무리하고 운반해온 지기를 그곳에 맴돌아 서리게 한다. 그 지점이 바로 김 전대통령의 탯자리였다. 말 그대로 삼태가 교구를 이루는 좌선룡의 용진혈적이었다.**(통천·통지맥의 개념 ⑨권에 상술됨)**

다시 생가터로 들어선 우리 일행은 그 때서야 청룡과 백호도 따져보고 국세에 물이 모여 빠져나가 바다로 들어서는 수구도 확인하며 분주하게 움직였다. 그리고 집 안팎을 돌아다니면서 수맥과 지기도 탐지했다. 집터 전체에 지기가 충만했다. 이 생가터를 두고 어떤 이는 날던 봉황이 둥지에 알을 품는 형국의 '비봉포란형'이라 하고, 다른 사람은 신선이 글을 읽는 형국의 **'선인독서형'**이라고도 한다. 또 다른 이는 목마른 용이 물을 마시는 형국이라해서 **'갈룡음수형'**이라고도 한다.**(내명당이 드넓고 물이 풍부한 혈전의 형세 갈룡, 갈우, 갈록은 이치에 맞지 않다고 생각함)**

[대계 마을 산세]

필자는 후룡의 태조산이 계룡산이고 마을 이름도 큰 닭이라는 대계이므로 금계포란형(금닭이 알을 품는 형국)이라 하면 크게 빗나가지 않을 것으로 여겨졌다. 그러나 용맥과 혈이 참되고 적중되면, 주변의 사격은 따라서 갖춰지고 보완되는 것이 숨길 수 없는 자연의 이치인 것을 항상 염두에 둬야만 물형론 맹신의 위험에서 빠져 나올 수가 있다.

거제도에서 발달한 용맥이며 산세의 동정, 강유 등 혈을 짓는 보국의 요건이 매우 좋아 이곳에선 대통령을 비롯 수많은 장·차관과 굴지의 기업인을 배출했고, 청마 유치환 시인도 출생했다. 하지만 근래 들어 저도를 거쳐 거제도로 이어지는 도로공사를 하면서 용맥이 잘리는 등 아름다운 산세가 점점 파괴돼 안타깝기만 했다.

산도와 사진에서 보듯 김 전 대통령의 생가가 자리 잡고 있는 외포리 일대와 대계마을의 백호도 크게 손상된 탓에 그의 조부모 산소를 그대로 둬도 되는지 의문스럽다. 다행히 생가터와 생가터 위쪽 선대들의 산소로 이어지는 주산과 현무봉 사이의 결인처는 크게 절토되지 않아 대지명혈은 하늘이 지켜준다는 말이 허언은 아닐 성 싶다. 그렇지만 아무리 아름답고 미래가 약속된 천혜의 땅이라 해도 그 땅을 복되게 가꿔야만 자연의 힘이 사람에게 복된 삶의 에

너지로 다가오게 된다.

그렇지 않으면 인간은 자연으로부터 버림받게 될 것이다. 풍수지리는 곧 자연친화의 원리에서만 그 맥을 이을 수 있고, 그 맥은 인간의 삶에 활력으로 되돌아와서 상호작용으로 통하게 된다. 외진 섬에서 이 나라의 대통령을 배출시킬 수 있는 기운은 어디서 왔을까.

생가터는 의심의 여지가 없는 용진혈적의 명혈대지임이 밝혀졌으니 이제 그 운기를 받쳐줄 선영이 어떤지를 밝혀볼 차례다.

제9절 김영삼 전 대통령의 선영

김영삼 전 대통령의 선영은 생가터가 있는 장목면 외포리 대계마을 인근에 있어 간산하기에는 그리 어렵지 않았다. 선영의 혈처는 크게 세 군데로 나눠 살펴볼 수 있다. 가장 윗대 선영 묘역의 경우 생가터를 이루는 근조산과 주산은 물론 현무봉을 함께 하고 있는 생가 바로 위에 자리잡고 있다. 조부모 산소는 생가터의 백호에 해당되는 하나의 산봉우리를 현무봉으로 삼아 마을로 넘어서는 길 바로 위 산기슭의 대숲 아래에 있다. 그리고 김영삼 전 대통

령이 손수 점혈해서 안장했다는 그의 모친 산소는 생가터에서 정면에 놓인 생가터 안산의 왼쪽 끝자락에 자리 잡고 있다. 생가에서 정면으로 건너다보이는 곳이다. 풍수지리학 관련 문헌과 인터넷 등 여러 정보 매체를 통해 알려진 김영삼가의 선영에 대한 간산평은 서로 달라 직접 용맥을 측정하고 심혈해 보지 않고서는 어느 주장과 평가가 옳은지 변별하기란 말처럼 쉽지 않다. 그래서 필자와 일행은 이 세군데의 후룡과 혈처에 이르는 용맥의 교도를 정확히 측정하기로 하고 우선 위 선대 묘역부터 답산에 나섰다.

측정과정에서 놀랍고도 새로운 사실은 근조산인 강망산에서 내룡한 용맥이 주산을 세우고 그 한 가닥은 백호맥으로 분지를 세운 다음 주룡의 힘찬 용맥이 낙맥, 결인해 현무봉을 아름답게 일으켜 세웠다. 그 기점은 생가터로 부터 내려가는 용맥과 나란히 출맥해 乾亥맥(서북방에서 동남방으로 진행하는 맥)에서 분맥돼 생가터를 이루는 용맥의 짜임새와 동일한 형세를 이루면서 혈을 맺고 있었다는 점이다. 다시 말해 하나의 뿌리를 두고서 두개의 알찬 열매를 맺는 형국을 이뤘다는 얘기다.

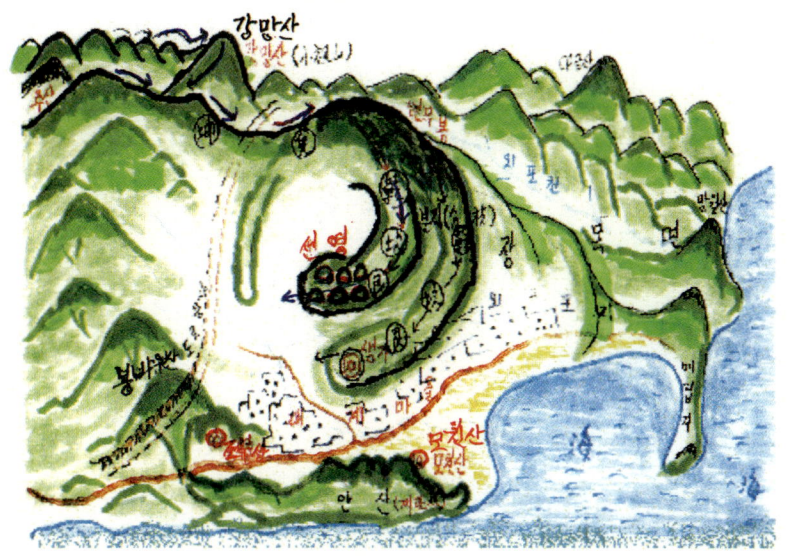

[생가터 바로 뒤편 언덕에 위치한 윗대 선영은 생가터를 이루는 태
조산, 근조산, 주산, 현무봉을 함께 하고 있는 삼태교구의 대지명혈
이라 믿는다. 생가터의 기운과 이 산소터의 지기가 합세돼 대권의
자리에 올랐다고 분석된다.]

  혈의 본원이 되는 태조산격의 계룡산에서 북병산을 거쳐
국사봉을 세운 다음 근조산인 강망산에서 크게 지기를 응
축한 후 북진한 기맥이 몸을 틀어 동진하며 대계마을 뒷동
산의 한 자락에서 출맥한 용진처에 지기를 응집시킨 진혈
처가 바로 7명의 선조들이 묻혀있는 묘역인 것이다. 현무
봉에서 함께 출맥했다가 가까이에서 용맥의 교구를 형성
한 진혈처가 선대들의 묘터이고, 멀리 돌아서 같은 형태의

교구통맥을 이룬 다음 지기를 응결시킨 진혈처가 생가터를 형성하고 있는 셈이다. 두 곳 혈처가 공히 삼태교구로 결혈된 귀격의 명당대지인 까닭에 쉽게 찾아보기 힘든 진귀한 명혈이 아닐 수 없다.[산도 참고]

심찰하지 않고 또한 정확히 실측하지 않을 경우 생가터로 내려가는 맥을 선영묘터의 호종맥으로 속단하기 쉽지만 두 용맥 모두가 용진혈적의 조건에 들어맞았다. 즉 坤, 乾, 艮의 좌선룡 삼태교구가 확실하다. 또 외포천을 끼고 좌선으로 내려가 망월산을 바닷가에 세운 외청룡과 현무봉에서 주룡을 옹위하며 내려가는 내청룡 또한 큰 동섬으로 연륙된 바닷가의 끝자락까지 혈처를 포용하는 형세를 갖춰 작국에 손색이 없는데다 포구로 형성된 명당수가 다정하게 내명당을 이루니, 명혈의 요건을 갖췄다고 확신할 수 있다.

우백호는 금성체와 목성체인 탐랑성의 귀봉을 세우고 크게 돌아서 내명당을 환포하며 그 끝자락이 마무리된 수성체의 산봉은 흡사 닭의 볏을 닮은 계관사를 형성하면서 선영묘역과 생가터의 안산으로 앉혔으니 그 국세가 안정되고 고요해 정답기만 하다. 다만 백호 등이 3개의 수봉을 세우면서 혈처를 싸고돌아 수고(秀高)한 봉우리가 오히려 혈터를 옹위해 주는 것이 아니라 고압하는 형세가 못내 아

쉬움으로 남았다. 원래 좌청룡과 우백호는 혈처의 높이보다 약간 높거나 같은 높이의 잔잔한 용맥으로 발달해 둥글게 혈처를 싸안듯이 환포하는 형태로 되면서 마무리 과정에서 서로 만나 교쇄해야 제격이다.

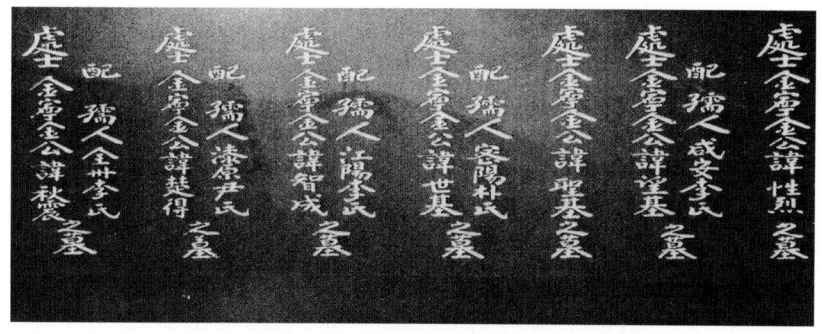

[생가터 뒤쪽 3태 교구 족장지의 와비]

그래서 혈을 중심으로 한 국세에 흘러 모아진 물을 청룡백호가 교쇄하는 한 곳으로 흘러가는 형세를 이루고, 혈의 좌우와 전면에는 평평하고도 적당한 넓이의 내명당이 형성돼야만 한다. 그래야만 혈처에 응결된 상서로운 지기가 잘 보존되고 기가 흩어지지 않아서, 묘소에 안장된 체백이 잘 보존된다. 또 동기감응의 작용을 활발하게 할 수가 있다. 이렇듯 명혈대지로 자리 잡아 그 발음에 의해 대권을 성취할 수 있었던 곳으로 여겨진 7개 묘소에 12명의 선대가 안

장된 묘역 관리 상태는 너무 허술하고 볼품이 없었다.

하나의 와비에 새겨진 선대들의 명단이 묘역을 지키고 있었다.[사진참고] 그것마저 없었으면 묘역에 몇 명의 선조들이 안장됐는지 조차 분간하기 어려울 뻔 했다. 여기서 필자는 묘역을 호화판으로 단장하는 것과 용진혈적에 의한 발복과는 전혀 상관관계가 없다는 사실을 확인할 수 있었다. 일행은 조부모 산소를 찾아갔다. 조부모 산소는 생가터의 우백호자락의 꽤 높은 산봉을 현무봉으로 삼아 낙맥된 산자락의 끝부분에 속하는 곳이었다. 특별히 명당대지의 요건을 갖추지 못했고 형기에 의존해 정혈한 보통의 자리에 불과했다. 혈까지 이어진 맥이 뚜렷하지 못한데다 밋밋한 비탈에 의지해 자리 잡고 있어 기대에 미치지 못했기 때문이다.

[마을 생가터의 안산 끝자락에 있는 모친 산소]

혈뒤 투구모양의 '**봉바우산**' 형세가 '**장군형**'의 혈을 지을 수도 있겠다는 생각은 들었지만 물형에 버금가는 진혈대지의 요건을 찾지 못했다. 조부모 산소는 보통 민묘같이 소박하고 단촐한 형세인데 묘비와 상석에 십자가와 성도란 글귀가 새겨진 것으로 봐서 독실한 기독교 신자였을 것으로 짐작이 갔다. 알려진 바로는 조부 김동욱은 마을에 신명교회를 세울 만큼 독실한 기독교 신자였다고 한다.

일행은 발길을 돌려 김 전 대통령의 모친인 박부연 여사의 산소로 다가갔다. 모친 묘소는 조부모 산소의 현무봉격인 봉바우산에서 낙맥해 결인하고 나서 마을로 통하는 작은 고개를 만든 다음 다시 서서히 완만한 비룡맥을 형성하면서 우선룡으로 돌아 회룡한 후 이른바 생가터와 윗대 묘역의 안산이 되는 계관사의 나지막한 세 봉우리 수성체의 아름다운 산봉을 앞혀 놓고는 백호자락(생가 및 윗대 선영터)의 일생에 마침표를 찍는 그 끝자락 산봉에 단아하게 자리 잡은 채 마을을 건너다보고 있었다. 마을 뒷산 너머 멀리 강망산을 돌아보고, 마을 우측 봉바우산을 주산으로 빙글 돌아 온 용맥이 혈을 이뤘으니 회룡고조형(돌아서 자리 잡은 혈이 그 근원이 되는 조산을 바라보는 형국)이 틀림없었다.

주산인 봉바우산에서 낙맥한 용맥에서부터 혈장까지는

분명 우선룡의 3태교구가 형성된 것을 실측을 통해 확인할 수 있었다. 그러나 마무리 지점의 용맥교도인 미곤(서남방에서 15도 남방으로 치우쳐 동북북방으로 뻗는 맥)의 맥을 좀 더 정확하게 측정해 혈입수인 미맥의 결혈처에 정혈이 됐다면 더 없이 좋았을 것으로 여겨졌다. 이 부문에서 선사들이 늘 강조했던 **"재혈시 털끝만큼의 오차도 용납되지 않는다."**는 경구가 떠올랐다. 무엇보다 산소의 뒤쪽 상단 오른쪽에서 부터 언덕 아래로 흐르는 용맥 여기의 줄기가 눈에 보여 더욱 안타깝기 그지없었다.

물론 이런 견해는 필자의 주관적인 분석에서 나온 결과이므로 참고하기 바란다. 김 전 대통령의 모친이 묻힌 곳에서 바라다 보이는 경관은 아름답기만 했다. 넘실대는 바닷물 너머로 좌전방에 대금산, 우전방에 목형의 망월산이 짝을 이루듯 포진하고, 마치 손자를 바라보듯 멀리 강망산을 응시하고 있는 이곳 지세와 풍광은 너무나 조화를 잘 이루고 있다. 대지명혈의 요건을 두루 갖춘 곳이지만 용진의 지상목표인 혈적에 동의할 수 없는 아쉬움을 뒤로 한 채 먼 바닷길이 기다리는 신안 하의도 김대중 전 대통령의 생가와 선영으로 발길을 재촉한다.

제10절 김대중 전 대통령의 생가

　김대중 전 대통령의 생가를 가기 위해 목포항에서 하의도로 가는 배에 몸을 실었다. 제법 세차게 불어오는 동남풍으로 넘실거리는 파도를 헤치며 달리는 뱃머리에서 느낀 감회는 여느 대통령 생가와 선영의 간산길과는 사뭇 달랐다. 그만큼 김 전 대통령이 대권에 오르기

[김대중 전 대통령의 생가터와 선영 산도]

　까지의 파란만장한 여정을 지켜보면서 온 몸으로 느껴

온 간접체험의 구비구비가 필자의 마음속 깊은 곳으로부터 새삼 솟구쳤기 때문이리라. 신안 하의도는 딱히 내세울 만한 특산물이 없고 해변산중이라할 정도로 어업이 성하지 못했다고 한다. 동쪽과 남쪽해안에 염전이 조성될 정도의 척박한 땅이다. 만약 김 전 대통령이 탄생하지 않았다면 하의도는 그저 서남해역 한 곳에 떠 있는 작은 섬에 지나지 않을 것이다. 언제부턴가 김대중하면 하의도가 떠오르고 있기 때문이다. 배에서 내리자 '대한민국 제15대 김대중 대통령 탄생지 하의도'라고 새겨진 자연석 표지판이 우리 일행을 맞이했다. 대리마을은 이 섬에서 가장 큰 마을로 한때 500호가 살았다고 한다. 섬을 순회하는 승합버스를 타고 우리 일행은 원후광 마을 뒤편에 염전을 내명당으로 삼아 단아하게 복원된 생가에 도착했다.

[하의도 후광리에 복원된 김 전 대통령의 생가 가옥과 원생가터 전경. 원생가터의 정확한 지점은 ㉯터에서 오른쪽으로 10여m 지점인 ㉮터임이 용맥의 측정과 수맥탐지기에 의해 밝혀졌다.]

초가로 된 안채가 6칸 접집의 큰 규모로 앉혀져 있고 왼쪽 입구에 두 채의 초가가 나란히 자리 잡아 꽤나 넓은 영역을 차지하고 있었다.[사진 참고] 그러나 복원된 집들이 자리 잡은 그곳은 김대중의 원생가터가 아니어서 복원된 가옥에는 관심이 가지 않았다. 단순히 육안에 의해 형기적으로 간룡하면 복원된 가옥의 터가 포근히 감싸 안은 진혈처럼 보였으나 이는 이기적 심룡에 의해 전혀 용진혈적과는 거리가 멀었기 때문이다.

우리 일행의 관심과 궁금증은 김 전 대통령이 부친 김운식씨와 모친 장수금여사 사이에서 잉태되고 태어난 원생가터가 정확히 어디쯤인가에 집중됐다. 지형과 지세를 따라 생가의 양택에 대한 간산을 본격 시도하려는데 하의도의 전체적인 지형에 밝은 일행이 없는데다 필자도 이 곳에 오기 전 지도를 통해 어느 정도 익혀두긴 했어도 막상 현장에 와서 보니 방향감각이 잡히지 않았다. 또 생가터까지 이르는 용맥의 본원은 어디에서 발조해 어떤 과정을 밟아서 결혈됐는지를 가늠하기 어려웠다. 그때 마침 공직에서 퇴직한 강상원씨와 장명흠 대한염전조합 이사장이 우리 일행을 반갑게 맞아 줬다. 이 두 사람의 소상한 설명과 하의도 산세의 흐름을 듣고 난 뒤부터 간산활동은 빨리 이뤄졌다.

하의도 전체 산세를 거느린 태조산은 생가터에서 보아

멀리 남쪽(병오방)에 솟아 있는 망매산에 두고 있다. 거기서 부터 북쪽으로 낙맥 한 뒤 다시 서쪽으로 몸을 틀어 회두한 다음 또다시 서북방을 향해 낙맥, 결인, 비룡, 이위, 박환, 과협을 거듭하다가 그 중심축을 이루는 대리마을의 뒷쪽에 덕봉산을 일으켜 세운다.

그 수려하고 후덕한 덕봉산이 바로 김 전 대통령의 생가터를 이루는 근조산이자 그 아래 가까운 곳에 입도조의 선영을 비롯한 선조의 묘역을 결혈시킨 주산이기도 하다. 덕봉산에서 다시 북쪽과 동북쪽으로 행도를 계속하다 후광2구 소포리의 현무봉이기도 한 목성체의 탐랑봉을 일으켜 세운다. 그 빼어난 기상과 수려한 산봉의 모습은 그 용맥의 끝마무리 어느 지점인가에 예사롭지 않은 수혈의 결실을 예고하고도 남는다.

그 탐랑성의 수려한 산봉우리가 바로 김 전 대통령의 원생가터의 주산이다. 주산에서 좌선룡의 행도로 서서히 내려서는 용맥이 지금은 제방(옛날에는 얕은 갯벌이었다고 함)으로 이어지는 지점에 이르러(산도 Ⓐ지점) 이른바 잠룡의 도수과협을 거쳐 후광의 생가터를 이루는 현무봉을 치켜세우려고 석맥의 비룡맥을 타고 치솟아 오른다.

용맥의 행도와 교도를 실측한 것은 소포리(후광2구) 뒷산 즉, 생가터의 주산에서 비롯됐다. 조종산(망매산)에서

생가터까지의 용맥은 형기적으로 봐서 분명 생기 왕성한 형세를 갖춘 좌선룡이다.

이 점은 다른 대통령의 생가터의 후룡형세와 일치했다. 그리고 현무봉에서 생가터에 이르는 마무리 용맥 또한 좌선작국의 용진혈적 요건을 갖췄다. 연화부수형의 군왕지지에 틀림이 없었다. 그런데 다섯 명의 다른 대통령의 생가터와 크게 다른 점은 마무리용맥의 교구통맥과 주산에서 혈처(집터)까지 내룡맥의 변화에서 두드러지게 나타나기 시작했다.

산약수강(山弱水强)인 산세를 비롯하여 주산에서 집터까지의 용맥의 흐름은 크게 봐서 좌선룡의 형국이지만 분석적으로 살펴보면 변국(부분적으로 좌선에서 우선, 우선에서 좌선으로 변환된 용맥행도의 형세)이 심했다.(산도 왼쪽 용맥도 참고)

이는 늦은 발복을 암시해 주는 대목이다. 또 마무리의 교구통맥은 선매룡이 먼저 있고 결혈처에 이르러 태교룡의 교구를 형성했다. 끝에서 교구를 이룬 두자락의 태맥 또한 음두룡 태맥인 坤申맥(서남방에서 동북방으로 향하는 맥)과 양두룡 태맥인 乾亥맥(서북에서 동남방으로) 교구(음룡과 양룡의 배합)를 이루고 있어서 다른 대통령 생가터 입혈용맥인 음미의 艮寅맥(동북방에서 서남방으로

내룡하는 음미룡)과는 차이점을 드러냈다. 음양맥의 교구 통맥으로 용진혈적이 성립됐지만 머리(양두)와 머리(음두)가 배합을 이뤘으니 순조롭고 조화로운 형태가 못 된데다 너무 강세룡의 교구가 돼, 속칭 '터가 세다.'는 생가터를 이뤘다는 것이다.

이는 순탄하지 못한 성공의 행로를 예고한다 하겠다. 다음 회에서 소개할 예정이지만 선영의 음택도 역시 같은 형국이었다. 여기서 비록 DJ가 대통령이 되고 한국인 최초로 노벨상을 수상한 위대한 족적을 남겼지만 그의 파란만장한 생애의 역정은 태어나면서 이미 예정된 것이었음을 어렴풋이 알 수 있다. 염려했던 궁금증을 어지간히 풀 수 있어 보람으로 느낀다.

그러나 생가터의 뒷동산에서 둘러본 생가터의 국세는 조물주가 미리 수려한 한 송이 연꽃의 핵심에 생가터를 지어놓은 것을 비롯하여, 전면에 펼쳐진 안산은 마치 여섯 개의 예쁜 연꽃의 꽃잎 모양새를 뽐내면서 생가터를 다정하게 포옹하고 있고(산도 ✿부분)멀리 감돌아 떠 있는 섬들은 생가터를 옹위하는 아름다운 꽃잎의 병풍을 연상케 했다.

하지만 수차례 확인하고 실측해도 '원생가터'의 표지판은 진혈의 중심에 세워지지 않았다는 안타까움을 떨쳐 버릴

수 없었다. 그 곳은 생기 보다 오히려 수맥의 살기가 있다는 것이 수맥탐지기의 결과였고 용맥의 측정결과도 건해맥의 해입수가 혈입수로 인입된 탓에 재고의 필요성을 느꼈다면 필자의 독단일까.

　필자는 원생가터 뒤쪽 언덕에 다시 올라 사방을 둘러봤다. 크고 작은 섬들로 싸여 마치 물위에 뜬 연꽃처럼 보이는 것이 영락없이 연꽃잎으로 옷을 지어 입혀진 섬, 하의도임을 확인시켜 준다. 풀숲 여기저기 피어있는 인동초의 향기를 느끼면서 숱한 역경을 딛고 이 나라 민주화에 온몸을 바쳐온 DJ가 태어난 그 자리에서 필자도 신화창조의 출발점에 서 보고 싶은 심정이었다.

제11절 김대중 전 대통령의 선영

김대중 전 대통령의 선대 산소는 거의 하의도에 자리 잡고 있다. 1996년 육관 손석우(작고)씨가 천선하강(天仙下降)의 명당이라고 잡아준 경기도 용인으로 이장한 부모의 묘소와 첫 부인 차용애 여사의 묘소만 고향과 떨어진 곳에 있을 뿐이다. 생가터에서 건너다보이는 후광교회 뒤 작은 동산에 후광선생 조부모 산소가 있다. 후광교회 뒤 작은 동산은 덕봉산에서 한 자락이 낙맥 분지돼 생가터의 안산을 만들기 위해 행룡하는 원줄기에서 또다시 갈라져 나온 산자락인 까닭에 용맥의 본원이나 그 행도부터가 용진혈적과는 거리가 멀었다.

그 곳에는 김해 김씨 선영이 자리 잡고 있었으나 김 전 대통령의 직계는 아니었다. 조부모 산소는 이른바 안산정혈법(혈 앞에서 혈을 옹위하는 산을 바라보고 정혈하는 방법)에 의해 쓰인 혈이었을 뿐 후룡맥의 내룡상태나 혈장의 상태로 봐 크게 실망한 후 곧장 두번째 간산 코스인 증조부모 산소로 발길을 돌렸다.

[연엽도수형 후광선생의 입도조를 비롯한 족장지와 고조부모산소
산세도]

　이 산소는 대리마을의 주산이며 후광 선생의 생가터를
이루는 근조산 역할을 제대로 하고 있는 덕봉산을 끼고서
우회도로를 타고 가다 차도가 끝나는 지점에서 부터 능산
도와 그 뒤에 얼굴을 내밀고 있는 대야도를 왼편으로 바라

보면서 산아래 들쭉날쭉한 오솔길을 따라 30여분가량 걸어서 갈 수 있는 곳에 자리 잡고 있다. 우리 일행은 그 산소터를 중심으로 용맥을 따라 올라가면서 교구통맥 상태를 세찰하고 난 뒤 부푼 기대를 접고 말았다.

[김대중 전 대통령 선영 중 가장 윗대 입도조부터 고조부모까지 모셔진 족장지 전경. 김 전 대통령의 직계는 대중-운식(귀식)-제호-대현-익조-겸전으로 요약되는데 진혈에는 고조부모(익조) 산소가 안장돼 있다. 위 사진이 고조부인 익조의 산소.]

언뜻 보기엔 우선룡으로 회룡해 그 끝자락 부위에 자리잡은 증조부모 산소는 진혈로 보였으나 그 자리와 용맥은 우선룡으로 크게 자리 잡은 우측 상단의 숲속에 깊이 감춰진 삼태교구의 대지명혈을 보국해 주는 우백호의 한 가지

에 불과 했기 때문이다. 주위에는 많은 묘소들이 여기저기 자리 잡고 있었다. 아마 이곳 어딘가에 숨겨진 회룡고조형의 삼태교구 대지명혈을 잡아 쓰기 위한 듯이 보였다. 쓸쓸하고도 허탈감에 사로잡혀 되돌아오던 길에 우리나라 풍수지리학의 비조인 도선 국사의 경구를 되새겼다.

"풍수지리의 핵심원리는 용진혈적에 있고 진혈을 맺으려는 용맥은 산봉으로부터 전해지는 땅의 기운을 어느 한 곳에 서리어 감돌게 할 수 있도록 하는 용맥의 교도형태가 그 법도에 맞아야 한다. 그리고 이를 바로 아는 눈을 가지려면 통맥법을 통달해야 한다."는 경구를 다시금 떠올렸던 것이다.

필자가 선사의 경지에 이른 선각자들의 경고에 담긴 뜻을 어찌 다 헤아릴 수 있을까 만은 그림자라도 밟아보려고 용진혈적, 특히 교구통맥에 대해 정진한지 20여년이 지났지만 아식노 안개속이다. 용진혈적을 암시하는 또 하나의 경구가 필자의 미혹함을 깨우치게 했다. 용장혈졸(龍長穴拙)이 바로 그 것이다.

'용맥은 참되고 으뜸 되어도 그 끝에 맺는 혈은 볼품이 없어 찾기가 어렵다.' 필자가 초심단계였을때 용장혈졸을 '용맥이 길게 오면 혈장이 작다.'라고 이해했던 우매함이 지금 생각하면 계면쩍기 이를 데 없다. 이런 생각에 잠

겨 걷다 보니 어느덧 하의도에 있는 김 전 대통령의 묘역 중에서 가장 오래되고 가장 기대된 곳에 도착했다. 이곳은 선착장에서 대리마을과 옛 후광으로 통하는 삼거리 길목의 안쪽 소나무 숲속 야산에 자리 잡고 있었다. 노후된 제실도 한편에 자리 잡고 있어 긴 세월을 말해주고 있었다. 이 묘역에는 약 20기에 달하는 많은 산소가 좌우로 줄지어 조성된 것이 특징이다.

약 350년 전에 김해 김씨가 처음 하의도에 들어왔는데 우측(혈에서 앞을 향해)에서 부터 입도조(入島祖)를 모시고 좌측으로 높이를 같게 해 나란히 쓰여 있다. 혈처의 중심에서 마치 양팔로 아우르듯 와형의 형세를 하고 있는 형국은 눈으로 관찰해도 수혈(首穴)임을 짐작할 수 있었다. 그러나 뒤쪽에서 혈장까지 내룡한 용맥을 실측하지 않고는 20여기의 묘소 중에 어느 지점이 진혈처인지 확인하기 어려웠다. 주산인 덕봉산에서 낙맥 결인해 봉만을 일으켜 이를 현무봉으로 삼아 거기서 다시 좌선으로 회두해 완만하게 낙맥 결인한 뒤 옛날 바닷물로 분수처가 된 결인처에서 서서히 비룡한 용맥이 마무리의 만두를 형성해 양편으로 개장해서 반원을 그리듯 다정하고 마무리돼 묘역을 조성하는 '당판'을 형성하고 있었다.

바로 그 지점 즉, 마지막 결인처(지금은 논바닥처럼 낮

음)에서 숨고르기를 한 다음 치켜 올라와 만두처를 형성한 그곳에서 좌선작혈을 위해 나아가는 용맥의 행도를 실측하는데 세심한 노력을 기울였다. 아무리 형기에 밝은 형안을 가졌다 해도 병풍처럼 빙 둘러쳐진 와룡(臥龍)의 안쪽 어디쯤에 전혈처가 있는지를 찾기란 말처럼 쉽지 않았다.[송림묘역 사진 참고]

우리 일행은 몇 번이고 꼼꼼하고 정확하게 용맥의 행도를 타고 그 교도를 측정했다. 밋밋하게 흐르는 용맥을 착오 없이 나경으로 실측하기란 결코 쉬운 일이 아니었다. 그러나 용맥은 용맥이고 평지는 평지였다. 소나무 숲을 헤치고 잡초로 우거진 곳에서도 마치 생선의 등처럼 형성된 능선을 따라 내룡한 맥이 결국 그 실체를 드러내고 말았다. 坤申맥(서남방에서 동북방으로 흐르는 맥)의 음두룡이 庚酉맥(서방에서 동방으로 흐르는 맥)의 선매를 받아 乾亥맥의 양두룡과 음양배합을 이룬 다음 亥맥(서북북방에서 남동동방으로 흐르는 맥)으로 입혈(마무리된 혈처의 중심맥)된 것이 아닌가.

생가터의 용맥교구도 음두와 양두맥으로 배합을 이루더니 이 곳 선영 묘소 중 가장 오른쪽(혈처에서 뒷쪽을 향해서)에 자리 잡은 김 전 대통령의 고조부(金益祚) 산소 역시 음두맥과 양두맥의 배합에 의해 지기가 서리니, 그 묘소의

발음과 생가 터의 생기가 더해졌던 것이다. 다시 말해 생득적 요인과 후천의 동기감응을 이뤄 김대중 전 대통령과 같은 큰 인물이 탄생했던 것이다.

[입도조부터 이어져 쓰여진 후광선생의 선영산]

특히 산소자리에서 살펴 본 주위의 모든 산세는 혈의 보국에도 손색이 없었다. 혈전 바로 좌측에 놓인 화표사에서부터 멀리 상태도에 솟은 수봉의 천마사, 태조산인 망매봉과 금성산이 어우러져 만들어낸 고축사 등 바다와 어우러진 음양의 보국형세는 혈처를 잘 보필하고도 남았다. 산도에서 보듯 그 국세나 용맥의 교구통맥으로 형성된 용진혈

적은 가히 대지명혈의 요건으로 손색이 없었다. 이곳의 물형은 여러 가지로 명명되어졌으나 다시 살피니 연엽도수형(蓮葉到水形)이 그 형세에 접근된다고 여겨졌다. 물형은 중요하지 않다.

하의도의 생가터와 음택명당을 확인했으니 대통령 선거가 있기 전 1996년 경기도 용인시 이동면 묘봉리로 이장한 부친 김운식씨와 모친 장수금여사, 그리고 전처 차용애 여사 등의 묘소는 더 볼 필요성을 느끼지 않았다. 그러나 김전 대통령마저도 한때 풍수와 대권획득의 함수관계에서 결코 자유로울 수 없었기 때문에 끝내는 고 손석우씨의 권유에 따라 일산으로 이사하고 친산을 경기도 땅으로 이장을 했다고 한다. 이른바 천선하강의 군왕지지로 세상을 떠들썩하게 했던 경기도 용인시 이동면을 다녀오기로 마음먹었다. 그곳의 용세와 혈증은 정말 탐탁치 않았다.

결론부터 말하면 혈처로 내려온 입수맥이 바로 오른쪽 선인체의 봉우리에서 발달, 행룡해 온 용맥으로부터 회두하는 형세를 이루지 못하고 좌측으로 줄달음을 치고 있는 용맥에서 어렵게 분맥돼 주교(走交)를 이뤘음이 못내 아쉬운 점으로 남았다. 그래도 주산 선인체의 산봉에서 내룡맥이 간괘맥(艮卦脈)으로 행도하다 산소자리로 일부분 내려서는 건괘맥의 입수룡과 음양의 교구를 이룬 다음 선매룡인 감괘맥을

다시 만나 박환을 이루니 통맥교구는 성립된 셈이다.

그러나 어찌하랴. 입수룡에서 바로 꺾어진 절룡처에다 친산을 안장해 진혈처에는 아직 미치지 못했으니…. 전처 차용애 여사의 혈처의 왼편에 이르러 용진혈적을 이룬 다음 그 언덕 아래로 비스듬히 감괘룡(癸脈)이 내려선 곳은 그대로 두려는 듯 더듬은 흔적이 없어 그저 안타까울 뿐이었다. 지기, 수맥탐지기의 측정결과도 마찬가지 이었다.

오래전 안장했던 하의도 구묘와 장수금여사의 포천땅 산소 자리가 사뭇 안 좋은 혈이라 그 흉지에서 벗어나 보다 나은 자리로 안장하니, 흉화를 줄였을 뿐 일산으로 이사하고 용인으로 친산을 이장해 단 2년 만에 대통령에 당선됐다고 결론짓기는, 그 자리가 풍수지리학적인 설득력을 잃고 있었다. 이 곳이 금시발복지라 소문났으나 이 또한 황당한 소문이라 할 수 있겠다. 하의도 선조(고조부)의 큰 길지가 없었고 생가터만 군왕지지의 명혈이라면 재고의 여운을 남길 수 있겠지만 그렇지 않고 보니 후광 선생은 태어나면서 이미 대통령의 왕기를 받고 나왔다고 해석할 수 있다.

제12절 노무현 전 대통령의 생가

필자는 노무현 전 대통령의 생가가 있는 경남 진해시 진영읍 본산리 봉하 마을을 4회에 걸쳐 방문한 바 있다. 2002년 대통령 선거를 앞두고, 또 일반인의 예상을 뒤엎고 대통령에 당선된 후 풍수지리에 얽힌 신비스러움을 밝혀보기 위해서였다. 그리고 세 번째는 마을 뒷산의 현무봉 너머에 가히 군왕봉이라 이름 붙여도 손색없는 생가터의 주산을 거쳐 그 주산의 좌측에 수봉으로 솟아 주산과 쌍벽을 이루는 소조산까지 올라 거기서부터 생가터까지 내룡한 용맥의 행도를 정확히 측정하는 과정을 밟아보며 용진혈적의 측면에서 생가터의 진혈 여부를 파악했다.

[노무현 전 대통령의 생가 및 선영 산도]

네 번째 간산은 이번 풍수기행을 쓰기 위해 보다 더 자세한 자료를 수집함과 동시에 풍수지리학적으로 어떤 요인이 대권의 자리에 오르는 에너지로 작용했으며 다른 대통령의 그것과는 상호 어떤 특징과 대소경중의 근거를 함축하고 있는지를 확인하기 위해 방문했던 것이다.

[노무현 전 대통령 생가]   [봉하 마을과 생가지점]

필자는 세 번째 봉하 마을을 찾아 심룡을 거쳐 이미 노 전 대통령의 생가터를 풍수지리학적인 여러 관점에 입각해 진혈 여부는 물론 대·소를 분별하는 등 나름대로 객관적인 평가자료를 통해 분석했던 터라 이번 풍수기행을 쓰기 위한 방문은 다른 다섯 명의 대통령 생가터와 선영과의 비교 및 특징을 밝히는데 더 큰 의미를 뒀다.

노 전 대통령이 잉태되고 태어나 중학교 1학년때까지 살았던 이른바 생가터는 산도에서 보듯 마을 오른쪽 끝에 자리 잡고 있다. 3칸의 전형적인 시골집에서 부친 노판석씨와 이순례여사와의 사이에서 1946년 5남매 중 막내로 태어났다. 어머니 이씨는 43세의 늦은 나이에 노 전 대통령을 잉태했는데 당시 매우 상서로운 꿈을 꿨다고 한다. 엄청나게 큰 백마가 말뚝에 묶여 있었는데 그의 시아버지(노 전대통령의 조부)가 말고삐를 며느리에게 쥐어 주면서 타고 가라고해, 말에 올라타자 우렁찬 말발굽소리를 내면서 높이 뛰어 오르는 꿈이었다. 이 대목에서 우리는 썩 믿기지 않지만 태몽은 태어날 아이의 장래가 매우 크게 될 수 있는 인물임을 미리 예언해주고 꿈에 나타난 조상의 음택이 길지에 자리 잡고 있음을 가늠케 해 준다.

필자와 일행은 우선 마을 뒷산인 봉화산이라 불리는 현무봉에 올랐다. 그런데 마을에서 보이는 뒷산 봉우리와는 비교되지 않을 정도의 특립 특출한 수려한 산봉이 200여m 뒷쪽 우측에 솟아 있는데 가히 군왕봉이라 해도 지나치지 않을 만큼 탐랑성의 수봉이었다. 특히 그 주산을 세우기 위해 기복, 위이, 과협 등의 생왕룡이 내룡해 소조산을 드높이 세운 뒤에 오른쪽으로 낙맥 결인한 뒤 영송과협을 거쳐 마을 뒷산 봉화산을 세워 놓고 거기서 양날개를 활짝 펼치

듯 개장(開帳)해 오른쪽으로 백호맥을 만들어 마을을 싸안고 내려갔다.

왼쪽으로는 청룡맥을 발달시켜 급락 비룡한 뒤에 부엉이 바위와 사자바위를 곁들이면서 내려 흐르고 그 양날개 가운데서 마치 땅속 깊이에서 뚫고 나오듯 중출맥이 발달, 낙맥하면서 두 마디 석맥의 취기맥을 이루며 급히 내려오다 생가터가 가까워지자 서서히 나려 앉은 맥으로 변환한 뒤 60도 꺾어 돌아 생가터로 들어오고 있었다. 이는 어디까지나 눈으로 보이는 형기적인 관점에서 용맥의 겉모습을 설명한 것에 지나지 않는다. 이를 이기적 관점에서 측정했을 때 비로소 그 진위를 파악할 수 있다.

진혈을 만드는 용맥은 일정한 법칙에 입각해 교도를 이루며 행도했을 때 그 뜻을 달성한다해서 용진혈적이라 말하기 때문이다. 봉화산 뒤쪽 우측에 빼어나게 솟아 있는 군왕봉(필자의 관찰 결과)에서 부터 14절을 좌우로 박환, 위이하거나 상하로 기복을 거듭하면서 하나의 어긋남도 없이 좌선룡의 사태 교구통맥을 이뤄 생가의 집터를 만들었으니 제왕지지의 천하대지가 틀림없었다. 전두환 전 대통령의 그것과도 일치했다. 2002년 1~2차에 걸친 답산 때는 생가터를 둘러보고 뒷산 현무봉과 주위의 산세만 먼 발치에서 보고 나서 간산평을 했던 사실이 떠올라 부끄러

웠다.

 그래서 필자는 노 전대통령의 생가터를 만들기 위해 줄기차게 내룡한 용맥은 어디서 그 본원이 시작됐고, 어떤 경로를 거쳐 마을까지 이르렀는지 소상히 분석해 나갔다.

 백두대간이 지리산으로 가는 길목인 거창군의 남덕유산에서 발조된 다음 지리산천왕봉에서 백두대간이 매조지한 연후에 정맥으로 변해서 남락한 후 영신봉을 거쳐 신성봉을 세우고 남하하다가 이 명산을 앞두고 남해안을 타는 낙남정맥이 발달한다. 이후 진주시의 백운산, 철마산으로 북진하다가 함안읍과 마산시의 경계를 이루는 여항산, 서북산, 봉화산을 거쳐 창원시의 천주산과 정병산, 응봉산까지 끊임없는 행룡을 거친 뒤 드디어 진해시 진영읍 주산인 271.9m의 금병산을 세운 뒤 대창으로 결인맥을 거쳐 본산과 돌고개를 분지점으로 삼아 한 자락은 조부모산소를 결혈하는 용맥으로 용진처를 만들었다.

 그 옆자락은 우측으로 용성천을 따라 들녘으로 빠져 봉하마을의 안산을 짓고, 다른 한자락의 용맥은 돌고개, 대현을 거쳐 생가터의 소조산을 일으켜 세운 다음 우선으로 회두해 주산격인 군왕봉을 수봉으로 응결시킨 뒤에 거기서부터 좌선의 사태교구통맥의 행도를 그리면서 봉화산 즉 생가터에 온전하게 감돌아 서리게 한다.

이런 주룡의 행도를 확인하지 않고 노 전 대통령이 중학교 1학년 때 이사해서 성장기를 지낸 집터가 더 길지의 취기처로 오인할 뻔 했던 1~2차 간산 경험이 떠올랐던 것이다. 간산은 몇차례든 정확성이 확인될 때까지 시행하고 평가해야 한다는 교훈을 얻은 셈이다.

손(巽),곤(坤),건(乾,),간(艮)의 4태가 사선음양교구의 법칙에 맞게 교구를 이루니 천자지지의 그 것에 손색이 없다. 용진혈적의 요건이 충족되면 주위의 사(砂:혈처 주위의 산세로 혈을 보필해 주는 역할을 함)는 그에 맞게 조화를 이룬다는 것을 여기서도 확인할 수 있다. 후룡의 출중한 기상과 수려함은 앞서 기술한 대로이며 안산과 물이 빠져 나가는 수구쪽의 조산 형세는 군왕지지의 양택이 있음을 입증해 주듯 3개봉의 일자문성을 비롯하여 천마사가 3개봉, 관모사 등 이른바 국중인물이 태어난다는 귀사(貴砂)들로 병풍을 이뤘다.

그리고 마을 앞으로 우측에서 좌측으로 흐르는 개천은 좌선룡의 주룡과 조화합국을 이루고 생가터 가까이 횡대수를 이루니 빠른 당대발복을 예고한다. 다만 사자바위가 곁들인 청룡맥이 생가터와 마을을 포옹하지 못한데다 끝내 안산과 어우러져 교쇄를 이루지 못해 수구쪽의 문이 열려 있듯이 공허한 것으로 인해 장손의 잘못됨과 재력이 미

치지 못한 점이 아쉽다.

생가터의 생기를 받아 국가의 인물이 배출되어도 그 행로가 순탄치 못하고 우여곡절의 파란만장한 과정과 구비구비를 극복한 연후에야 성공의 자리에 오를 수 있는 것은 생가터를 아우르는 좌우 청룡과 안산·조산의 조화로운 국세가 집터를 포근히 감싸지 못한 결점으로 인해 생가터에 서리는 생기가 가끔 흩어지는 현상을 막을 수 없기 때문이다.

그러나 주변산세는 사여미인이다. 그리고 집둘레의 담장이 약간 허술해도 당주가 강하면 잡인의 범접이 어렵다고도 했다. 용이 생기 있고 그 교도가 싣고 온 지기를 한곳에 서리어 감돌게 하는 용진혈적이 충족되면 그 혈은 제몫을 다한다. 봉하마을 노 전 대통령의 생가터는 다른 대통령과 비교해도 결코 격이 떨어지지 않는 명혈대지인 것이다.

제13절 노무현 전 대통령의 선영

노무현 전 대통령 친산은 마을입구 왼쪽의 산등성이에 자리 잡고 있다. 생가터를 기준으로 그 호종사에 해당되는 백호자락의 마무리에 가까운 용맥상에 있다. 전국 도처에서 몰려온 답산 인구들 탓에 묘역이 훼손되는 것을 막기

위해 현재는 출입이 통제된 상태다. 그러나 필자는 과거 2회에 걸쳐 방문해 자세히 기록한 자료가 있어 글을 쓰는데 별 어려움은 없는 편이다. 노 전 대통령의 부모 산소는 주룡 즉, 진혈이나 대지명당을 작혈 하기 위해 행룡해 온 용맥이 아니고, 어디까지나 생가 터를 비롯 마을을 오른쪽에서 보호해 주기 위해 뻗어 내려온 우선룡의 백호맥이라 크게 기대할 만한 산소터가 되지 못한다.

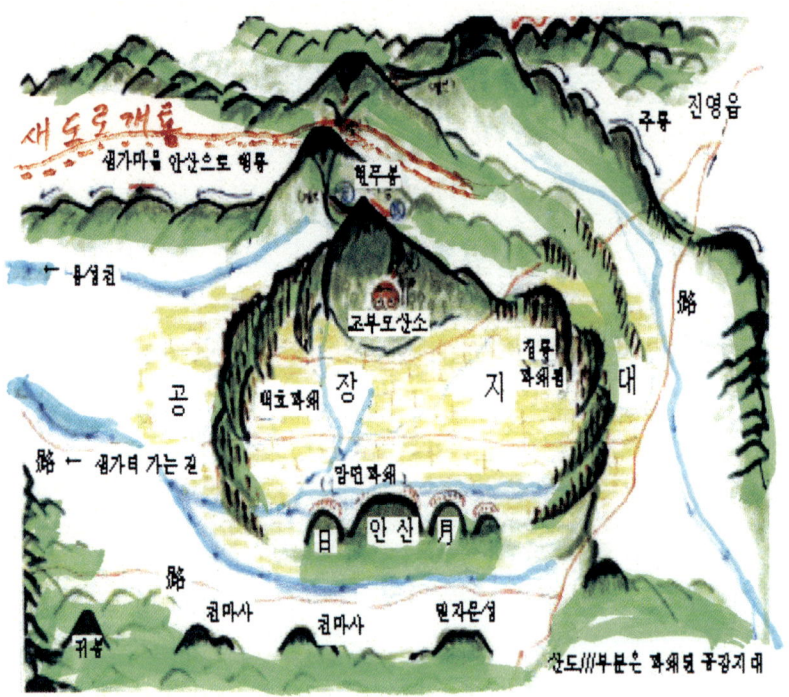

[노무현 전 대통령 조부모 산소 산도]

이는 정통 풍수지리학의 기본에 속한다. 주룡의 역할로 행룡한 맥이 아니라서 좌우 용호는 물론 그에 걸맞은 안산과 조산마저도 갖추지 못한 혈처인 것이다. 그러나 막상 묘역에 올라 혈처까지 내룡한 용맥이 용진혈적의 요건에 상당히 접근되고 있음을 확인하고 크게 놀랐다. 그러니까 간태맥과 건태맥의 우선룡이 감괘맥의 선매를 받아 간, 건, 감국의 이태교구의 통맥을 이뤄 결작한 보기 드문 괴혈이다.

다시 말해 그 진혈을 보호하려는 자연의 본태성이 작용, 산소 주위를 감싸고도는 선익사(매미 날개 같은 보호의 익사)가 발달해 있고, 혈장 바로 뒤쪽은 튼실한 입수 맥인데다 마무리의 지기를 응결시켜 혈처로 이어지게 하는 뇌두도 뭉쳐 있다. 여기에다 혈전에 들녘 건너 병풍처럼 다정하게 펼쳐진 안산이 어병사로서, 그 산세가 매우 귀한 길사로 지는 일자문성, 천마사 등으로 연결됐나.

바로 이런 혈을 비록 청룡 백호 등의 보국이 미비하고 그 국세가 정한 형국을 갖추지 못해도 용진혈적의 요건에 빠지지 않으니 그 발음이 자손에 좋은 에너지로 영향을 준다는 진혈인 것이다. 그러나 이 혈처의 발복에 의해 대통령이 배출됐다고 할 만큼의 대지명혈은 아니라는데 누구도 반론을 제기하지 못할 것이라 생각한다. 다만 후손들의 진

로에 힘을 더해주는 시너지 효과는 충분히 낼 수 있는 진혈이라는데 이의가 없는 자리다. 이른바 체생지사(体生枝死) 즉 주체가 되는 혈은 생하고 주위의 보국은 결함이 있어도 다소의 발음을 주고 조그마한 자리인 셈이다.

부모 산소는 "**햇볕 잘 드는 곳에 묻어 달라**"는 유언에 따라 마을 지관이 잡아준 자리라고 한다. 노 전대통령 선친 노판석씨는 광주 노씨 31대손이고 그 15대는 정승을 지냈고 9대조 해은공은 벼슬을 하다 임금의 오해를 사 이 지역으로 내려와 은거했다. 9대조를 거쳐 8대조에 김해에 정착했고 판석씨는 일제 말기 3년간 일본과 중국 상해에서 돈을 벌어왔으나 사기를 당해 재산을 모두 날렸다고 한다. 그는 문맹자의 편지를 대신 써주고 읽어 줄 정도로 자상한 성격이었지만 배고파 죽을 지언정 아쉬운 소리를 못하는 성격의 소유자였다.

그는 1975년 3월 노 전 대통령이 사법고시에 합격하자 "**이제 고생은 끝났다.**"고 기뻐하다 그로부터 10개월 만에 타계했다. 노 전대통령 어머니는 강단 있고 생활력이 무척 강했다. 입담도 좋아 흉년이 극심할 때마다 이곳에 취재 나온 방송사 기자가 내민 마이크에 "**까마귀가 와도 마을에 먹을 게 없어 그냥 간다.**"는 말로 봉하마을의 어려움을 대변했다는 것이다. 어머니는 1998년 1월 83세를 일기

로 생을 마감하고 남편 오른편에 안장됐다. 부모는 막내아들이 고생 끝에 사법고시에 합격한 영광을 보고 타계했어도 정작 대통령에 당선된 기쁨을 맛보지 못했다.

〈노무현 전 대통령 친산〉

친산이 용진혈적에 버금가는 진혈이지만 후손인 노 전 대통령이 그 음덕으로 잉태되고 태어난 것이 아니라 30세가 넘어 쓰인 산소이기 때문에 만일 제왕지지의 대혈일지라도 그 산소 지기를 100% 받지 못하고, 단지 그의 진로에 힘을 보탰을 것으로 해석하는 것이 풍수지리의 원리다. 이미 군왕지지의 요건을 갖춘 생가터의 서기어린 땅기운을 받아 잉태되고 태어난 노 전 대통령은 대통령이 될 기를 양택에서 받았고, 그와 함께 음택의 지기로 인해 더 확실

한 양과 음의 지기를 고루 받게 된 선대의 산소가 따로 있을 것으로 여겨졌다.

이런 생각을 갖고 조부모 산소 답산에 나섰다. 조부모 산소는 공동묘지에 자리 잡고 있는데 진혈요건을 분석적으로 세찰하지 않으면 파악하기 힘든 명혈중의 명혈이었다. 노 전 대통령의 오늘이 있게 한 결정적이고 가장 확실한 발음을 끼친 조부모 산소는 봉하 마을로 들어서기 전에 조성된 공장지대의 남쪽에 수봉으로 솟아 있는 현무봉 아래 매우 초라한 채 우리 일행을 맞이했다. 관리상태가 말이 아니었다. 임자 없는 무연고 묘처럼 느껴졌다.

산도에서 보듯 산소의 내명당에 해당되는 논과 밭에는 거대한 공장건물이 들어서서 혼란스럽고, 공장 부지를 확장하고 정지작업 과정에서 양쪽에 잘 감싸고 안산 쪽으로 포용하듯 감아 도는 청룡과 백호는 이미 파쇄 돼 그 이전의 명당대지 요건을 가늠하기 힘들 정도였다. 그러나 혈을 정해 산소를 쓸 당시를 연상해 그 형세와 국세를 정리하면 틀림없는 천하대지라는 것을 짐작할 수 있다.

무엇보다 혈처까지 이어지는 내룡맥은 근조산이 생가터와 그 맥을 같이하고 있고, 진영읍의 진산이 되는 금병산에서 한 가닥의 생기있는 용맥이 기봉, 낙맥, 결인, 비룡을 세차례나 거듭한 끝에 탐랑성의 현무봉을 세우고는 거기

서 부터 2태교구통맥(震, 艮, 巽)의 참된 용의 행도를 거쳐 巽巳맥(남동방에서 서북방으로 행룡)의 용진처에 이르러 조부모 산소를 작혈했으니 더할 나위 없는 명혈대지의 용진혈적이다. 두 산소 중에서도 바로 곁에 있지만 조부 산소가 진혈 중에 있고 조모 산소는 중심에서 비껴 나가 있음이 용맥측정 결과 밝혀졌다.

산소자리가 용진혈적임을 입증해 주고 더 큰 힘을 응축할 수 있도록 이른바 군왕을 상징한다는 일월 안산을 앞혀 두고, 그 좌우는 물론 안산 너머 조산도 상운처럼 겹겹이 혈을 향해 조배하는 형세였다. 또 그 가운데 일자문성과 찬마사가 알맞은 높이로 나열해 혈처를 옹위하니, 사격으로도 제왕지지를 방불케 한다. 굳이 물형을 따지자면 '상제봉조형(上帝奉朝形:신하가 군왕을 조배하는 형)'이라고 나 할까.

하지만 이렇게 큰 천하대지의 명혈일지라도 그 음덕이 발현돼 노 전 대통령을 잉태할 때 만해도 많은 역량을 가졌는지 모르겠지만 공장개발과 도로개설 공사로 수혈중의 수혈이 그 본 모습을 잃었으니, 그 지기를 얻어 대통령 자리에 오른 노 전 대통령의 주변이 늘상 튼실하지 못하고 드센 외풍에 시달리는 결과를 초래한다고 해석하면 이는 필자의 독단적인 견해일까. 견강부회일까.

공동묘지의 모든 산소들이 납골당이나 다른 지역으로 이장해 가는 수난 속에서도 그 자리를 굳건히 지키고 있는 조부모 산소는 하늘이 지켜준다는 천장지비의 명당이기 때문이라는 생각마저 들었다.

이제 역대 대통령의 생가와 선영의 간산을 통해 얻어진 결론과 교훈을 토대로 '권력과 풍수'를 마무리하고 제51회부터 '현몽과 적덕으로 얻어진 명당'과 '후손을 위한 살신성인의 구산'을 쓸 계획이다. 그리고 독자들이 내년 대통령 선거를 앞두고 매우 궁금하게 여기는 대권주자들의 생가터와 선영 간산기를 쓰려고 하지만 선거법 탓에 익명이나 암시적 서술법으로 때가 되면 소개할 생각을 갖고 있다.

제14절 권력과 풍수지리

그 동안 13회에 걸쳐 역대 대통령 6명의 생가터와 선영에 대해 소개했다. 6명 대통령의 생가터와 선영은 풍수지리학적 관점에서 공통점을 갖고 있다는 것을 첫 회에서 먼저 결론 삼아 제시했다. 그것만으로 매우 규모가 큰 풍수 기행의 한 테마를 마감하기에는 아쉬움이 남는다. 따라서 권력과 풍수라는 소주제로 묶어 지금까지 소개된 대통령

의 생가터와 선영이 갖고 있는 또 다른 공통점을 정리한다.

풍수지리적으로 천하대지라고 일컬어지는 유명한 명당도 대권 즉, 대통령이라는 권좌와 궁합이 맞는 땅이 따로 있다고 믿을 수밖에 없는 명혈대지가 예정돼 있다는 점이다.

철학자 니체는 **"자기 과업을 완수하기 위해 땅을 선택할 때 한번 실수는 영원히 돌이킬 수 없는 재기 불능상태가 될 수 있으며 반대로 땅의 선정에 성공하면 소기의 목적을 이룰 수 있다."**고 말했다. 그런 의미에서 역대 대통령이 태어난 생가터는 의도적인 선택에 의해 소점했든 아니면 우연히 얻었든 간에 대권의 뜻을 성취할 수 있는 명당에 자리 잡았고 그 터는 대통령으로 가는 한 인간의 생애의 궤적을 예고하듯 궁합이 맞았다는 것은 부인할 수 없는 사실이다.

그러니까 역대 대통령이 배출된 땅은 이미 대권과 조화를 이루고 있는 제왕지지의 땅으로 점지돼 있었던 터였는데 도저히 논리에 맞게 설명할 수 없는 인연을 가진 사람이 그 땅을 배경으로 태어나 대권의 자리까지 성공적으로 진출하게 된다는 것이다. 다만 그 행로가 다르고 대권을 성취하는 방법이 달랐을 뿐이다.

필자가 강조하고 싶은 것은 생가터가 됐건 선영이 됐건 간에 생기를 받아 태어나서 자란 집터가 그 기운으로 인해 터가 갖고 있는 영향력만큼의 인물로 성공하는 것이고, 선영의 음덕 또한 그 발음에 의해 잉태돼 출생하는 것이 가장 중요하다. 성장기를 지나 성인이 된 뒤에 집터를 구해 살거나 선영을 명당에 쓰면 그 효험이 크지 못하다는 것이다. 그중에서도 생득적으로 왕기를 받으려면 생가터가 그와 궁합이 맞아야 되고 그 터에서 잉태되고 태어나 성장기를 보낼 때 생가터가 제대로 몫을 해낸다.

물론 선조의 산소터도 명당길지의 발음에 의해 잉태되고 태어나는 것이 가장 확실한 발복을 받을 수 있으나, 생가터가 명당길지가 돼 생득적인 운기를 타고난 것이 확실할 경우, 성장기에 이르러 선조의 음택을 대지(大地)로 옮겨 그 음덕을 받게 된다면 그렇지 않은 경우보다 더 큰 효과를 볼 수 있음이 노태우 전 대통령 친산의 사례가 증명해주고 있다.

노 전 대통령의 선친은 29세 때 작고했으니 그 발음이 잉태와 출산에는 영향을 주지 못했으니 말이다. 이미 대권에 오를 수 있는 운기를 양택의 생기론에 입각해 출생했음이 간산 결과 확인됐다. 그러나 김대중 전 대통령의 경우 1997년 대통령선거를 앞두고 오랜 세월 자신의 정치 무대

였던 동교동에서 일산으로 이사하고 그 친산과 전 부인의 산소를 용인시 이동면 묘봉리로 이장한 뒤 대선에 당선된 이색적인 사례를 남겼다.

그 만큼 김 전 대통령도 대권과 풍수라는 도참설에서 결코 자유롭지 못함을 보여줬고 그 영향력은 대권도전에 뜻을 둔 다른 정치인에게 파급효과를 미쳤다. 그러나 이미 예정된 대통령으로의 궤적을 따라 달려가고 있을 때 풍수술사의 말을 따랐을 만큼 절박했던 당시의 상황이어서 까마귀 날자 배 떨어진 오비이락의 형국이라고 필자는 생각한다. 일산으로 이주하거나 친산을 뒤 늦게 이장한 것이 대통령 당선의 결정적 변수가 아니었던 것이다.

이런 사례는 비단 우리나라에만 있는 것이 아니다. 이미 1천800년 전 중국에서 삼국지의 한 주인공인 조조가 남겨 놓은 사례는 오늘날까지 전설처럼 회자되고 있다. 후한이 몰락할 즈음 조조, 유비, 손권, 원소, 제갈공명, 주유 등 쟁쟁한 당대의 영웅들이 한꺼번에 쏟아져 나왔다. 이때 후한의 신하 왕립은 마지막 황제 헌제에게 천문과 오행의 이치로 볼 때 새로운 천자가 나타날 조짐이 있는데 오행상 흙의 덕을 갖고 태어난 사람이 흙에 해당되는 지역에서 천자가 될 것이니 그에 대비하라는 글을 올린다. 바로 토(土)의 덕성을 갖고 있던 군벌 가운데 하나가 조조였다.

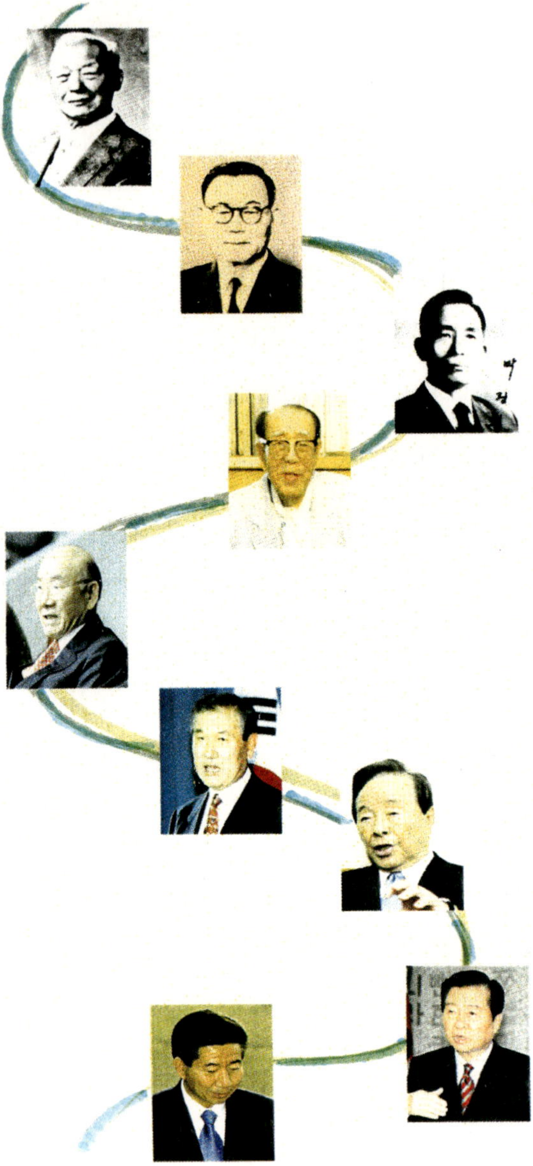

조조는 그가 풀어 놓은 정보원을 통해 그 말을 전해 듣고 왕립을 협박해 더 이상 그런 말을 떠벌리지 못하게 했다. 이와 함께 측근과 은밀히 상의해 오행상 土의 방위에 해당하는 땅을 찾았는데 그곳이 바로 허창(許昌)이었다. 결국 조조는 그 곳으로 한나라 도읍지를 옮기게 하고 자신의 세력기반을 다져 마침내 위나라 왕이 되고 그 아들 대에 이르러 천자가 나왔다. 여기서 필자가 묻고 싶은 점은 "조조의 출생지가 상세히 소개되지 않았으니 단순히 왕기를 받지 못했는데도 위나라의 왕위에 오를 수 있는 기회를 잡았겠느냐" 는 것이다.

이번 6명의 대통령 생가터와 선영의 간산을 통해 새롭게 터득한 사실은 왕기가 서린 땅에서 태어나고 그 기운을 끊임없이 이어지게 하는 선영의 발음이 있게 되면 믿기지 않을 만큼 대통령의 자리를 향해 나아가게 된다는 것이다. 마치 대통령 자리를 미리 예약해 그 티켓을 쥐고 있기라도 하듯이….

조조의 사례 역시 그가 이미 왕기를 타고 태어났기 때문에 정보원을 통해 누구보다 먼저 왕위와 궁합이 맞는 허창으로 도읍지를 옮기게 되었고 그 운기에 의해 황제가 될 후손이 태어났다고 봐야 한다. 다만 왕립은 이에 대한 예지력에 의해 먼저 그 예언성의 말을 흘렸다고 보는 편이

더 설득력이 있다.

생가터가 왕이나 대통령이 나올 운기가 있고 그 운기를 타고난 후손이 있게 된 집안은 하나같이 음택명당의 구산을 통해 권력지향성을 확대해 나갔음을 이번 간산을 통해 확인할 수 있었다.

대표적인 사례가 흥선대원군이 친산을 고승의 지관 정만인의 도움을 받아 경기도 연천에서 천자가 나올 자리인 충청도 가야산 석문봉 아래의 길지를 찾아 이장했다는 것이다.

실제 간산한 결과 여느 길지보다 정확한 교구통맥으로서 坤申→庚酉→乾亥의 이태교구였으므로 천자지지는 과장된 해석임이 밝혀졌다는 사실이다. 그로부터 7년 뒤인 1853년 둘째 아들 명복이 태어났고 명복은 12살 되던 해 고종 임금이 된다. 이는 분명 명당에 선대의 묘를 쓴 뒤에 태어난 후손이 발음을 받은 예에 속한다. 양택과 음택이 천자지지라는 것은 이미 왕권 계승의 여건을 가진 왕가에서 태어났으니 논외의 문제다.

그리고 우리나라 대통령 가운데 선영을 대지명당에 자리 잡기 위해 밀장이나 암장했다는 세간에 떠돈 소문이 사실로 드러난 경우도 있었다. 대권에 뜻을 둔 유명 정치인들도 '자미원'의 천하대지가 숨어 있다는 충청도 내포지역에

몰래 선조묘를 이장한 사실이 밝혀지기도 했다. 이런 사례는 수도 없이 많다. 이렇듯 풍수지리와 권력은 깊은 관계를 맺으면서 이어져 왔다.

　그러나 필자가 끝내 시원스럽게 밝혀낼 수 없는 또 다른 공통점이 대통령 생가 터와 선영에 깊이 숨겨져 있었다는 사실이다. 그처럼 왕기가 서리고 또 실사에서 확연히 밝혀진 대로 생가 터는 군왕지지의 천하대지임이 드러났고 그 선영도 생가 터의 운기를 뒷받침할 수 있는 길지에 있는 것이 확실한데 대통령이 된 당사자와는 달리 형제들은 너무나 동떨어진 생애를 걸어왔다는 점은 납득할 수 없다. 여기에 모두 적시할 수 없지만 어떤 대통령의 형은 20여 년 간 방랑생활로 보냈거나 또 정신질환으로 끝내 요절했으며 시대변천의 소용돌이에 휩싸여 죽임을 당한 경우도 있다. 전혀 터무니없는 기이한 일로 여기고 말 만큼 그 해답이 미궁에 빠지시 않고 몇 가시 드러나는 가실적인 해답을 말할 수 있다.

　명당대지가 크면 클수록 그에 수반되는 살기 또한 그만큼 내포하고 있다. 그 살기는 내룡한 용맥에 깃들어있는 살기일 수도 있고, 터에 서린 지기를 새어 나가지 않게 하는 이른바 혈장을 보호하는 수맥(이를 상수라고도 함)에서 생성되는 살기일 수도 있다. 그 당시 여건에 의해 수맥살

기에서 잉태되고 성장할 수도 있고 그렇지 않는 경우도 고려해서 이에 대한 답을 내놓아야한다. 즉, 태어나는 시점에서 많은 살기를 맞는 수도 있고 또 성장기에 생활공간이 수맥살기에 접해 발생할 수 있는 불상사로 보기도 한다는 것이다.

또 한 가지 큰 요인은 동일한 명당대지라도 땅의 지기와 하늘의 천기가 그 터에 잘 조화를 이루는 시기나 기간이 있고, 극히 나쁜 기운으로 해를 끼치는 연운(年運)이 있다는 고도의 이기(理氣)풍수의 논리에서 답을 찾을 수 있다. 이른바 현재 대만을 비롯한 풍수지리를 연구 적용하는 나라와 학계에서 크게 관심을 두는 현공풍수(玄空風水)에 그 핵심이 있다고 보는 것이다.

우주법칙이란 윤전되는 것이고 운세 역시 고정된 것이 아니라 항상 돌고 도는 것이기 때문에 아무리 훌륭한 천하대지라도 그 발음 기간이 연운에 따라 달라진다는 논리가 현공풍수의 핵심내용이다.

필자도 그 의미의 심오함과 타당성에 감탄해 몇년전부터 그 이기론에 접근하고 있다. 다시 말해 우주와 삼라만상의 질서체계는 그대로 어김없이 유지되지만 그 속에 감도는 기는 붙박혀 고정돼 있지 않고 일정한 법칙에 따라 유전하므로, 그 유전하는 기운이 상서로운 쪽으로 작용하는 기

간을 택해 길지명당도 그 이기에 맞게 써야 운기를 제대로 받게 된다는 논리가 매우 설득력이 있다고 믿는다.

바로 이런 논리에 따라 똑같은 대통령이 나올 땅이라도 그 연운에 맞는 때에 잉태되고 태어나는 사람과 그렇지 못한 사람이 받는 지기와 운세는 매우 다를 수밖에 없다. 그러나 불변의 법칙이 엄존하고 있음을 간과해서는 안 된다는 것 또한 필자의 주장이다.

그 것이 바로 용진혈적이다. 그 필요충분조건이 갖춰진 연후에 모든 풍수이론이 이에 적용돼 길한 쪽으로 운영돼야 한다는 것이다. 술사의 말에 현혹 될 것이 아니라 대통령을 배출시킨 천하 대지명당의 생가 터는 욕심 없이 찾아 살게 된 '우연득지'였음을 우리는 다시금 되새겨야 한다.

그리고 같은 형제여도 집안의 여건과 사정의 변화에 따라 잉태와 출산의 장소(안방, 건넌방, 사랑채 등)가 각기 달랐다는 사실도 간괴해서도 안 될 요인이다.

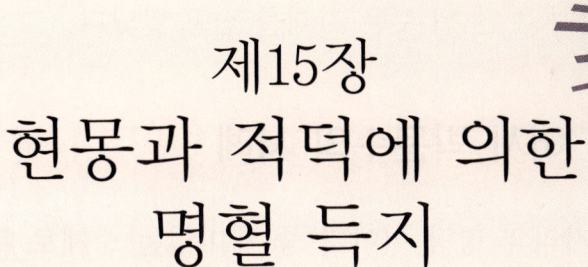

제15장
현몽과 적덕에 의한
명혈 득지

[제15장]
현몽과 적덕에 의한 명혈 득지

제1절 어사 박문수의 사례

풍수지리의 명당 이야기 중 재미있는 소재로 빼놓지 않고 등장하는 것이 길지명당을 얻어 쓴 행운이 아무에게나 주어지지 않는다는 점이다. 좋은 일을 많이 한 '적덕군자'나 바르게 살아 온 '선덕군자'에게 돌아간다는 것이다. 간간히 흥미를 더해주는 명당 얘기 중의 또 다른 소재는 꿈 속에서 계시를 받아 뜻 밖에 명당을 얻어 썼다는 '현몽에 의한 득지'에 관한 내용이다. 이는 선행을 이끌어내기 위한 사회의 계몽적 측면에서 나온 것으로 여겨진다. 따라서 '명당과 적선지가'의 관계성은 단순히 선행과 효행을 포장하려는 유인체제의 강화로 치부해 버리는 경우가 허다하다.

그러나 그 속에 깃들어 있는 의미는 단순성을 뛰어넘고 있다. 남에게 봉사하고 좋은 일을 찾아서 행하는 사람은, 그 마음이 순수할 뿐 아니라 탐욕스런 사심으로부터 자유

스럽기 때문에, 사물을 보는 시각과 선악을 바르게 구분하고 판단하는 슬기로움이 있어, 옳은 말을 옳게 받아들이고, 그른 말은 그르게 판별하는 건실한 생각이 체질화된다고 한다. 명당에 대한 부질없는 집착에서 벗어날 수 있고, 오직 발복에 초점을 맞춰 혹세무민하는 속사(俗師)의 말에 전혀 현혹되지 않고, 정통풍수에 밝은 지사다운 지사를 만나게 돼 결국 숭조사상과 효심에 의해 선영을 명당길지에 쓰게 된다는 깊은 뜻이 담겨 있다 하겠다.

그래서 이번 회의 주제를 '**현몽과 적덕에 의한 명혈득지**'로 정하고, 그 첫 번째 주인공을 근세사의 한 면을 장식할 만큼 한 분야에서 명성을 크게 떨쳤던 '**어사 박문수**'로 내세웠다. 박문수는 조선시대의 문신으로 경종 3년에 문과에 장원급제한 후 **암행어사, 도승지, 이조판서, 병조판서, 어영대장, 증영의정** 등 두루 관직에 역임했다. 박문수는 고령박씨의 후예이며, 조선 명조 내의 재상으로 자는 성보, 호는 기은이다.

그는 지금의 평택에서 태어나 편모슬하에서 사랐다.1723년 문과에 장원급제해 사관이 되었고, 병조정랑에 올랐으나 노론의 집권으로 물러났다가 1727년에 사서로 다시 등용됐다. 이 과정에서 남다른 업적을 쌓고 백성들의 칭송을

받아 암행어사로서의 행적이 후세까지 전해지고 있다.

　박문수 이전과 그 이후에도 임금이 지방 관리들의 행동과 백성들의 생활을 알아보기 위해 몰래 보낸 암행어사는 셀 수 없을 만큼 많았다. 그런데 유독 암행어사의 상징이 박문수처럼 각인된 것은, 박문수가 몇 차례 암행어사 활동을 통해 돋보인 치적을 쌓았기 때문일 것이다. 그는 장원급제했던 과거시험에서 부터 매우 인상적인 설화를 남겼다. 그와 더불어 본인이 묻힐 신후지지(身後之地)를 정하는 일도 쉽게 잊혀 질 수 없는 사례를 남겼다고 전해진다.

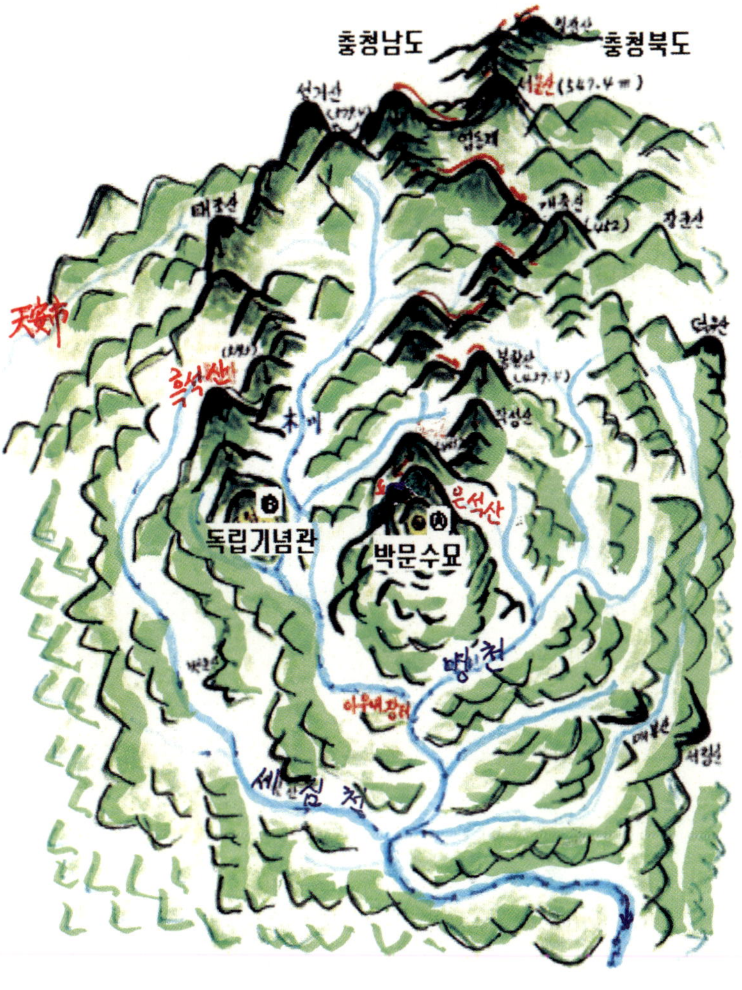

[은석산 아래의 어사 박문수 묘소인 산도Ⓐ는 장군대좌형의 명혈 대지이고 독립기념관이 있는 산도Ⓑ는 명당터다.]

 물론 박문수에 대한 이야기는 허무맹랑하게 꾸며지거

나 침소봉대 돼 내려오는 픽션의 성격이 아니라 문헌설화 (기문총화, 계서야담, 청구야담, 선언편, 동야휘집, 대동가문, 실사총담)로 전해지는 논픽션이다. 박문수에 관한 문헌설화는 '박문수의 중매담', '박문수와 물 긷는 여종', '박문수의 등과(登科)' 등 세 가지로 나누어진다. 이중 과거에 응시해 등과했다는 설화는 문헌과 구전으로 동시에 전해지고 있다.

[어사 박문수의 초상]   [어사 박문수의 산소]

청구야담에 의해 '글을 전혀 못하는 박문수가 남의 글을 훔쳐 급제했다.'는 것으로 전해진 문헌설화는 '간부에게 살해당한 혼령이 원수를 갚기 위해 초립동으로 환신해서, 박문수에게 과거시제의 글귀를 가르쳐 주었다.'는 구전설화와 비교된다. 이번 풍수기행의 소재는 바로 어사 박문수

의 등과에 얽힌 이야기를 구전설화에 근거해서 쓰는 동시에, 박문수가 노년에 이르러 자기 자신의 신후지지를 점혈하는 과정에 얽힌 이야기를 역시 구전설화에 따라 쓰기로 했다.

꼼꼼히 따져보면 과거등과와 관련된 청구야담의 문헌설화는 구전설화보다 설득력이 덜하다. '남의 글을…' 운운하는 대목은 너무 논리성을 상실하고 있다. 왜냐하면 과거 시제에 답이 같게 되면 두 사람이 동시에 낙방되기 때문이다. 필자는 구전설화에 더 무게를 두고 이에 관한 사례를 소개한다.

박문수가 과거 보러가는 도중에 과천에서 하룻밤을 묵게 된다. 피곤한 몸으로 잠자리에 들었는데 비몽사몽간에 한 노인이 다가와 **"어디로 가는 길이냐"**고 묻자 **"과거보러 한양을 가는 길"**이라고 대답했다. 그런데 그 백발노인이 말하기를, **"이런 정신 나간 사람 봤나 과거시험은 이미 이틀 전에 끝났어."**라고 말하자, 꿈속에서도 소스라치게 놀란 박문수가 되물었다. **"그럼 시제(詩題)가 무엇이었나요"** 라고. 노인이 답하기를 **"시제는 '낙조(落照)'라고 하는데,** 금년 장원에 뽑힌 글은 다음과 같은데 끝 구절은 잊었다"고 하면서 7언 절구로 된 총 56자 중 끝구절 7자만 제외한 나머지 시를 읊고는 홀연히 사라졌다. 깜짝 놀라

깨어 보니 꿈이었다.

3일 앞둔 과거시험 날짜에 맞춰 과장에 들어서 긴장된 마음을 가누고 시제를 확인하니 사흘 전 꿈속에서 그 백발노인이 현몽해 준 대로 '낙조(落照)'가 아닌가. 박문수는 노인이 꿈속에서 읊어준 7구절의 글을 쓰고 마지막 구가 떠오르지 않아 애를 태우다가 문득 끝구절의 7자를 만들어 시제에 따른 시작(詩作)을 완성해 제출했다. 이 글로 시관(試官)들 사이에서 "사람이 쓴 글이 아니라 귀신의 글이다. 끝구만 인작이다."는 등의 시비가 있었으나 결국 장원급제해 관직에 올랐다. 이후 시기를 맞아 처음 호서(湖西)어사에 제수돼 석양께 천안에 당도했다. 그때 어느 무덤 앞에서 슬피 우는 소복 여인이 있어 반드시 곡절이 있을 것이라 여기고 슬피 우는 이유를 물었다. 그 여인은 **"간밤 꿈에 선친의 말이 내 무덤에다가 노랭이 진사의 애비를 묻었으니 원통하다고 해서 실제와 보니 이렇게 되어 있어 하도 기가 막혀 울고 있다"**고 말했다. 박어사는 범인을 찾아 김일수(金一洙)의 시체를 거두어 원 자리에다 후장해 주었다.

이 일화에 얽힌 사연이 비약해 과거 전에 시제와 시구를 일러준 것에 연결이 되기도 한다. 즉, 박문수의 사람됨을 알아차린 김일수의 선영이 미리 현몽을 해서 과거급제케 하면 필연적으로 그 가문에 닥치게 될 한을 풀어주고도 남

음이 있어 그 해결사를 박문수로 정해 천안 땅에 오게 했을 것이라는 구전설화에 바탕을 뒀다는 것이다. 그후 박어사는 날로 승차하며 병조판서까지 지냈다. 소론의 영수로서 시론(時論)을 바로 잡았고, 임금에게 바른 말을 잘해 별호가 '직간공(直諫公)'이다.

노경에 국풍과 같이 목천(木川)땅 흑석산하에 신후지지를 정해서 봉분을 지으려는 참에 그날 밤 꿈속에서 한 노인이 나타나 "박대감 저는 김일수 올시다. 30년 전 은혜에 보답하고자 왔다. 대감이 쓰시려는 신후지지는 200년 후 나라에서 긴히 쓸 자리다. 대감의 만년유택은 저쪽 산너머 은석산 아래의 '장군대좌형'의 대지명당이다."라는 말을 마치고 홀연히 사라졌다. 박어사는 현몽을 좇아서 은석산 아래 멀리 아우내장터가 바라다보이는 자리에 자기 신후지지를 정하고 훗날 정명을 다해 타계한 뒤 그의 유택이 지금의 병친 위쪽 은석신 아래로 쓰여 졌다.

그리고 풍수지리에 문외한이 봐도 명당으로 보이는 목천의 그 자리는 '독립기념관'의 터가 됐다. 산도의 아우내 장터는 유관순 열사가 3·1독립운동을 일으킨 역사적인 땅으로 유명한데 그 병천시장은 '장군대좌형'의 병졸역할을 하도록 하기 위해 고령 박씨들이 설치한 장터이다. 올곧게 살면서 선공후사의 본을 보이며 한 생애를 맑게 살아 온

박문수 어사였기에 이런 설화를 남겨 후세의 귀감이 되고 있으며, 현몽에 의해 명혈대지의 영구지지에서 영면을 하고 있다고 믿어본다.

다만 필자가 4회에 걸쳐 이곳을 답산한 바로는 분명 丑艮→子癸→乾戌의 우선작혈이 틀림없는데 왜 坎脈에 소점되었는지…의문이 가시지 않았다. 다음은 적덕의 공으로 꿈에 얻어 쓴 명당 이야기를 소개할 차례다.

제2절 중국 경장땅 張九의 사례

현몽과 적덕에 의한 명혈 득지의 이번 회 소재로 중국의 풍수지리에서 전해오는 내용 중 우리나라에도 알려진 이야기 하나를 골랐다.

굳이 우리나라 사례를 제쳐두고 중국의 소재를 제시한 것은 풍수지리학의 시원이 중국이고 이번 소재 역시 근거가 너무 확실하게 밝혀진 문헌이기 때문이다. 그리고 적덕과 현몽으로 잘 구분돼 하나의 소재로 묶어진 점이 주제와 잘 맞아 떨어졌다는 점이다.

특히 중국 명나라 서선계와 서선술 쌍둥이형제가 무려 40년 가까운 세월을 두고 저술한 '인자수지(사람의 자식이

라면 모름지기 알아야 할 내용)'에 소개됐으며 청나라 장구의가 지은 '**탁옥부**'라는 문헌에도 소개된 것이어서 그 내용이 허무맹랑한 구전설화가 아니라 문헌설화로서 설득력과 신뢰성이 높다고 여겨져 선택했다.

이야기의 요점은 이렇다. 중국의 적계 장씨 장구는 어려서부터 할아버지의 가정교육에 크게 영향 받은 데다 천성이 정직하고 착해 주위사람들로 부터 칭송이 자자했다. 부모들이 자식교육을 시킬 때 마다 "**장구씨의 본을 받아 선덕의 모범이 되라**"고 할 만큼 그의 선행과 공덕은 널리 알려졌다. 이렇듯 선망의 대상이 돼 올바르게 성장한 장구의 곁에는 엄격하면서도 인자한 할아버지의 가르침과 인격의 감화가 있었다.

장씨는 훌륭한 스승이었던 조부가 사별한 마음을 채 달래기도 전에 부모님마저 타계하는 슬픔까지 삭혀야만 했다. 원래 정직하고 근면해 세긴을 늘려 나가면서도 늘 어려운 이웃을 외면하지 않고 후덕한 마음을 쓴 탓에 올 곧고 인자한 행실이 널리 퍼져 그 신대들에게 부끄럽지 않은 삶을 살았다. 그러던 어느 날이었다.

[적계(績溪) 장씨 선영으로 조천납촉형(照天蠟燭形)인 산도]

[석상와우형이 소재한 전북 부안의 산세]

장구씨가 경장땅을 가게 돼 그곳에서 볼일을 마치고 서둘러 귀가길에 오르다 공중화장실에 들러 용변을 마치고 나오던 중 화장실 구석에 놓인 보따리를 발견하고 궁금해서 열어보니 그 속에는 거금과 금은보화가 가득 들어 있었다. 장씨는 오랜 시간 그곳에서 주인을 기다렸으나 주인이 오지않자 관가에 보따리를 맡기기로 마음먹은 차에 주인이 나타났다. 내용물을 수차례 확인하고 주인에게 돌려주었으며 주인이 내미는 사례마저 한사코 물리쳤다. 10여일이 지난 어느 날 밤 꿈에 할아버지가 나타나 "네가 음공을 쌓아 하늘에서 길지명당을 내려주니, 날이 밝은 대로 서쪽으로 10여리를 가게 되면 꽤 큰 시냇물을 건너는 교량을 만나게 될 것이다. 그 곳에서 우연히 산을 팔려는 사람이 있을 터인 즉 그 산을 사라"고 말했다.

장씨는 꿈속에서 조부가 일러준 대로 그곳에 도착하자 두 사람이 있었다. 그 중 한사람이 "내가 당신에게 진 빚을 갚기 위한 방법으로 저 산을 이전해 주겠소"라고 말하자 다른 사람이 "아니 되오. 내 고향으로부터 멀리 떨어진 객지인데 저 산이 무슨 소용이 있겠소. 내게 줄 빚을 돈으로 주시오."라며 설전만 계속하고 있었다. 꿈속에서 조부가 일러준 대로 두 사람 사이에 끼어든 장씨는 별 실익이 없어 보이는 그 석산을 샀다. 그 석산에 명혈대지가 있

을 것으로 믿었던 장씨는 명성이 드높은 지사를 초청해 명당대지를 찾으려고 했지만 워낙 암반으로 된 험한 산이라 혈이 될 만한 자리를 찾지 못했다. 계속 100여명의 지사를 초청해 진혈을 찾으려고 했지만 허사였다.

장씨는 '내가 덕이 모자라 뜻을 이루지 못한 것'이라고 여기며 많은 사람들이 다니는 냇가에 다리를 놓아 주는 등 선행을 계속해 나갔다. 그런지 3년이 지난 어느 날 장씨의 아내가 꿈을 꾸었는데 신인(神人)이 나타나 "조천납촉형(照天蠟燭形; 밀납으로 된 촛불이 하늘을 밝히는 형국)의 명혈이 그 석산 정상에 있으니 찾아 쓰도록 하라. 대부대귀할 것"이라고 말했다. 아내로부터 꿈이야기를 전해들은 장씨는 너무 기쁜 나머지 한달음에 그 산정상에 올랐다. 그럴듯한 곳이 눈에 띄어 쌓였던 돌멩이를 치웠다.

그 곳에는 너무나 놀랍고 뜻밖에도 매우 좋은 흙이 있었는데 겨우 한 봉분을 쓸 수 있도록 허용할 자리였다. 장씨는 조산(祖山)을 이곳으로 이장했다. 이 곳은 산꼭대기여서 원진수(元辰水:혈을 싸고도는 물길이 서로 만나 흐르는 물줄기)가 직류로 빠져나가 혈에 응결된 지기가 물 따라 빠져 나가 불리했으나 50년이 지나면서 직류가 구곡수(九曲水:구불구불한 형세의 물길)로 변해 크게 발복하기 시작했다.

[거대한 암석위에 굴착해서 쓰여진 묘로 석상와우혈이 있다는 전북 부안]

세상 사람들은 그 명당을 일컬어 '음덕명당'이라 호칭하고 덕을 많이 쌓은 장씨에게 돌아온 당연한 결과라며 칭송을 아끼지 않았다. 이는 하늘이 감추고 땅이 비밀스럽게 만들어 놓은 '천장지비'의 명혈 중의 괴혈은 천지의 기밀인 탓에 적덕으로 얻어지는 것이지 인력으로 쉽게 구해지는 것이 아니라는 것을 암시해 준다. 또 석산의 석혈은 하늘의 뜻으로 정통풍수에 정진해온 진정한 지사의 눈에만 그 본색을 드러내는 것이다. 보기에는 혈이 없을 것 같은 석산에도 역량이 뛰어난 지사의 눈에는 명혈이 밝혀지기

마련이며 그런 혈은 덕을 쌓은 사람에게 돌아간다.

　우리나라 각 도의 명혈 등 수혈의 태반이 석혈에 있다는 것도 본 사례와 관련지어 되새겨 봐야 한다. 이는 풍수지리학 연수의 중요한 영역인 것이다. 금강산 옥녀창가 동공형, 속리산의 석산(石山) 와우형 등 조선 4대지는 말할 것 없고 부안 석상와우형(石上臥牛形)등 호남 56대 명혈도 석산중의 대지가 많다. 모두가 쉽게 눈에 띄지 않고 적선과 선행으로 깨끗한 삶을 사는 사람들을 기다리고 있다. 다음 회는 꿈속에서 괴로워하는 선조의 모습을 예사롭게 넘기지 않고 끊임없이 구산에 힘쓰는 등 효심으로 얻어 쓴 명당 이야기를 소개할까 한다.

제3절 꿈속에서 선조의 괴로움 호소

　'꿈이란 이런 것이다'라는 공통적인 정의가 내려지지 않은 채 현재도 연구가 계속되고 있다. 프로이드의 '꿈의 연구'와 그에게 가장 큰 영향을 줬다는 쉐르너가 1861년에 발표한 '꿈의 정의', 그리고 위대한 사상가 아리스토텔레스의 꿈에 대한 견해에 이르기까지 꿈에 관한 연구와 가설적 검증이 수세기에 걸쳐 시도되고 있지만 아직까지 확실

한 정의가 내려지지 않고 있다.

따라서 필자도 현몽, 즉 죽은 사람이나 신령 따위가 꿈에 나타나 일러주는 계시와 암시적 현상에 의존해 '현몽과 적덕에 의한 명혈득지'편을 쓰고 있다고 밝힌다. 우리 전래의 꿈에 대한 분류에 근거해 단순화하고 있는 것이다. 어쨌든 가장 확실한 것은 꿈은 다가올 사건이나 상황을 틀림없이 예지해주고 있다는 수많은 사례들이 그 신빙성을 뒷받침하고 있다. 그리고 꿈을 잘 꾸는 사람 또한 제한적으로 정해져 있다는 것이 현실로써 입증되고 있다는 점 또한 우리를 놀라게 한다.

이번 풍수기행의 소재인 '현몽에 의한 선조의 괴로움-이장으로 해결' 역시 영몽이나 정몽에 관련성이 깊다고 볼 수 있다. 이번 사례는 쑥스럽고 민망스럽기는 하지만 필자의 일가에서 겪었던 사실에 근거를 하고 있다는 점이 특징이라면 특징이라 하겠다. 결론부터 말하면 [산도㉮]지점에 필자의 직계 선대가 안장된 이후와 필자의 선고를 조장한 다음부터 필자의 모친(타계 90세)의 꿈에 선대가 나타나 "추워서 견디기 어렵다. 이불을 두텁게 덮어 달라"며 괴로움을 호소하기 시작했다. 그 꿈은 선대의 제삿날을 한 달쯤 앞두고 주기적으로 계속됐다. 오랜 세월이 지난 후에야 선대의 현몽이었다는 사실을 알았다. 선대의 이장을 작

정하고도 상당한 세월이 흐른 후인 7년 전 비로소 그 숙원 과제를 모두 해결했다. 이후 모친의 꿈에 애걸하던 선대들이 비단옷을 입고 매우 편안한 모습으로 나타났다고 한다.

[회룡고조형국의 경주 정씨의 족장지로 ㉮지점 구묘자리, ㉯지점 신묘자리]

결론적으로 제시한 선대의 이야기는 그리 간단하지 않은 저간의 사정이 많았다. 그것은 마치 엉킨 실타래처럼 복잡하다. 결국 어려운 과제를 해결하기 위해 필자는 냉가슴

을 앓으면서 미치지 못한 풍수지리학의 이론과 실제를 다잡아 익히고 깨우치려는 노력이 20년 동안 계속됐던 것이다. 지금 노년기를 맞고 있는 필자와 같은 세대들 치고 풍수지리에 관한 애환을 한번쯤 겪어 보지 않은 사람이 어디 있겠는가.(상세한 내용은 본서 ⑤권 프롤러그편 …)

필자 역시 이런 범주에 속한다고 스스로 치부하면서 6대 조부모 산소부터 선고의 산소에 이르기까지 이장을 했던 것이다. 부끄럽게도 필자 일가의 사례를 소재로 삼아 이렇게 쓰게 된 것은 가장 확실한 근거를 바탕으로 제시할 수 있기 때문이다. 종친의 동의를 받지 않고 집안 이야기를 세상에 노출시킨 것이 매우 경망스럽고 염려스럽지만 종친의 이해가 있을 것으로 믿는다.

이야기는 39쌍의 쌍둥이가 태어난 예의 쌍둥이마을에서 시작된다. 쌍둥이마을은 전남 여수시 소라면 현천리 중촌에 소재하며 이미 남도일보 풍수기행의 '여수 현천리 쌍둥이마을'(2005년 10월 10일자)편에서 자세히 소개한 바 있다. 이 마을은 양택풍수로 말하면 일시스님의 결시 기록내로 부자와 쌍둥이가 많이 나올 연화부수형의 명혈대지라고 알려졌다.

마을이 들어선지 200년을 전후해서 이미 한 터의 세 곳에서 만석군이 연이어 나왔고 39쌍둥이는 기록이 깨어지

지 않은 채 기네스북에도 올라 있다. 가무내(현천의 변형된 마을이름)하면 부자마을로 널리 알려져 나그네들이 사랑방 손님으로 끊임없이 이어지게 된다.

그 중에는 사주, 관상의 대가라고 자칭하는 인사들과 풍수지리의 명사로 자처하는 사람들이 찾아들어 명당길지를 찾아준다는 구실로 한 겨울을 지나며 사랑방을 지켜왔다는 것도 예삿일이 아니었다. 그 많은 명사들 중 특히 필자의 종갓집과 인연이 닿은 지사는 당대에 여수 순천 광양 구례 등에서 명지사로 불린 '**오산**'선생이었다고 들었다. 오산 선생은 필자의 선고와 특별한 인연을 맺었다고 한다.

왜냐하면 부잣집 형제 중 둘째 아들로 태어난 선고는 남부럽지 않게 호의호식하면서 살아오던 중 매장한지 10년이 넘게 된 조모의 산소를 파묘해보니 육탈이 전혀 안 된 것을 직접 확인하고 난 뒤 전혀 문외한이던 풍수지리에 관심을 갖게 됐고 '분명 지상의 땅은 모두 같은 게 아니라 길지와 흉지가 따로 있다'는 확신을 갖게 됐다고 한다. 이후 종가에서 대수롭지 않게 여기는 위선사(선대의 산소를 길지에 장사지내는 일)에 전혀 뜻이 없는 것을 간파하고 장손도 아닌 지손의 입장인데도 위선하는 일에 전념하게 된다. 그런데 문제는 그 중요한 일이 필자의 선고와 오산선생의 주관으로 진행되고 매듭지어 졌다는 점이다.

오산 선생은 명지관의 명성에 걸맞게 옛 선사가 남긴 결록에 수록됐거나 그 지방에서 명혈로 소문난 곳에 점혈 했던 것이다. 광양땅 일우에 모셔진 증조부모산소가 홍선출해형, 조모산소 역시 광양 진상땅 각산아래 갈우음수형, 조부산이 있는 구례의 파상반룡형, 산도에서 적시된 ㉮지점의 회룡은산형 등 제대로만 전혈처를 찾아 선조의 체백을 안장했다면 선영의 안혼영백과 더불어 그 후손은 발음에 의해 벌써 큰 인물이 줄지어 나왔어야 풍수지리학의 본질인 동기감응이 주효했다고 할 수 있다. 그런데 실제로는 그와 정반대로 종가의 쇠락과 뜻하지 않은 인재(人災), 그리고 입현천(入玄川)의 종가가 9대에 와서 그 대가 끊길 위기에 처하기도 했다. 또 구례로 옮긴 필자의 집안도 원인 모르게 점점 쇠락의 기운이 도래하는 등 여러 정황으로 볼 때 심각하게 위선사를 검토해야할 시점을 맞고 있었다.

이런 처지에 놓이고 모든 종친의 긱정이 더해지자 필자의 모친이 예의 '꿈 이야기'를 뒤늦게 털어 놓게 된 것이다. 다른 사람은 몰라도 필자는 모친의 꿈이야기를 듣고 필히 이장을 해야 한다고 믿었다. 그래서 필자가 **"어머니 왜 빨리 꿈이야기를 하지 않고 이제야 하십니까?"**라고 원망 섞인 문제 제기를 했지만 **"오산 선생과 어른(필자의 선고)이 어련히 알아서…"**라는 말로 대답을 대신했다.

그후 15년 넘는 세월은 필자에게 있어 각고와 고행의 가시밭길이라 할 만큼 너무나 혹독한 짐을 진채 오직 용진혈적의 풍수지리학 본질 접근에 일로 매진했던 세월이었다. 궁하면 통한다고 했던가.

절대절명의 명제를 앞두고 겨우 교구통맥법의 실마리를 터득하고 용진혈적의 중요함과 그 실제응용기법을 더듬어서 명혈대지는 아니더라도 수맥살기를 면할 수 있는 자리를 정해 선조 이장의 중대한 역사를 시행했던 것이다. 그 결과 선대에게 부끄럽지 않은 후손이 되려는 의지를 실행에 옮길 수 있었다는 안도감을 갖게 됐다. 이 과정에서 필자가 터득한 소중한 교훈은 풍수지리학의 바른 구현은 형기론과 이기론 중 한쪽에만 의존하거나 집착하면 절대 안되고, 두가지 변인 모두를 업그레이드시켜 조화적으로 구사해야 한다는 점이다. 또 다른 하나는 용진혈적에 접근되지 않으면 아무리 수혈처럼 보여도 취하면 안된다는 것이다. 그리고 불가사의한 요인이지만 선대에 관한 현몽도 잘 헤아려 봐야한다는 점도 유념사항으로 꼽아야 된다는 것이다.

제4절 땅은 적악자를 거부한다

 악하게 산 자는 땅이 거부한다는 말은 역설적으로 해석하면 덕을 많이 베풀면 명당을 얻어 쓰게 된다는 것과 일맥상통한다.

[복창, 정염이 소점한 ㉮지점은 그 父山와 ㉯지점은 숙부산 산도]

이번 소재의 주제는 조선 4대 사화 중 하나인 명종 때 을사사화(乙巳士禍)에 가담, 정적을 처참하게 내치고 정권을 장악했던 관료중의 한 사람인 정순붕의 산소를 비롯하여, 그 아들 형제인 정염 및 그 동생 광겸의 묘소에 전해오는 이야기다. 이야기의 실마리는 주인공 정순붕의 5형제 중 장남인 북창 정염에서 시작된다. 정염은 어려서부터 신동이라 불릴만큼 총명함이 뛰어났다고 한다. 13세에 동양 6개 국어를 자습으로 익혀 통달했으며 20세에 이르러 음률과 의약을 비롯하여 역술과 천문지리에 도를 통할 만큼의 경지에 올랐다고 한다.

풍수지리에 연구가 깊어 그의 숙부가 타계하자 조카인 정염이 직접 그 장지를 찾아 소점, 묘소를 정해놓고 관이 묻힐 자리를 천광하고 보니 물이 나와 고였다 한다. 그 광경을 목격한 사람들이 놀라서 의아해 했으나 개의치 않고 큰 바위를 천광했던 자리에 넣고 안장했다. 그 묘를 쓰고 난 뒤 문중에서 그 음덕을 받은 후손들이 가장 번성했고 '山이 山을 불러서(명당 쓴 집안은 그 음덕에 의해 또다시 명당길지를 얻어 쓴다는 뜻)' 근세사에서도 걸출한 인재가 끊이지 않았다고 한다.

특히 자유당 정권시에는 농림부장관이 그 후손에서 배출될 정도였다고 하니 북창 선생의 길지명당을 심룡, 심혈하

는 능력의 탁월함을 입증하고도 남는다. 이를 필자의 경험과 견해를 토대로 재론해 보면 '용진혈적(龍眞穴的)'의 요건이 확실하게 갖춰졌다면 천광해 물이 나와 고인다고 해도 당황하지 말고 그 물이 광천수에 이어진 생수가 아니고 건지수(빗물이 스며들어 고인물)임이 틀림없으니 고인 물을 제거하고 혈토가 나올 때까지 천광(관이 묻힐 자리를 파내는 작업)해서 체백을 안장하면 된다는 신념을 갖고 있다.

　북창 정염의 역술학(관상 포함)에 관한 심오한 연구와 뛰어난 경지를 가늠하는 사례 중에서, 선조 때 영상이었던 윤두수를 보고 **"그대는 40을 넘기기가 어려운 운명을 타고 났으니 참으로 애석하도다."** 하고 한탄했다. 이에 윤두수는 **"내 운명을 내다보는 형안이라면 수명 연장의 연수 방법도 알 것이니 부디 일러 달라"**고 채근하자 정염은 몇 개월 후에 그 방법을 일러줬다고 한다. 이로 인해 윤두수는 73세(1535~1604)까지 살고, 정염은 오히려 43세에 요질했다. 전해지는 이야기로는 윤두수가 북두칠성신에게 백일주를 곁들여 마른 사슴고기를 헌사 했다고 한다. 정염은 삼형제를 뒀는데 모두 장성해 급사했다는 것이다.

　정염은 천문과 의술에도 정통, 관상감, 혜민서 교수 등을 지냈고, 도인의 경지에 올랐다고 한다. 이렇듯 도인의 경지에 오른 정염이 어떻게 부친 정순붕이 작고하자 샘내

(경기도 양주시 덕계동 도락산 아래 샘내)의 북쪽 산 일우의 혈처가 아닌 가국에 안장했을까 하는 의문이 든다. 하늘이 그의 혜안을 가린 것일까. 아니면 순천지도(順天之道)를 아는 정염의 양심에 따라 행해진 것일까. 북창의 부친 정순붕은 조선 명종 때 우의정 자리에 있었다.

을사사화는 무오, 갑자, 기묘사화와 더불어 조선 4대 사화 중의 하나다. 1545년에 명종이 등극하자 왕실의 외척인 大尹의 尹壬과 小尹의 尹元衡의 반목으로 대립상태가 극치에 달한다. 이 정란의 불씨는 결국 小尹이 大尹을 몰아내고 정권을 장악하면서 피비린내 나는 乙巳年의 큰 환란으로 치닫게 된다. 소윤파의 핵심이자 힘을 가진 윤원형과 정순붕 등이 공모, "대윤파 윤임 등이 역모를 획책하고 있다."고 무고한다. 이에 따라 윤임, 유관, 유인숙, 김명윤, 이덕웅, 이휘, 나숙, 나식, 정희동, 박광우, 곽순, 이중렬, 이문건 등 사림세력이 한꺼번에 참변을 당했다.

이렇듯 악독하게 인명을 살상하고도 성이 차지 않았는지 소윤파는 대윤 세력을 뿌리째 없애기 위해 마침내 '양재역 벽서'사건을 꾸민다. 양재역 벽서 사건은 을사사화 2년 후 일어난 이른바 고의적으로 정치쟁점화했던 '정적숙청 사건'이다. 1547년 9월 부제학 정언각과 선전관 이로가 과천의 양재역에서 "위로는 여왕, 아래로는 간신들이 권력

을 휘두르니 나라가 곧 망할 것이다.”라는 익명의 벽서를 발견해 임금에게 보고했다. 윤원형 일파는 이 사건이 윤임 일당에 대한 처벌이 미흡해 생긴 사건이라 주장하며 그 잔당세력을 척결할 것을 간언했다.

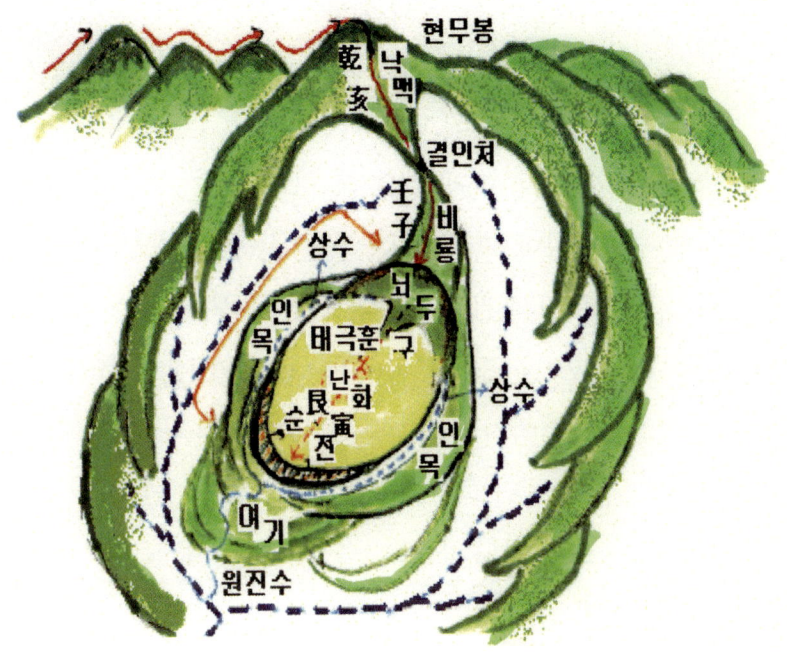

[혈장의 구조적 요건: 북창 정염의 묘가 무기맥(無氣脈), 무순전(無脣氈)이어서 명당이 아니라고 풍수가에 전해지고 있어 사진대신 혈장도를 제시한다. 무기맥이란 혈까지 내룡맥이 교구통맥을 못갖춰서 혈처에 서리는 지기가 없어서 용진혈적이 아니란 뜻이고, 무순전이란 혈증이 없어 진혈로 볼 수 없다는 것이다. 뇌두, 구, 인목, 상수, 순전, 태극운, 난화로 구성된 영역을 혈장이라 하는데, 이중에서 순전은 혈을 짓고 매조지를 하는 턱과 같은 것으로 작혈의 증거가 된다.]

이 간언을 받아들여 또다시 정미사화가 일어나게 된다. 이후 소윤파는 문정왕후가 죽은 1565년까지 무려 20년 가까이 왕권을 능가하는 권세를 부리면서 온갖 학정을 자행했다. 이는 역사의 기록으로 확연히 드러난다. 오죽했으면 선조 원년에 사후임에도 정순붕의 우상(右相) 벼슬이 삭직 당하는 또 다른 재앙을 불러왔을까. 이렇듯 악을 행한 사람에게 길지가 다가 올 리 만무하다.

친산을 샘내의 산봉아래 문중산 한 곳의 매우 좁은 땅에 안장하고, 그 계하에 자기 묘는 물론 동생까지 3기를 쓰게 한 정엽 선생의 깊은 뜻은 어디에 있었을까. 자못 궁금해 지는 대목이 아닐 수 없다. 이곳은 '좁은 곳에 3기라. 약마중타(약체의 말이 벅찬 짐을 진 형세)요. 무기맥인데다 무순전(용맥이 끝마무리 되어 혈의 증거로 나타난 턱과 같은 지세가 없다)으로 명당의 요건을 갖추지 못했다'는 것이 풍수연구가들의 중론이기도 하다.

묘역으로 부터 4㎞ 내외에 결지에 오른 명당대지만도 여러 곳이 있다. 소요산 아래의 비봉귀소형, 도락산하에는 옥대형(玉帶形)과 유지앵소형(柳枝鶯巢形:버드나무에 지어진 앵무새의 집 형국), 상패리엔 백마계주형, 왕방산 아래는 무공단좌형 등이 적덕군자를 기다리고 있거나 주인을 만나기도 했다. 악을 일삼은 사람은 반드시 하늘의 벌

이 내린다고 했다.

따라서 선·덕을 쌓아 주위사람들의 칭송을 받은 사람만이 죽어서도 좋은 땅을 차지한다는 불변의 진리를 다시 한 번 깨우치게 된다. 다음 회는 비천한 몸이지만 변함없는 인정과 온후한 덕성으로 인해 우연하게 명당을 얻어 친산을 길지에 모신 사례를 소개할 예정이다.

제5절 선행의 공덕으로 친산 이장

이번 풍수기행은 전의 이씨(全義 李氏) 시조인 이도(李棹)가 평소 선행을 베풀어 그 공덕에 의해 부친산소를 명혈에 안장해 훗날 자신은 고려창건의 공신에 이어 태사의 자리에 오른 사례를 소개한다.

전의 이씨 하면 조선 숙종 때 이상진을 배출케 한 모악산 아래 완주군 구이면 안덕리 장파마을 후산에 쓰여진 오공비천혈(지네가 하늘로 날아오르는 형국의 명당)을 먼저 떠올린다. 그러나 이는 전의 이씨가 한창 번성하던 조선시대 명당발복 이야기이고 그 이전에 이렇듯 번창일로에 오르게 한 후삼국시대와 고려 때에 걸쳐 있었던 명혈대지를 얻게 된 사연이다.

[전의 이씨 시조인 이도의 친산. 적덕에 의해 스님으로 부터 얻어 쓴 귀인장와형(貴人長臥形)의 대지명혈이다.]

　이도의 친산은 충남 공주시 동쪽 끝지점에 자리한 홍수 통제소의 우측 산에 자리 잡고 있다. 옛날에 금강의 곰나룻터가 있어 금강을 건너 지금의 쌍신동과 월성동에서 금성동으로 통하는 뱃길이 이어진 곳이다. 이곳에 이도가 그의 부친 산소를 쓰게 된 것은 평소 다져온 선대와 이도의 후덕한 덕성에 바탕을 둔 적덕에서 비롯됐다.

이도와 그 조상은 일찍이 금강 곰나룻터에서 뱃사공을 업으로 삼아 대를 이어왔다. 무던히도 사람 좋기로 소문난 선조와 이도는 가난한 사람을 보면 그대로 넘기는 법이 없었다고 한다. 공주일대 굶주린 사람들은 그를 부모처럼 의지하며 따랐다. 당시만 해도 걸식을 하고 다닌 거지들이 득실거리던 어려운 시절이었다.

후삼국이 분열된 채 전란의 소용돌이에 휘말릴 때였으므로 먹을 것을 구하기가 어려워 초근목피로 연명할 만큼 가난에 찌들어 이도의 구휼은 매우 값진 것이었다. 대체로 뱃사공은 숱한 사람을 마주치는 직업적 특성상 인정머리가 없다는 것이 보편적인 인식이었다. 그러나 이도는 공주일대에서는 가슴이 넓고 뜨거운 사람으로 널리 알려졌다. 뱃사공으로 구슬땀을 흘리고 있는 이도에게 꿈에도 생각하지 못한 인언이 찾아오게 된다.

어느 날 한 스님이 나루터를 찾아와 이도에게 금강 건너편에 가야할 바쁜 일이 있으니 독선(혼자 타는 배)으로 건네주기를 청했다. 그런데 나룻배가 강을 건너 강변 언덕에 닿자 그 스님이 무엇인가 생각났다는 듯이 "오던 길로 가야 되니 내쳐 다시 건너 달라"고 말했다.

이도는 그냥 웃으면서 불평 없이 건네주자 스님은 또다

시 건너편으로 가기를 요구했다. 보통 뱃사공 같았으면 불평이 쏟아졌겠지만 이도는 이내 스님의 주문에 선선히 응했다. 이런 이도의 행동거지를 유심히 살피던 스님이 "상중이냐"고 물었다. 이도가 "그렇다"고 대답한 후 3년 전의 일을 떠올렸다. 그의 부친은 운명하기 직전 "내가 죽으면 우선 가매장한 뒤 산주인이 나타나면 그에게 물어 영구지지에 묻어 달라"는 유언을 남겼다.

[이도의 친산 전경]

이런 생각에 잠겨 있던 이도에게 스님이 다시 "작고한 부친의 장사할 곳은 정해졌느냐"고 물었다. 이도는 선친의 유언을 전해준 후 "대대로 내려온 선산 땅인데 어찌 산주인이 따로 있다는 것인지 모르겠다. 또한 산주인이 나타

날지도 의문이다."고 말했다. 스님은 입가에 웃음을 지으며 "내가 산주인이요"라고 말했다. 불가에 들어오기 전 속성이 최(崔·파자하면 산주인이 됨)씨 이니 그렇다는 것이다.

스님은 이내 건너편에 빤히 보이는 산허리를 가리키면서 "저기 돌참나무가 서 있는 자리가 바로 선친의 묘를 이장해 모실 자리이니 모일모시에 이장"하라고 일러줬다. 그리고 좌·향과 천광의 깊이까지 세세히 알려주고 명심해야 할 몇 가지 사항도 덧붙였다. 스님은 또 "훗날 누군가 찾아와 그 산소자리가 흉지라며 이장해야 할 것이라고 유혹할 것이니 반드시 백회 100포를 부어 다져 봉분을 짓고 이 글을 돌에 새겨 봉분의 윗부분쯤에 묻으라."고 당부까지 했다.

스님이 써 준 글은 '…南來妖師 朴相來 單知一色未知 萬代榮華之地(남쪽에서 요사스런 지관 박상래가 찾아와 이곳이 좋지 않은 묘터이니 이장할 것을 권할 것인 즉 그의 말을 듣지 않아야 만대의 영화가 이어진다)'였다. 이도는 스님이 말해준대로 선친의 묘소를 이장했다. 이장하던 날 공주일대 거지들이 달려와 일을 도왔다. 이것은 일본의 무라야마지준이 쓴 「조선풍수」에 소개된 내용이다. 산소를 쓰고 나서 이도는 일취월장 승차해 뱃사공의 신분

으로는 도저히 예상할 수 없는 조정에 진출해 1품의 반열에 올라 태사 벼슬까지 지내고 역사적 인물로 거듭났다.

그가 출세가도를 달리게 된 내역은 이렇다. 당시 후고구려 왕건이 후삼국 통일을 위해 후백제 정벌에 나섰지만 공주 금강에 이르러 큰 홍수를 만나 병사들이 강을 건너기가 어려워 전략에 차질을 빚었다. 이때 이도가 나서 곰나룻터를 지켜온 경험을 살려 무사히 병사들을 강 건너까지 건널 수 있도록 도와 후백제 정벌의 결정적 계기를 마련했다고 한다. 왕건은 그에게 도(棹:배의 노를 뜻함)라는 이름을 하사하고 고려 창건의 공신반열에 오르게 하고 조정에서 국사에 임하게 돼 마침내 태사까지 오르게 된다. 그리고 그 스님의 말대로 이도의 집안은 부귀하고 대대손손 영달했다.

이후 세월이 흘러 스님의 예언대로 박상래라는 지관이 이도의 친산을 둘러보고 이도의 후손에게 입김을 넣었다. 박상래의 으름장이 워낙 거세 후손들은 봉분을 파헤쳤다. 백회 100포를 부었으니 쉽게 파헤쳐질리 만무했다. 일꾼들이 겨우 위 봉분을 깨트리자 예의 글이 새겨진 지석이 나왔다. 너무나 놀란 후손들이 곧바로 산일을 중단했다. 법대라면 요사스런 지관을 혼내줬겠지만 선대의 유훈대로 선덕을 베풀기로 결정하고 얼마간의 노자를 주고 다시는

금강변에 발붙이지 못하도록 했다. 필자도 이도의 친산을 세번에 걸쳐 찾아가 꼼꼼히 살펴봤다. 현무봉에서 낙맥행도한 맥은 巽·震·艮의 우선작국의 교구로 맺어진 태교혈이 분명했다.

특히 묘소 아래 재실 윗쪽에 진양각을 따로 세워 스님의 은공을 기리고 있는 것을 보고 이 이야기가 전혀 허언이 아니라는 사실을 확인할 수 있었다. 또 동국여지승람 '전의 인물조'에 이도의 소전이 실려 있다는 문헌을 접하고 더욱 확신할 수 있다. 금강이 마치 발밑에 흘러가는 이도의 선친 산소에 서서 손에 잡힐 듯 시야에 들어온 자기안산과 금강 건너편에 마치 조배하듯 나열한 조산들의 수려함에 감탄하고 말았다. 그리고 산소에서 丑맥의 혈입수가 발달해 내려간 자리가 비어 있음을 확인하고는 못내 아쉬움을 떨치지 못했다.

적덕에 얽힌 명혈득지의 전실 같은 이야기도 꾸며낸 것이 아니라는 것을 짐작하고도 남았다. 그 스님도 이도와 선대의 공덕을 전해 들었을 것이고 또한 이도의 선친도 생전에 풍수지리에 밝은 스님에게 한번쯤 자신의 장지에 관한 통사정을 했을 것이다. 이도의 사람됨을 살펴본 기회를 갖게 된 스님이 적덕과 풍수지리의 참된 인연을 맺게 했을 것이다. 선덕과 공덕을 쌓으면 언젠가 은혜로움으로 이어

진다는 교훈을 후세에 심어주고 있는 공주 일우의 이도 친
산 앞에 서면 절로 옷깃을 여미게된다.

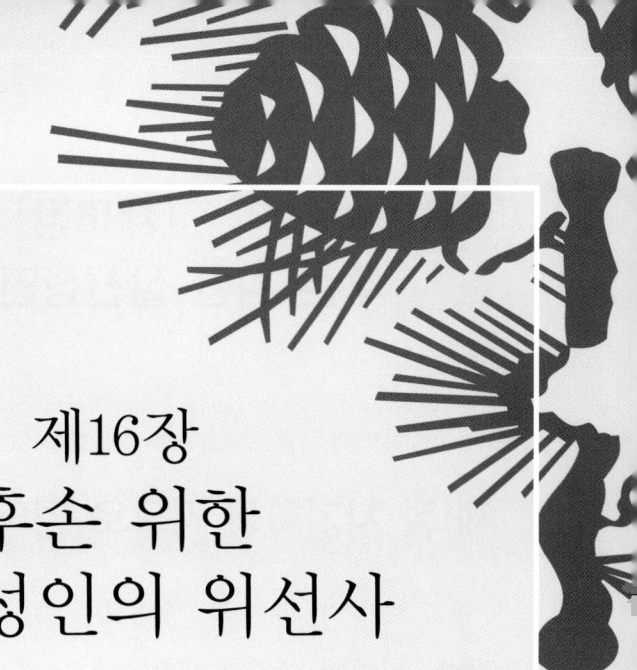

제16장
후손 위한
살신성인의 위선사

[제16장]
후손 위한 살신성인의 위선사

제1절 자기희생 각오로 얻어 쓴 맹호출림형

풍수지리와 관련돼 전해오는 이야기는 헤아릴 수 없이 많다. 필자가 풍수기행을 1년 넘게 쓰고 있는 이유 중 하나가 풍수지리학이 지니고 있는 학문적 본질을 바르게 전달하려는 점이다. 또하나 우리 정신문화유산의 큰 뿌리를 간직하고 있는 숭조사상을 계승하고, 복된 삶의 터전을 찾아 안정과 평화스런 생활의 기조를 다지려는데 그 참뜻이 있다.

십수년전 독일의 저명한 인류학자는 "6 · 25 전란과 같은 참혹한 소용돌이 속에서도 왜 정신질환에 시달리는 인구가 극소수에 그치고 있는 것인가. 그리고 한국 국민이 정신적 동질성을 유지하면서 짐작하기 어려울 만큼의 사회통합적인 정신문화를 견지하는가."라는 의문을 던진 적이 있다. 이 학자는 이를 분석적으로 연구하기 위해 국내에 오랜 기간 체류한 뒤 나름대로 비교적 설득력 있는 연구

결과를 발표한 적이 있다.

[호상을 각오하고 얻어 쓴 맹호출림형의 산도]

그 연구 결과에서 밝혀진 해답은 두 가지였다. 하나는, 전쟁과 빈곤의 혼란 속에서도 믿기지 않을 정도로 정신질

환자가 적은 것은 한국 어머니들의 헌신적이고도 위대한 모성애에서 그 근원을 찾았다. 실제 육아수단의 하나인 유모차 대신 어린 아이를 등에 업고 다니면서 어머니의 체온을 느끼게 하는 것과 어떤 곳이든 업고 있던 아이를 앞쪽으로 돌려 젖무덤을 노출시켜 수유하는 장면을 사진으로 소개했다.

그리고 정신적 동질감 속에서 응결된 사회통합을 이루는 요인 중에서 가장 큰 비중을 차지하는 것은 한식, 추석 등 명절을 맞아 온 국민이 스스로 고향을 방문, 정신적 뿌리를 함께 확인하며 멀고 가까운 거리를 가리지 않고 조상의 산소를 찾아가 큰 절을 올리면서 부모형제간의 우애와 조상숭배의 정신을 일깨우고 다짐하는 것에서 그 근거를 찾았다고 한다.

그렇다. 이 학자의 연구결과가 아니어도 우리 국민은 자식을 위해서는 부모의 모든 것을 내놓는 '위대한 자녀사랑'의 정신이 지금도 흐르고 있다. 그런 정신의 한 단면을 조명해 주는 이야기가 바로 풍수지리의 명당 득지에 얽히면서 계속 전해오고 있다. 선대의 안혼영백과 후손이 잘되는 일이라면 자기희생쯤은 감수하고 있는 것이다. 이번 풍수기행은 우리 조상들의 살신성인의 각오로 명혈길지를 얻어 쓴 이야기를 통해 되새겨 보고자 한다.

믿기지 않는 인연으로 한 지사(지관)를 만나 '맹호출림형'의 대길지를 얻어 선친 붕한(鵬翰)공의 묘소를 이장하고 본인은 장사 당일 호상(호랑이에게 화를 당함)을 입었던 인동 장씨(仁同 張氏) 우천씨의 사례다. 조선 순조(1790~1834) 때 전라도 금구 완평땅에 김부자(富者)가 살고 있었다. 그 부잣집에는 옥산에서 온 장우천씨가 집사를 맡아 근면 성실하게 소임을 다하며 함께 살고 있었다.

[인동 장씨 산소 전경]

김부잣집에는 멀리서 찾아 온 꽤나 이름 있는 지사가 사랑방을 차지한 채 김부자의 소망이었던 명혈대지의 명당을 찾아주기 위해 날마다 산행을 일삼았다. 그러기를 10년

이 넘었다. 장씨도 때로는 여장을 챙겨 그 지관을 따라 명당이 있을만한 곳을 동행하기도 했다.

그러는 과정에서 장씨는 "수년 전에 고생만 하다 타계한 선친의 산소를 언제쯤에나 영구지지에 모실 수 있을 것인가."하고 탄식하며 김부잣집의 위선사가 못내 부러웠다. 그러던 어느날 명당을 찾으러 나간 지 보름이 넘도록 소식이 끊겼던 그 지관이 희색이 만면해서 돌아왔다. 곧바로 주인 김씨를 찾아가 "비로소 10년 동안 공들였던 보람을 찾았소. 호랑이가 숲속에서 뛰쳐나온다는 '맹호출림형'이지만 안타깝게도 그 큰 명당에도 '이장한 뒤에 장자가 호랑이에게 흉화를 당하는 결점을 지니고 있다."고 말했다.

그 지관의 말이 떨어지기가 무섭게 김씨는 "10년이나 뒷바라지 해 주었더니 겨우 내놓은 구산 결과가 내가 호상을 당할 자리라니, 배은망덕한 사람 같으니"라고 호통 친 후 그 지관을 집 밖으로 내몰았다. 때마침 마당을 쓸다가 우연히 방안에서 들려 온 두 사람의 이야기를 들은 장씨는 지관을 동구 밖까지 따라갔다. 장씨는 "지사님 우리 주인은 싫다고 하는 명당이요. 제 동생과 아들에게 10년이 걸려서라도 그 공을 갚을 터이니 그 묘자리를 제게 소점해 주시오."라고 통사정했다. 장씨의 소청이 간절한데다 후손을 위해 자기의 목숨을 바치겠다는 '살신성인'의 각오가

워낙 단호한지라, 큰 감동을 받은 지관은 장씨에게 그 자리를 일러 줬다.

장씨는 가족들에게 전후사정을 비밀에 부친 후 동생과 아들을 불러 "주인집에서 오래 묵은 지사에게 성심을 다해 뒷바라지한 보람이 헛되지 않아 분에 넘친 대지명당에 부친산소를 쓰게 됐으니 후일 그 지사에게 보은하라."고 마치 유언과 같은 말로 당부했다. 과연 장사 지낸 날 밤에 장자인 장씨는 호상을 당했다. 후손들은 선대의 죽음이 헛되지 않도록 열과 성을 기울여 가세를 일으켜 세웠다. 그 후손들이 번창하고 이웃의 칭송을 받으면서 전북 김제의 향반 반열에 올랐다고 한다. 특히 5대손 장익수는 고종 때 호조참판에 올랐으며 해방 후 9대손인 장현식은 전북도지사, 7대손 또한 부안군수를 지냈다.

필자는 이 산소에 깃든 고귀한 뜻을 기리고, 호상을 당한 연유가 과연 어디에 있는지를 가려내기 위해 이번 기을에 그곳을 방문했다. 주산부터 샅샅이 심룡을 시도했다. 굳이 미치지 못한 간산 능력을 무릅쓰고 외람되게 간산평을 한다면, 장자의 호상(또 다른 변고 일 수도 있음) 이유는 호랑이가 먹이로 여긴다는 퇴육사가 없었는데 일각에서는 퇴육사가 있다고 주장한다.

현장 확인 결과 우선룡의 이태교구의 작혈로써 용진혈적

대지가 분명했다. 그러나 「기룡혈」의 형세를 갖춰 자기안산(自己案山:혈을 형성한 용맥의 여기가 앞으로 나아가 안산을 갖추는 특색 있는 보국)을 두고 있어 설사 '퇴육사'가 있어도 혈에서 보이지 않는 이른바 '암공사'로 있게 되므로, 타당한 이유로 볼 것인지 의문스러웠다.

　필자의 소견으로는 우선룡의 마무리 용맥인 혈입수가 을맥(乙脈·동동남으로 진행하는 맥)이 아니고, 묘입수(卯入首:동남남으로 행도하는 혈장의 입수)로서, 풍수학 고전인 청오경에 쓰인 대로 가지론 중의 '수가(首假)'인 점이 발견돼 「청오경」에서 이른 대로 장자 패절의 변을 당한 것이 아닌가 여겨졌다.

　'큰 자리일수록 소흉이 따른다.' 했던가. 이는 '대통령의 생가터와 선영'에서도 입증된 바 있다. 인간에게 군자의 장점만 있는 것이 아니라 소인의 양면이 있듯 모든 진혈이 성인지지가 될 수 없기 때문에 음양의 살기가 뒤섞여 흉으로부터 완전히 자유스러울 수 없는 법이다. 흉살을 암시해도 선대의 영면과 후손의 번성을 위해 자기희생을 서슴없이 받아들인 장씨의 살신성인 정신에 옷깃을 여미게 한다.

　아직도 풀리지 않는 점은 현무봉에서 낙맥 결인하여 우선작국한 辰巽, 卯乙, 丑艮의 교구통맥법에 합법한 길지는 왜 지나치고 굳이 호상의 초패가 되는 자리를 내 주었는지

알 수 없다는 것이다.

제2절 장사 후 호상 기꺼이 감수

풍수지리학에서 전해지는 내용 중 학리적인 것과 다소 동떨어진 이야기를 가끔 접한다.

그 중에서도 남의 집안 용사(用事)를 실천하고 있는 지사(地師)들에게 경종을 주는 말은, **"풍수사는 손자 똥이 귀하다."** 는 것과 "대지명혈일수록 소흉(小凶)이 따른다." 라는 것이다.

이번 소재는 두 번째 것에 해당된다. 그런데 소흉이라는 것의 범주와 대소경중은 어디에 준거를 둬야 할 것인가. 이게 늘 궁금하던 터였다. 그러던 중 지난번 '대통령의 생가와 선영' 편을 쓰고 나서 소흉은 마냥 작은 놀람이나 소소한 사고 따위에만 국한되는 것이 아니고, 케이스 바이 케이스로 너무 큰 대혈은 그만큼 더 무겁고 큰 흉화를 동반하게 되고, 소지나 중지는 그 규모에 걸맞은 해를 입게 된다는 것을 어렴풋이 깨우치게 되었다.

[오공비천형(蜈蚣飛天形)·회룡고조형국의 전의 이씨 선산으로 ㉮
묘역이 정랑 이창수의 묘소와 직계 후손의 산소, ㉯묘역이 이정란
의 산소가 있는 지점이다.]

필자가 간접체험을 통해, 강세룡의 대지에는 흉사가 따르다가 후일 그 강세룡의 살기가 부드러워지는 시기에 이르러 크게 발복을 누리고 있다는 사실을 확인할 수 있었다. 3년 전 어느 날 한 제자로 부터서 흥미로운 전화를 받았다. 그는 "여기는 지리산 자락의 한 준봉으로 840m의 고혈인데 경주 김씨와 인연이 닿아 조상의 묘소에 상석 놓는 일을 돕기 위해 현장에 와 보니 혈장(穴場:묘소를 쓸 수 있는 혈의 영역)에 이어지는 마무리의 입수맥에 하얀 차돌의 암석이 반석을 이루며 형성돼 있다"고 전했다.

필자는 대뜸 "모르긴 해도 그 산소를 쓰고 그 후손 중에 곱사등이가 세 명정도 나왔을 것이고, 아마 요절한 사람이 몇 명 있을 것이다."고 말했다. 이어 필자는 "그러나 그 산소가 용진혈적에 맞는 진혈이라면 발복의 시기를 맞아 권세가 등 무관과 부자가 숱하게 배출되었을 것"이라고 말했다.

사실 필자의 답변은 필자가 해득한 것이 아니라 옛 선사들의 예언록에서 얻은 하나의 정보였을 뿐이었다. 뒤에 확인한 일이지만 그 김문의 산소터를 소점해 주려던 당시의 명지사가 "이곳은 매우 큰 명혈에 속하나 초패(初敗:묘를 쓰고 곧장 나타나는 흉화)를 먼저 겪고 나서야 크게 발복될 수 있는 강세의 혈인바 그것을 감수할 각오가 돼 있으

면 소점해 재혈하겠다."는 조건부 점혈이었는데 당시 그 집안의 종가댁 어른이 종친들에게 어렵게 동의를 받아내 선영을 쓰게 되었다고 한다. 그리고 명지사의 예언대로 흉화가 있었다고 한다. 그러니까 자기희생마저 각오하고 명혈에 조상을 모셨지만 시간이 지난 지금은 기라성 같은 인재가 그 문중에서 배출돼 고급공무원에서부터 개인사업가로 성공했다는 것이다.

후손이 번성하기를 비원하면서 스스로 살기혈의 흉화를 받아 비명에 간 그 선조의 뜻을 기리기 위해 800고지가 넘는 고지의 산소지만 성묘에 성심을 다하고 묘역 관리에도 힘쓰고 있다.

이번 회는 '산소 이장을 마치고 난 당일 밤중에 장자가 호상(虎傷)을 당한다.'는 지관의 예언에도 불구하고 명혈 대지인 오공비천형(蜈蚣飛天形·지네가 하늘을 향해 솟구쳐 오르는 모습)에 선대를 안장하고 끝내 주상인 장자가 비명해 간 실화를 소개한다. 앞서 제시한 실화는 다만 본론을 도출키 위한 예화에 불과하다.

전의 이씨(全義 李氏) 장손 집안인 문의공파의 정랑 창수(昌壽)의 유택에 관한 이야기다. 이창수는 조선 연산군 때 문관에 급제해 예조정랑과 승문원 판교란 벼슬을 지내다 그의 후손들이 전주인이 되도록 계기를 만들기나 하듯

전주에 내려와 노후를 보내다 이른바 지네혈에 묻혔다. 이 산소가 세인들의 관심을 끄는 것은 조장 이후 임진왜란 때 전주부윤으로 삼도초모사를 역임한 이정란과 역시 임진왜란 때 이충무공과 함께 왜적을 물리친 이영남을 배출했기 때문이다. 두장군 모두 창수의 증손이다.

그러나 세인들의 관심과는 달리 필자는 이 묘소가 쓰여지게 된 연유에 촛첨을 맞춘다. 내용의 단초는 속칭 하성부지(何姓不知:성도 이름도 몰라 부르게 되었다는 별칭)에서 비롯된다. 하성부지는 전설과도 같이 전해지는 실제 인물로, 어느 정문(鄭門)의 집(集)이라는 집에서 태어났다. 그런데 하성부지의 출생에 얽힌 사연이 흥미롭고 특이하다. 정집의 부인이 혼전 '지렁이' 혼신과 꿈에 잠자리를 한 후 배가 불러 결혼 3일 만에 태어났으니 그럴 만도 하다. 정집의 특별한 호의로 감쪽같이 자라 온 그가 10세 되던 해에 출가했다.

워낙 신동의 잠재력을 가진 그인지라 젊었을 때 풍수지리에 통달했다. 그러던 중 의부인 집(集)이 죽자 나타나 화심리에 작약반개형 (芍藥半開形:작약꽃이 반쯤 피어나는 모양)을 점혈해 안장한 연후에 그 후손의 일문이 오늘날 번성을 누리게 된 것이다. 하성부지는 사람을 만나 통성명을 할 때면 어김없이 "나는 하성부지라는 사람이요"라고

소개해 세칭 하성부지로 통했다. 그가 어떤 인연에 끌려 전의 이씨 장자 후손인 이창수의 유택을 그 유명한 '오공비천형'에 소점하게 된다.

노후에 전주로 낙향한 이창수의 슬하에는 형제가 있었는데 소문난 효자였다. 그 형제 중 장자가 길손처럼 지나다가 들린 '하성부지'를 알아보고 수년간 극진하게 대접했다. 후덕한 인품과 위선사에 쏟는 정성에 감탄해 점혈해 준 곳이 바로 지금의 전북 완주군 구이면 안덕리 뒷산의 이른바 '지네산'의 전의 이씨 족장지 중 최상단에 자리 잡은 지네혈이다.

이 혈에 장사하기 전 하성부지가 이창수의 장자를 불러놓고, "묘역에 한 묘만 단장으로 쓰면 정승이 3명 배출되고 계장하면 명상이 1명 나온다. 그러나 석중혈이라 장사 후 한밤중에 장자가 호상을 당할 것이다."고 일러줬다. 그런데도 장자는 "**감사합니다. 사람은 한번 죽는 법인데 선친을 좋은 곳에 모시고 자손대대로 번창한다면 먼저 가는 것쯤은 감수하겠다.**"고 말했다. 장자는 당일에 호환으로 생을 마감했다. 하성부지는 초상마당에서 "망인은 하늘이 낸 효자다. 내 어찌 가만히 있을 손가. 오공혈은 원진수가 직거수로 빠져나가니, 비록 귀인이 연이어 배출될 대지이나 빈국이다. 망인을 '좁은 목'에 있는 갈록음수형(목

마른 사슴이 물을 만나 갈증을 해소하는 형국)의 자리에 안장해야겠다.”고 말했다. 그 자리는 부국이다. 오공비천 형은 辛戌→乾亥→壬子→壬坐의 괴혈로 보였다. 반배각법 도 아니고…교구통맥이 된 것도 아니었다.

[이창수의 산소를 비롯한 전의 이씨 족장지 전경]

이후 전의 이씨는 향반으로 부귀를 누리면서 지역주민 들의 칭송을 받는 문벌로 번창했다. 다른 시각에서 편견을 두고 보면 황당하고도 믿기지 않는 전설같이 들릴지 모른 다. 그러나 사실이자 그 장자의 살신성인의 정신이 헛되지 않았다. 큰 명당을 쓰면 호상이 따른다고 하는데 이는 소 흉을 대변한 듯하다. 사실은 다른 변고나 흉액도 호상으로

전해오는 것은 그 희생을 신성시하려는 듯이 보여 진다. 요즘 들어 이를 교통사고 등으로 단정지우기도 한다. 필자는 오공혈에 묻힌 이창수의 묘소를 4회에 걸쳐 찾아 묵념하면서 갈록음수형에 고이 잠든 그 장자의 산소도 꼭 찾아가 참배하기로 다짐해 본다.

제3절 아우 운명이 바뀌고 후손 번성한 사례

전북 순창군은 명혈대지가 많기로 유명한 곳이다. 필자가 이 지면을 통해 소개한 명당만도 서너군데에 이른다. 穴처는 남원 땅에 소재하지만, 그 名穴을 짓기 위한 본원의 조종산은 순창군 동계면의 풍악산에서 비롯된 이른바 '홍곡단풍형'의 대지로 인해 황희 정승이 배출됐다는 명당을 비롯하여, 광산김씨를 일약 국내 유수한 문벌로 번창케 했다는 '천마시풍형'의 국중 8대명당, 그리고 이씨 부인의 신념과 후손을 위한 헌신적 노력으로 남원 양씨를 명문가로 일으켜 세운 구미리의 '갈록음수형' 등이 그것이다.

이밖에 헤아릴 수 없이 많은 명당대지가 이미 주인을 만나기도 하고, 혹은 비밀스런 모습을 감추고 주인을 기다리기도 한다. 이 가운데 장후에 직계 후손의 희생을 예지하

고도 선대의 안혼영백과 후손의 발복을 위해 아우의 희생을 각오하면서 선대를 명당대지에 안장한 극적인 사례를 소개 한다. 전북 순창군 동계면 내령리 영계촌 동쪽산 언덕에 자리 잡은 '오공비천형'에 승지공 이혼(李渾)의 산소가 있다(상세한 간산평은 ㊤권에 소개됨).

[오공비천형국인 승지공 이혼의 산소 산도]

이 산소 역시 굳이 물형을 이르면 '지네가 하늘로 비상하는 형국'이라고 해서 '오공비천형'이다. 이 명혈에 영민하고 있는 승지공 이혼은 슬하에 두 아들을 두었는데, 장남 금헌(琴軒) 이대윤은 선조 무오년에 사마에 올랐으며, 을유년에 문과에 급제, 홍문관수찬 예조정랑을 끝으로 남원의 동쪽 고을 지금의 임실군 둔덕으로 지맥기운을 따라 내려왔다. 공은 문장과 행의를 겸비한데다 풍수지리학에도 통달의 경지에 이르렀다. 임진왜란이 일어나자 공은 추성회맹에서 고경명을 의병대장으로 추대하고, 공은 도유사 겸 모량장으로 추대됐다.

권율과 김성일의 추천에 의해 임금으로 부터 의병 상호군을 특별 제수 받았다. 공은 선산전투에서 병을 얻어 병신년(1596년)에 운명한다. 임금은 이후 '예조참판'의 증직을 내렸고, 사우(祠宇)를 건립했다. 그의 아들도 벼슬길에 올라 예조판서를 지냈다. 그리고 이혼의 둘째 아들은 어모장군이었다. 임진왜란이 일어나기 10여 년 전 부친 승지공이 작고했다. 탈상 3년 후 예조정란 대윤의 아우 어모장군이 그의 형에게 말하기를 "형님께서는 효자이고 지리에 통달하신 분인데 어찌 선고의 면례를 미루고 계십니까"라고 물었다. 형은 "폐백 천 냥이 없어서…"라고 대답했다. 아우 어모장군의 처가는 풍천 노씨 집안으로 갑부였다. 노

씨 부인은 혼인한 지 1년째부터 3년을 기약하고, 친정에 가서 수시로 사가쪽에 송금을 했다. 3년이 되던 해에 어모장군은 모아진 천냥을 형에게 드렸다. 형 금헌공은 장정 10명에게 천 냥을 짊어지고 남쪽 10여리가 넘은 거리에 있는 영계촌에 사는 사뭇 가난한 김가에게 그 것을 전한 뒤 수인(手印)을 받아 돌아왔다. 김가의 소유로 된 명당을 구한 것이다.

그런 후 1년이 지나도록 이장을 하지 않았다. 아우가 하루는 형에게 정중히 물어봤다. "형님, 장택일은 언제인가요." 형 금헌공이 답하기를 "장택일은 어렵지 않으나 하관 3일 만에 동생이 극락세계로 가는 혈이니 이 역시 어려운 일 중의 어려운 일이 아닌가"라고 대답했다. 그때까지 어모장군은 슬하에 혈육이 없었다. 이 말을 들은 아우의 처 노씨 부인은 "천문과 지리에 통달하신 형님께서 동생을 살릴 묘수가 없겠습니까. 장군의 효성을 떠볼 양으로 하신 말씀으로 사료되니 다시 형님에게 이장을 서두르도록 간곡히 말씀드리시오"라고 말했다.

마침내 임진왜란이 일어나기 5년 전의 정해년 2월 을미일에 부친 산소의 면례를 마쳤다. 산소의 입향은 을좌신향으로 결정, 시행했다. 장례를 마친 형 금헌공은 동생 내외를 불러 "오늘부터 동생내외가 함께 아버님 산소에 시

묘하라"고 말했다. 영문을 모르지만 흉화를 면할 수 있을 것으로 믿은 동생 내외는 시묘에 나섰다. 그런데 시묘 첫 날밤 자정에 이르러 느닷없이 일진광풍과 함께 천군만마가 몰려오는 소리가 들렸다. 어모장군 내외는 소스라치게 놀랐다. 한 장수인 듯한 자가 "우리가 천상조회에 갔다 온 틈에 동촌에 사는 이수찬이 김가의 자리에 자기 아버지를 이장했으니 파내자"는 등 야단법석이었다. 그러자 수장인 듯한 자가 "아니다 비록 대지명혈이 김가의 자리지만 돈 천냥을 받고 팔았으니 이 승지 자리가 됐다. 이후 행화가 있을 터인 즉 우리는 이 자리의 수호나 잘해주자" 라고 말했다. 이렇듯 믿기지 않는 상황이 지나고 잠잠해지자 두 내외는 시묘막에서 밖으로 나와 보니 언제 그런 일이 있었냐는 듯 온누리는 적막에 싸이고 하늘에는 휘엉청 밝은 보름달이 떠 있었다.

그 후 안타깝게도 형의 예언대로 아우 어모장군은 운명하고 만다. 금헌공은 슬픔에 잠긴 제수에게 주위의 사람들을 물리친 다음 "제수씨, 진정하오. 이미 제수씨는 홀몸이 아닙니다. 부디 자중자애 하시오. 그 유복자의 자손이 백자천손(百子千孫)으로 세를 누리고 부귀 겸전하게 될 것입니다. 동생의 자손이 먼저 발복하고, 그 후 양가의 자손이 똑같이 번성하게 될 것"이라고 조용히 말했다. 과연 금헌

공의 예언대로 이었다.

[이혼의 산소 전경 · 상단의 묘는 무연고산소인데 이씨 후손들이
관리해 주고 있다.]

현재 남원, 임실, 순창, 장수, 전주는 물론 전국 각처에
남자 손만 6천 여명이 행세하고, 9대에 걸쳐 진사가 배출
됐다고 한다. 부자로 산 후손도 부지기수다. 최근엔 전북
지사도 배출되고 도의회 의장도 나왔다. '산이 또 산을 부
른다'고 했듯이 아마 '오공비천형'의 명혈이 또 다른 명당
대지를 쓰게 했을 것이다. 그래서 그 후손들이 끊이지 않
고 계속 번성했을 것으로 믿는다. 늦가을 간산길을 재촉
하며 찾아간 '오공비천형'의 혈지는 그 옛날 한편의 드라
마를 방불케 했던 한 문벌의 구산과 위선사에 얽힌 사연을

간직한 채 명혈대지의 요건을 갖추고 그 곳에 의연히 자리 잡고 있었다. 좌선룡의 이태교구의 명당이다. 그 상단에 辰巽, 卯乙, 艮丑의 우선작혈은 왜 지나쳤는가?

용맥의 행도는 풍악산 정상으로 비룡하던 용맥 중에서 발달해 현무봉을 세운 다음 진손맥으로 낙맥해 세 군데의 취기처를 응결하는 취기입수가 진괘맥으로 기복 위이한 뒤 뇌두 바로 뒷쪽에 속기처를 만들고는 卯乙의 비룡, 간 괘맥으로 회두해 작혈했다. 그런데 그 지점은 비어두고 艮 寅맥에서 乙辰맥으로 박환된 끝자락에서 巳脈으로 막 회 두한 지점에 이혼의 묘가 써져있고, 그 위에는 실전된 묘 소가 진혈을 비껴 쌍금살을 받은 채 고총으로 써져 있었 고, 그 계하에 승지공 이혼의 부부산소가 합장으로 자리 잡은 채 당판에서 변국돼 좌선혈장을 짓고 승기처에 모셔 져 있다. 천록통맥법의 경룡교구이다.

한 영역의 혈장에 상하로 쓰인 두 산소인데도 위쪽 묘의 후손은 무슨 사연으로 선대의 산소가 실전된 채 타문의 손 에 관리되고 있으며 그 아래쪽 산소의 후손 번성은 그토록 크게 기약된 것인지…그리고 왜 초패의 흉이 있었는지… 뒤에 수차례 간산한 결과 이혼의 산소는 경룡(驚龍)의 작혈 인 艮寅→乙辰→巳 입혈의 교구여서 매우 세심하게 소점 해야 할 괴혈임을 깨우쳤다. 그리고 만일 '乙辰맥에서 巳로

입혈되는 지점에서 좀더 巳脈에 중심을 두었던들 어모장군의 불상사가 있었을까' 하는 의문점을 끝내 떨치지 못했다.

여기서 필자는 위선사에서 털끝만큼의 오차도 있어서는 안 된다는 선사의 가르침에 절로 고개가 숙여졌다. 그러나 끝내 궁금증이 풀리지 않는 사실은 뇌두 바로 뒤쪽의 속기처 때문에 작은아들이 먼저 영향을 받는다는 것은 짐작이 가는데, 위쪽 실전된 산소는 왜 산제석 제단 쪽의 진혈처에 소점 재혈되지 않았을까 하는 점이었다. 하산 길에 재실 왼편에 쓰인 한양 조씨의 산소가 웬지 봉분에 비해 크게 보였다.

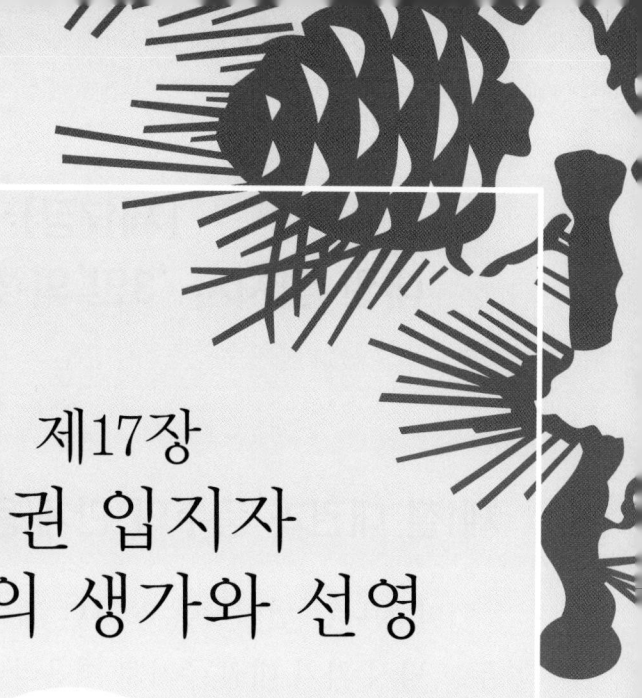

제17장
대권 입지자
'3인'의 생가와 선영

[제17장]
대권 입지자 '3인'의 생가와 선영

제1절 대권과 풍수의 관계(용어해설)

이미 지나간 일이지만 2007년 제17대 대통령 선거를 앞두고 당시 차기 대권 주자로 떠올라 그즈음 국민들의 비상한 관심을 모으고 있는 3인(고건, 박근혜, 이명박)의 생가터와 선영을 둘러봤던 간산기를 싣기로 했다. 대선이 아직 1년가량 앞두고 있는데 목전에 임박한 듯 온 국민의 관심은 대선 주자들에게 쏠려 있었기 때문이다. 그만큼 지대한 관심 사항인 것이다.

필자가 남도일보를 통해 풍수기행을 떠난 지도 벌써 1년이 넘어선 까닭에 싫든 좋든, 또 그 깊이 여하에 관계없이 당시 대권 주자의 물망에 오르내리는 유력 인사들을 대상으로 생가터와 선영에 대해 살펴본 대로 간산기를 쓰는 편이 독자에 대한 도리이자 소명이라 여겨져 미력함을 채찍질하면서 그 전모를 하나하나 밝혀 보고자 한다. 물론 대선의 승자가 되어 현임대통령의 직무를 수행 중인 이명박

대통령의 생가터와 선영은 이미 상권에 게재했다.

　대권주자의 간산기를 쓰기에 앞서 독자의 이해를 돕기 위해 대권과 풍수와의 관계를 설명할까 한다. 필자는 이 지면을 통해 14회(2006.6.12~9.18)에 걸쳐 전·현직대통령의 생가와 선영을 비교적 상세히 소개한 적이 있다. 또 왕조시대의 대권과 관련된 궁궐터와 능침을 10회에 걸쳐 소개하기도 했다.

　시대적 배경만 다를 뿐, 한나라의 경영을 책임지는 제1인자인 대통령이나 제왕시대의 왕위는 그 위상이 공통성을 지니고 있다. 그리고 직위에 오르는 것은 의지에 의존하는 집념과 노력만으론 성취되지 않은데다 개인적인 능력과 경륜의 탁월성만으로도 보장되지 않는 불가사의한 섭리가 작용하고 있다는 것 또한 관심도를 더욱 높여주는 요인이다.

　그 불가사의를 사람들은 "**천운이나 왕운을 타고 났다**"고 결론 아닌 결론을 내리기도 한다. 그만큼 명쾌한 해답을 제시하기 어려운 난제중의 난제인 것이다. 그래도 필자는 그동안의 노하우와 누적된 경험을 모두 동원해 그 천운이라는 신비성의 베일을 풍수지리적 관점에 해당되는 부분만 골라 벗겨보기 위해 최선을 다하고자 한다. 그런데 중대한 문제의 벽을 타개하는 것이 선결과제로 떠오른다.

 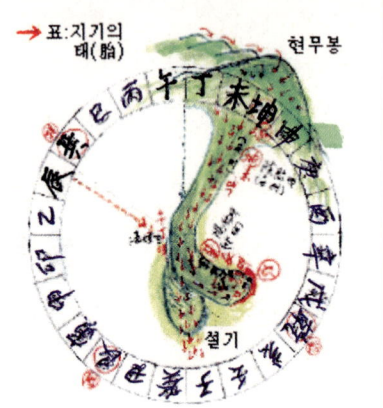

| 위 산도는 독자들이 이해하기 쉽게 나경4층으로 용맥의 행도를 현무봉에서 혈이 맺어지는 곳까지 나타낸 좌선룡의 2태의 음·양맥이 正龍인 丙午맥의 선매를 받아 이태교구작혈 과정을 그린 것이다.

위에서 이태맥이란 坤申맥과 巽巳맥을 이르는 것이다. 이런 과정에 따라 4태(乾坤艮巽)를 동반한 용맥이 셋이면 삼태교구, 넷이면 사태교구 작혈이라 한다. | 위 산도는 우선룡에 이태교구 작혈도이며, 나경 4층에 대입시켜 그린 산도로 삼태, 사태교구 작혈도를 그리지 못한 점을 아쉽게 생각한다.위 산도를 →표로 약식하면 다음과 같다.

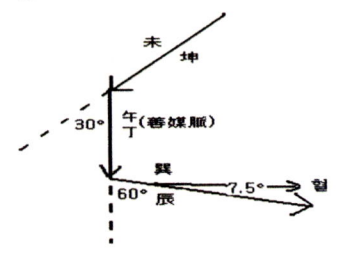 |

[좌·우선룡 태교혈의 이해도]

필자가 대권주자로 유력시 되는 3명의 생가터와 선영을 돌아본 내용을 아무리 성실하게 기술한다 해도 그것이 독

자들과 교감되지 못하고, 또한 이해의 상호작용이 긴밀하게 형성되지 못한다면 공허한 일방통행식의 메시지로 남을 게 분명하다. 따라서 필자와 독자가 함께 건널 수 있는 메시지의 교량을 먼저 놓아야 옳은 일이다.

빅3의 생가와 선영에 관한 내용을 함께 이해하고 공감대를 형성하려는 오리엔테이션을 성실하게 시도하는 것이 선행돼야 한다. 그러기 위해서는 중심내용의 구조를 다음과 같이 설명하고 우선 그에 따른 해설을 붙이기로 했다. 6명의 전직 대통령의 생가터와 선영을 결작하기 위해 지기를 공급해주는 뒷산봉우리나 그 곳에서 발달해 내려온 용맥은 강세룡이자 대지명혈을 짓기 위한 요건을 잘 갖춘 것은 공통된 요건임이 간산 결과와 지도상에서 확인해 본 결과 입증됐다. 다시 말해 혈에 지기를 크게 서리게 할 발원의 용세는 큰 명당의 변인을 잘 갖췄다는 것이다. 그러나 아무리 힘차게 내봉한 용맥도 그 마무리가 법도에 잘 맞게 형성됐을 때에 한해, 용맥을 타고 내려온 지기가 어느 한 지점에 정확히 서리게 되고, 그런 작용이 충족돼야 용진혈적에 들어맞는 진혈을 맺는 것이다.

그런 작용은 혈 바로 뒤에 우뚝 솟은 마무리 성신(산봉우리) 즉, 현무봉 내지는 주산으로부터 결혈자리까지 이어지는 용맥의 행도가 이기적 용세에 맞게 이뤄져야 비로소 서

기가 감돌아 승기하는 참된 혈이 맺어지는 법이다. 특히 좌·우선룡이니 2태교구 내지는 4태교구 작혈 등은 바로 이 영역에 해당된 용어이자 개념임을 밝혀 둔다. 그러니까 100리나 1천리를 힘차게 행룡해 온 성봉과 용맥일지라도 작혈에 임박해 지면 고요하게 지기를 머물러 감돌게 하기 위한 용맥의 흐름에 엄밀한 법칙이 있어야 한다는 얘기다.

움직임에 체계적인 질서와 짜임새가 없으면 이는 난동에 빠져 혈은 고사하고 잠깐 쉴 곳조차 만들지 못한다. 그때 체계적인 질서와 순서를 법도에 맞게 교도하는 것을 '교구통맥'이라 한다. 이때 교구통맥이 법도에 맞게 이뤄지게 되려면 양룡맥과 음룡맥이 교구를 형성해야 되는데, 그 배합을 천기와 지기가 상응하게 하는 선매룡이 중간이나 첫머리 아니면 말미에 정확히 자리 잡아서 음양맥을 결합하게 하면 마침내 전류의 속도와 같이 산맥을 타고 흘러온 지기가 어느 일정한 곳에 빙글 돌아 끊임없이 서리게 된다. 이 곳이 곧 혈이다. 이렇게 될 때 풍수지리학의 핵심원리이자 불변의 법칙인 '용진혈적'이 이뤄지는 것이다.

| 지구상의 모든 산봉우리는 함량의 다소만 다를 뿐 지기를 간직한다. | 산봉에 간직된 지기는 산맥만 형성되면 지기가 산맥을 타고 전류처럼 흘러내리는 속성이 있다. |

용맥을 타고 흐르는 지기가 어느 한 곳에 서리어 응결되는 지점이 혈인데, 혈을 형성하려면 그 지기가 흐르는 산맥이 일정한 법칙성을 띠고 교도를 이루며 행룡해야 한다.

   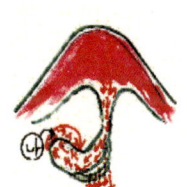

| 산맥이 직선으로 뻗어서 지기가 머물지 못한다. | 산맥이 구불구불하여 생기있게 보이지만 지기가 흘러버린다 | ㉮지점이 취기처 같지만 지기가 서리어 감돌지 못한다. | 용맥의 교도가 법칙에 맞아 '관성에 의해 ㉯지점에서 서리어 승기한다. |

〈지기가 주룡의 용맥을 타고 혈을 맺는 과정 이해도〉

그렇다면 2태교구, 3태교구, 4태교구의 작혈이라 할 때 태(胎)는 무엇일까. 이는 전문분야에 속하고 그 내용도 매우 난해하고 복잡한 까닭에 그림으로 해설했으니 본책 164쪽의 태교룡을 참고하기 바란다. 또 하나의 개념인 좌·우선룡이란 무엇인가. 말 그대로 명당 터를 짓기 위해 내룡한 용맥을 주룡이라 하는데, 그 주룡이 작혈에 앞서 교구통맥을 이루는 방향이 시계 바늘방향으로 행룡하게 되면 좌선룡이고, 그 반대 방향의 흐름이면 우선룡이라 한다. 이 좌·우선룡은 혈의 핵심지점을 식별하는데 절대적인 관점이 되므로 잘 살펴 터득하고 이해해야 한다.

외람된 지적이고 경망스런 문제 제기가 될지 모르지만 여기 저기 소개된 상당히 많은 간산기행문을 접해 보지만 혈을 짓기 위한 용맥을 정확히 실측하지 않고 형기에 의존해서 간산의 평가나 소감을 쓰는 경우를 보면서 '왜 그러는 것일까' 하는 의아심을 늘 떨쳐 버릴 수 없다는 것이 필자의 솔직한 심정이다.

물론 용맥의 실측과 등산의 성가심도 없이 모든 것을 통찰, 분석, 평가할 수 있는 깊은 식견과 높은 안목이 있기 때문일 수도 있겠다는 생각이 없지 않지만 '우리나라 풍수지리학의 비조인 도선국사나 수많은 명사들도 현지 답산을 하지 않고는 간산평을 삼갔다'는 가르침을 마음속에

새기고 간산에 임해야 한다는 것을 필자는 다짐하고 또 다짐하고 있다.

지금까지 설명했던 내용을 도해로 제시하면서 다음 회부터 가, 나, 다 순서에 따라 고건 전 총리의 생가와 선영부터 간산기를 써 나갈 계획이다. 그림 해설과 관련된 내용을 더 자세히 살피려면, 본서 12장 제1절, 제2절 내용을 참고하면 된다.

제2절 고건 전 총리의 생가

지난 회부터 대권 입지자 중 '빅3'의 생가와 선영에 대한 간산기를 쓰고 있다. 그렇지만 많은 제약과 정보수집의 제한성 및 사안의 민감성이 겹쳐 붓가는대로 편하게 쓰기가 어려웠음을 미리 밝혀둔다. 정보 수집의 한계성이나 수집된 정보의 정확성 여부에 따라 사실과 동떨어진 간산기로 인해 대상인물에 행여 흠집이나 주지 않을까 하는 걱정을 떨쳐 버릴 수 없다. 이번 회부터 고건 전국무총리의 생가와 선영의 간산 결과를 토대로 필자의 안목과 풍수지리에 대한 나름대로의 경험적 지식 및 학문적 기반을 중심으로 풍수기행을 엮어 나간다.

다만 다음과 같은 공통된 통제요인을 모든 대상에 적용할 것임을 전제하고자 한다. 첫째 향후 전개 가능한 미래 지향적 예언성 내용은 언급하지 않겠으며, 둘째 필자의 인상적 평가에 따른 편견이나 주관적 해석에 기초한 간산평은 절제할 것이고, 셋째, 대상인물에 대한 프라이버시를 침해하거나 정작 대권후보가 확정된 이후 당락에 영향을 미칠 수 있는 내용을 제시하지 않을 것이다.

다만, 전회(63회)에 앞서 제시한 6명의 전직 대통령의 생가와 선영에 대한 간산평의 공통점에 비춰, 다양한 예상이나 가설적 추측은 독자들의 자유로운 판단에 맡길 수밖에 없다.

필자가 고건 전 총리의 생가에 대한 궁금증과 답산의 과제의식을 갖게 된 것은 대권입지에 대한 여론이나 본인의 견해를 밝히기 훨씬 이전의 일이다. 구체적으로 얘기하면 30대의 젊은 나이에 전남 도정의 책임자로 부임했을 때부터였다.

그때도 필자는 '인걸은 지령' 이라는 풍수지리사상을 상당히 믿고 있었고 그만큼 관심을 두고 있었던 터라, 도대체 태어난 양택은 어떠하고 그의 선영의 발음을 받는 음택은 또 어느 산소인가를 속시원하게 알고 싶었다. 그렇지만 그것은 궁금사항에 불과했다. 그때 만약 생가와 선영을

돌아보았더라도 풍수지리적 안목이나 객관적 준거에 의해 간산을 시행하거나 그에 관한 평가를 할 수도 없는 수준이어서 그저 마음속으로 애만 태우고 있었다.

이후 상당한 세월이 흘러 고 전 총리가 승승장구하면서 국민들 속에 그 명성이 드높아지고, 더불어 필자 또한 어느 정도 간산 능력이 익혀지는 시점에 이르러서야 그런 과제를 해결할 요량으로 수소문해 얻어진 정보를 기초로 찾아 간 곳이 전북 옥구군(당시) 임피면 월하리였다.

그 곳에는 호남 56대 음택명당 중에서 제1품 1순위에 있는 술산의 복구(개가 엎드려 있는 형국)의 명혈을 결록에 나온 대로 찾아보기 겸해서 어려운 걸음을 했었다.

그렇게 하길 네 번째만의 답산끝에 호원대 뒷쪽산에 자리 잡고 있는 제주 고씨 문중산의 드넓은 면적에 자리 잡고 있는 고건씨의 입향조와 15대 조모(광산김씨)의 산소와 함께 수십기의 신영을 모신 곳을 찾았다. 또 인근 마을에 있다는 고건씨의 생가를 찾아갔다. 마을에 사는 한 아주머니의 안내를 받아 겨우 찾아간 곳은 흔히 시골에서 볼 수 있는 평범한 한옥이었다.

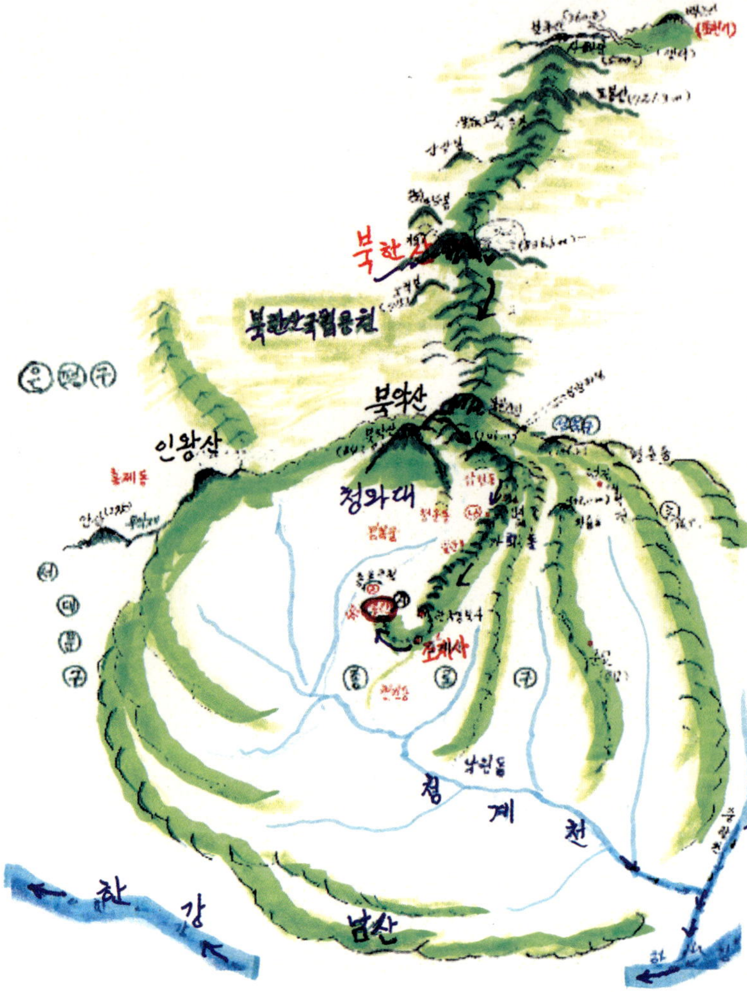

[고건 전 국무총리 생가 및 주변 산세도]

그러나 필자는 그 집이 생가라고 확신했기 때문에 집에

들르기도 전에 우선 술산에서 평야지대를 돌아 복구형의 음택명당을 만든 생기있는 용맥이 낙맥, 비룡, 과협, 박환, 회룡의 과정을 거쳐 다시 산봉을 일으켜 세운 뒤 빙글 돌아 멀리 보이는 술산을 되돌아보는 **'회룡고조형국'** 의 용맥이 마무리되는 용맥의 끝지점에 자리 잡은 '고건의 생가터(?)'에 대한 용진혈적의 요건과 그 집터가 어느 정도 의 규모로 결작했는지 실사를 통해 측정해 봤다.

그 결과 이태교구 乾,坎,艮 태교의 작혈이어서 대지의 진혈을 갖추긴 했어도 그 생가터에서는 이른바 장상이 배출된다는 3태교구 작혈과는 거리가 멀어 다소 의아해 하면서도 그 집을 방문했다. 그 집에 살고 있는 집주인은 고건 전 총리의 일가이었고 그 문중 특히 고건 전총리 집안에 대해 비교적 소상히 알고 있었다. 그 때 고씨 어른에게서 **"이 집은 고건의 부친 생가이고, 건이는 서울 조계사를 바라본 왼쪽 가까운 집에서 태어났다."**는 설명을 들었다. 행렬이 높은 일가인 듯 고건씨를 '건'이라고 호칭하는 등 집안의 웃사람임을 짐작케 했다. 그 고씨 어른은 우리 일행을 고건 전 총리의 선산으로 안내해 고조부 산소부터 조부산소를 알려주고 제주 고씨가 이곳에 근거를 잡게 된 내력도 막힘없이 설명해 주었다. 그 때 비로소 고건 전총리가 서울 태생이며, 그 생가 역시 서울 종로구 조계종 총

무원과 종로구청 사이 어디쯤에 자리 잡고 있음을 처음 알았다. 그런지 몇 개월 뒤 필자는 일행과 함께 고건 전 총리의 친산을 간산하고, 내쳐 서울 종로에 들러 그의 생가터를 살펴보기로 했다.

당시 경기도 남양주시에 소재한 선친인 고 고형곤씨 묘터와 서울 종로구에 있는 고건 전 총리의 생가터를 찾아 그 용맥을 샅샅이 살펴보았다. 하늘이 우리 과제 해결에 일조를 했음일까. 서울 종로에 당도하기 전부터 내리기 시작한 비가 고건 전 총리의 생가터로 이어지는 용맥을 측정하기 시작하면서 거의 폭우에 가깝게 퍼 부었다. 우중에 다니기는 불편해도 흘러내린 물줄기를 확인하면서 그 맥의 행도를 캐내기가 매우 용이했다.

산도에 표시된 대로 북한산에서 북악산을 향해 출렁출렁 생기차게 내룡한 용맥 중의 한 가닥이 낙맥, 결인해 주필봉(작은 산봉)을 세우고는 낙맥, 기복한 뒤에 146.7m의 산봉을 추켜 세운 뒤, 지기를 새롭게 응결시킨 산봉에서 끊임없이 흘러내린 용맥이 감사원, 금융연수원, 한국일보사로 이어지는 동안 크게 파쇄되지 않고 예사롭지 않은 대지명혈을 결작시키기 위한 강세의 주룡으로 뻗어 내려와 한국일보사 인근에서 한덩어리의 만두를 뭉뚱그린 다음, 이른바 혈을 만들려는 용맥의 교도가 어김없는 법칙성을 유지하면서 고

건 전 총리의 생가터로 회룡해 3태교구 작혈의 요건을 갖추면서 생기있게 행도를 진행하며 이어나갔다.

아쉬운 점은 발조의 조산이 주필봉으로서 大枝龍의 요건을 갖춘 主龍의 격에 다소 못미친다는 것이다. 얼핏보면 도시개발에 시달려 용맥이 없어진 듯 생각되지만 용맥의 기세는 그 속에서도 확연히 드러났다. 때마침 내리는 빗물의 흐름이 지세를 파악하는데 크게 도움을 줘 작혈에 앞서 형성된 용맥의 나아가는 형세가 역력하게 드러났다. 결과는 3태교구의 작혈임이 확인됐다. 다시 말해 서북→북북서→동북→동동북→남동맥의 흐름이었다. 즉 乾亥,壬子,艮寅,甲卯,巽巳의 교도의 회룡고조격이다. 그리고 지기탐지기인 엘로드의 허와 실에도 불구하고 2명의 전문 수련가에 의해 확인한 결과, 생가터 인근과 조계사의 드넓은 권역에 서려있는 지기가 실측에 의해 확인되기도 했다. 그 지기는 의외로 생기에 찬 강세룡이었다.

필자는 과거 경험에서도 몇번 확인했지만 이때도 먼저 전북땅에서 실시한 고건씨 선친의 생가터와 고 전 총리 생가터의 작국형태에서 다시 한 번 고전의 정통 풍수지리서에서 밝혀 놓은 二,三,四태 용맥교구의 대소경중에 관한 내용을 떠 올려봤다. 즉 '혈을 만들려는 용맥이 혈에서 부터 1천보 이내에 사태가 교구를 하게 되면 제왕지지가 되

고, 500보 내에 3태가 교구되면 장상지지가 되며 300보내
에 이태교구가 형성되면 일반인의 부귀지지가 된다.'는
경서의 밝힘이 바로 그것이다.

[조계사 경내를 통하는 주룡맥의 흐름]

　전북 옥구 임피에 작혈된 2태교구의 생가터를 둔 고 고
형곤씨와 고건씨는 부자지간이지만 그 음택기운은 같고
생가터의 대중에 따라 입신양명의 차이가 생득적으로 결
정된 듯 서로 다른 궤적을 밟아 온 것을 또 무엇으로 입증
해 설명할 수 있겠는가.
　고건씨의 생가터는 인왕산이나 경복궁을 중심으로 보면
마치 청룡맥의 호종사 같지만 그 혈이 대지를 안고 있음이
확실한 까닭에 그 맥은 주룡에 해당되고, 가회동에서 낙원

동으로 이어진 맥이 곧 고 전총리 생가터를 만든 맥의 청룡에 해당된다. 그리고 성북구에서 종묘로 이어지는 맥과 명륜동에서 낙산으로 이어지는 맥도 내·외 청룡의 역할을 해 주고 있다. 그 주룡은 물론 다른 대통령의 생가터가 그랬듯이 좌선룡이고 그 본원이 되는 북한산과 그 후룡들도 대지를 만들려는 크고 강한 용맥이고 성신(산봉)이다. 다만 발조의 성신(星辰)인 주필봉의 평범함이 아쉬웠다.

　주룡은 좌선룡인데 청계천과 청운동쪽에서 흘러내린 물은 우선수이니, 산수가 조화를 이룬다. 인왕산을 돌아 남산으로 환포된 용맥도 백호와 안산의 역할을 잘 하고 있으니 고 전총리가 일취월장의 관운을 타고 걸어 온 족적은 결코 억지로 이뤄진 것이 아니다고 할 수 있다. 적어도 풍수지리학적 관점에서 입증된 셈이다. 다음은 고건 전총리의 선영을 소개할 차례다.

제3절 고건 전 총리의 선영

　고건 전 총리가 생가터의 서기를 받아 생득적으로 타고 난 운기를 끊이지 않고 발현케 한 선영의 발음은 어느 선대 산소에서 동기감응의 에너지를 공급 받았는지를 살펴

볼 차례다. 필자는 고건 총리의 선영이 있는 두지역을 집중 답산했다. 그 중 한지역은 제주 고씨 문중산이 있는 전북 옥구군 임피면 술산이고, 다른 지역은 선친의 묘소가 있는 경기도 남양주시 수동면 송천마을 뒷산의 두리봉 아래였다. 두곳을 3회 이상 다녀왔다. 그리고 주산에서 혈처까지 반드시 용맥의 행도를 실측했다.

[좌측묘가 진혈에 자리잡은 증조부모 산소로 이태교구의 용진혈적이다. 우측의 조부모 산소는 규모가 크고 안정돼 보이나 증조부모의 배역에 해당되는 수맥 자리임이 안타깝다.]

[15대 조모 산소로 이태교구의 명혈이다.]

필자가 간산했던 자료를 엄밀히 분석해 보면 고 전총리가 대지명혈의 텃기운을 받아 생득적으로 타고난 운세에 시너지 효과를 더해 그 운기의 맥락이 지속되므로서 동기감응의 지기를 공급해준 선영은 술산 아래의 증조부모 산소이고 더 윗대의 선영은 15대 조모인 광산 김씨의 기운

이라 판단했다. 물론 고 전총리의 선친인 고형곤씨가 직접 점혈하고 재혈과 용사에 따른 지침을 남겨 소점해 놓은 신후지지에 안장토록했다는 친산의 음덕을 전혀 도외시할 수 없다. 그러나 선친이 작고한지 이제 겨우 2년 5개월이 지난 상태인 탓에 우선 잉태와 출산은 물론 성장과 오랜 공직생활에 미친 선친의 큰 덕은 오히려 생전의 정성과 가르침의 힘이 작용했다고 봐야 한다. 따라서 사후 발음이 발현하기는 아직 시기상조라 할 수 있겠다. 우선 옥구 임피면 술산에 묘재를 둔 증조부모 산소와 15대 조모 산소의 간산평을 쓰기로 한다.

[산도 I]에서 보듯 증조부모 산소와 15대 조모산소는 제주 고씨 문중산에 묘재를 두고 100m 거리내외에 자리잡고 있어 간산의 어려움은 없었다. 다만 15대 조모산소는 가장 오래된 입향조의 기단아래에 1천500평정도의 넓은 혈장내에 쓰여진 윗대 산소들의 하단 중간에 위치하고, 증조부모의 산소는 드넓은 산소터를 결작하기 위해 현무봉에서 낙맥한 용맥에서 분지돼 내려오는 왼편에 자리잡았기 때문에 결혈의 용맥본원은 같지만 그 위치는 다르다.

[고건 전 국무총리의 누대에 걸친 선영의 산도로 호남 56대혈 중
에서 제1승지인 복구형 대지를 만들기 위해 내룡한 대지룡맥이 술
산을 세운뒤 회룡하여 문중산을 조성한 현무봉울 세웠다. ㉮지점
은 15대 조모산소, ㉯지점은 증조부모산소, ㉰지점은 조부모산소,
※지점의 가옥이 선친 고형곤씨의 생가]

　[산도 I]의 ㉮지점에 쓰여져 400년이 넘어서고 있는 15
대 조모 산소는 현무봉에서 마무리된 땅기운을 타고 내리
게 한 용맥이 홀연 낙맥해서 결인처의 재를 만들고 이내
비룡한 다음 좌선룡 작국에 따라 9대조의 계열에 속한 선

영의 진혈을 작성한 후 드넓은 당판에서 새롭게 행도를 바꿔(변국) 우선룡으로 돌아서 이태교구작혈을 짓고는 정하게 자리 잡아 청기가 서리고 있다. 그러니까 우선룡의 작국인 것이다. 고 전 총리는 이 산소의 음덕을 받지 않은 것으로 해석할 수 있다.

왜냐 하면 이 산소는 이른바 무·부(武·富)가 배출된다는 혈이기 때문이다. 400년은 크게 문제가 되지 않는다. 그 체백(유골)의 존속상태 여하가 더 중요하다. 흔히 말하는 발음의 선영은 직계가 더 중요하고 더 큰 영향을 미친다고 하나, 아무리 가까운 직계라도 그 체백이 잘 보존되지 못할 경우 먼 선대의 상태가 좋은 체백의 발음에 미치지 못한다는 이론과 이치가 곧 유전감응론의 풍수지리학 핵심이다. 이런 관점에서 간찰해 보면 아무리 먼 윗대의 15대 조모이긴 해도 체백만 그대로 보존돼 있으면 그 발음은 후손에게 영향을 줘 음덕을 입게 될 것이라고 믿는다.

필자의 경험으로 어느 가문의 310년 된 선영의 체백은 손가락 마디까지 잘 보존돼 윤기가 나는 황골로 있는 등 용진혈적의 진혈에서 서기를 제대로 받은 것이 중요하다. 그랬을 경우 중국의 곽박선생이 밝혀낸 생기론 즉 유전감응론이 효험을 발현케 된다고 할 수 있다. 이런 관점에 들어맞는 선영 중 직계 선대의 산소가 곧 그의 증조부모의

묘소다. 일찍 세상에 알려지기 전에 그 산소의 발음에 의해 그렇듯 젊은 나이에 전남도백의 요직을 맡게 됐다고 볼 수 있겠다. 특히 필자의 간산 결과 고 전 총리의 선대 산소 중 교구통맥과 용진혈적에 들어맞아 아직도 서기가 가득 서려 있는 묘소는 이 증조부모 묘였다.

 호남 제1승지를 만들려는 생기에 찬 용맥이 복구혈을 짓고는 술산 소재지를 좌선으로 빙글돌아 회룡한 뒤 200고지 가까운 수봉을 세우고 낙맥해 15대조모 산소터로 가기 전 건해룡(서북방에서 동남방으로 내룡한 맥)의 한 자락이 임자룡(북방에서 남방으로 진행한 맥)으로 박환하는 마디에서 가만히 한자락이 이어나가 좌선으로 빙글 돌아 건해→임자→간인(서북방→북방→동북방 행도맥)의 이태교구의 야무진 혈을 결작했다. 국세 또한 잘 짜여졌다. 용호는 물론 안산과 그 앞에 취수된 저수지 등 용, 혈, 사, 수가 두루 잘 갖춰진 진혈이다. 그러나 증조부모 산소가 진혈이지만 오른쪽의 규모가 큰 조부모 산소를 배역에 자리 잡게 된 형세를 만들었으니 애석하다.

 10m도 채 못 되는 거리에서 진혈의 증조부모 산소와 그 배역에 자리한 조부모 산소는 풍수지리학적으로는 하늘과 땅 만큼의 위상을 두었으니 일희일비가 아닐 수 없다. 필자의 관점과 간산평이 정확하다면 조부모 산소는 수맥에

서 벗어날 수 있도록 하는 것이 좋을 성 싶다. 그러나 필자의 견해가 보편타당한 관점으로 받아들여질지 의문스럽다. 이제 세상의 이목이 집중된 고 전총리의 친산을 살펴볼 차례다.[산도Ⅱ]

그러나 앞서 말했듯이 교구통맥과 용진혈적의 준거에 입각해서 아직도 그 깊은 뜻을 헤아리기 어려워 이에 관한 간산평은 산도로 대신한다. 다만 확실하게 밝힐 수 있는 것은 본혈을 맺기 위한 주룡의 용세는 천하대지를 맺기 위해 달려온 특립특출의 성신과 생기에 찬 용맥의 행도라는 점이다.

관음산에서 주금산을 거쳐 철마산에서 송라산으로 이어지는 중간 대목에 그 유명한 천마산(안동 김씨 옥호저수형, 여흥 민씨 회룡고조형, 홍릉과 유릉을 작혈함)을 분지해 주고 곧장 진행하다 학고개에서 살기를 털어내고 두리봉으로 치켜 오른 다음 닉맥, 결인, 비룡해 372.7m의 현무봉을 끝으로 그 길고 장엄한 여정을 마무리한다. 이 만큼 대지명혈을 예비한 용세도 썩 드물다.

고 고형곤박사가 소점한 진산은 수봉중의 특출한 기상을 가득히 간직하고 있어 그 접근에는 성공했다고 믿어 의심치 않는다. 그런데 왜 용진혈적의 핵심이치가 되는 교구통맥에 대한 것은 배제했을까. 더 깊은 이치가 있음을 깨우

치지 못한 필자의 미숙함이 부끄러울 따름이다. 또 소점할 당시 현무봉까지 올라가 봤을까. 그리고 그 용맥을 호리의 오차없이 측정하며 용맥의 행도를 밝혔을까.

어느 월간지에 실린 메모지를 분석한 결과가 정확하다면 경태룡(서쪽에서 동쪽으로 진행하는 맥)에서 용맥의 간찰과 분석이 시작된 것으로 보이는데 그 윗쪽의 낙맥한 술건룡(서북방에서 동남방으로 내룡맥)과 더 윗쪽의 미곤룡(남남서방에서 동북북으로 진행한 맥)은 실측하지 않았어도 형안으로 유추해석이 가능했을까.

만약 그 용맥을 타보고 정확한 측정이 됐다면 왜 산소의 Ⓐ지점과 Ⓑ지점은 물론 또 다른 미곤맥은 지나쳤을까. 너무 많은 의문점이 필자의 미혹함을 되돌아보게 했다. 필자의 간산자료가 객관적 평가를 받게 된다고 가정 할 경우 고 전 총리의 생가터가 매우 큰 수혈인 반면 선영의 산소는 생가터에 비해 아쉬움을 느끼게 했다면 보다 큰 수혈만을 추구하는 필자의 속성일까. 고건 전 총리가 한창 잘 나아갈 즈음에는 술건의 입수맥에 수 없이 많은 암석을 권세의 증좌라고 하는 등 천하대지라고 평하기를 주저하지 않았는데 요즘은 왜 침묵으로 일관하는지… 의아할 따름이다. 이런 점을 스스로 되돌아보면서 박근혜 전한나라당 대표의 생가가 있는 대구로 향했다.

[산도 II]

경기남양주시

수동면

[고건 선친 산소의 산도]

제4절 박근혜 전 대표의 생가

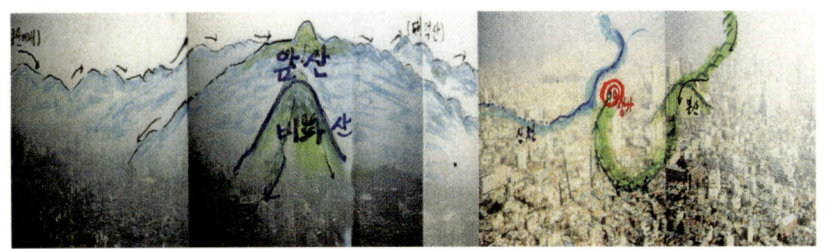

[대구시 앞산과 박근혜 전 대표 생가터 전경]

정해년 새해 벽두에 필자는 대구시 중구 삼덕동 5-2번 지를 다녀왔다. 박근혜 전 한나라당 대표의 생가터를 살펴 보기 위해서였다. 박 전대표의 생가와 선영을 둘러보고 필 자는 다시 한 번 풍수지리에 깃들어 있는 오묘한 사상과 실제를 확인하고, 놀라움을 감출 수 없었다.

박 전 대표는 우여곡절 끝에 제1 야당의 대표에 올라 입 지를 굳히고 대선의 유력주자로 떠올랐다. 특히 필자는 **"그가 부친의 후광을 엎고 특정지역의 지지기반으로 승 승장구의 출세가도를 달려올 수 있었다."**고 쉽게 단언하 는 세상 사람들의 말에 선뜻 동의할 수 없다.

그 이유를 박 전대표의 생가와 선영의 음덕에서 찾으려 고 한다면 '또 풍수타령이냐'고 힐난하며 웃어넘길지 모르 기 때문이다.

그러나 박 전 대표의 출세 요인에서만 그 사연을 찾아 해답을 제시한다면 여기에는 또 다른 역설적 문제를 짚고 넘어가야 할 벽에 부딪히게 된다. 박 전 대표가 후광을 입었다는 선친 박정희 전 대통령은 '공'에 대비될 만큼의 '과'가 많았고, 한 지역의 성원을 입었다면 다른 지역의 역작용도 그에 못지않았을 것이다.

따라서 필자는 여러 요인을 배제한 채 오로지 박 전 대표의 생가터와 선영의 음덕이 과연 정치적 위상을 탄탄히 다지며 대권을 꿈꾸는 오늘을 있게한 에너지의 원천이 됐는가를 냉철하게 따져보기로 했다. 유명인사에 대한 생가터와 선영을 더듬어보고 답산평을 풍수지리학적 관점에서 객관적이면서도 시행착오없이 정리해 세상에 밝히는 일이 정말 쉽지만은 않다는 것을 뼈저리게 느꼈다. 필자의 지적 호기심과 강한 문제의식에 대한 해답을 얻어내려는 내발적 동기가 없있다면 이빈 답산기는 중단됐을지도 모를 만큼 그 과정이 너무 힘겨웠다.

내권 입지자 3명 모두 생가터가 시골에 있지 않고 도심에 자리잡아서 내룡해 온 용맥을 타고 그 행도를 확인하는데 쉽지 않고, 저항이 많았다는 점이다. 고건 전 총리와 박 전 대표는 생가터가 서울과 대구인 탓에 생가터까지 이어져 내려온 용맥을 살펴서 실측하기에는 대도시라는 특수성으

로 제한성이 너무 컸다. 또 이명박 현 대통령의 생가는 일본 오사카이고 4세부터 11세까지 7년 동안 성장기를 보낸 곳은 경북 포항땅 일우였다는 데에 또 다른 어려움이 뒤따랐다. 하지만 필자는 한계상황까지 뚫어야 된다는 일념과 독자들의 기대에 부응하기 위해 숨가쁘게 뛰며 실체를 확인하기를 반복했다.

사실 박 전 대표의 생가터는 K시의 어느 동에서 태어났다는 믿을 만한 정보를 입수하고 그에 따른 답산기를 정리할 수 있었다. 그런데 뜻밖에도 그 답산기는 휴지조각이 되고 말았다. 박 전대표의 생가는 K시가 아니라 대구광역시 중구 삼덕동 5-2번지라는 정확한 사실정보가 들어왔기 때문이다. 그래서 필자는 대구로 달려간 것이다. 물론 실제 답산을 나서기 전에 생가터를 둘러싼 용세(산봉과 산맥)의 근원과 행룡의 과정을 샅샅이 조사했다.

이번 박 전 대표의 생가터는 실제 답산을 통해 용진혈적과 혈 규모의 대소경중을 분석하는 것에 비해 정확한 생가터의 지점을 탐문해서 찾아가는 일이 더 어려웠음을 밝혀두지 않을 수 없다. 박 전 대표의 생가터는 대구시 중구 삼덕동파출소를 찾아서 주소지의 시내 안내도를 익힌 다음 대구경북금융결제원을 찾아가다 보면 그 바로 왼편에 새로 지은 9층 건물의 1층임을 확인할 수 있다.

필자는 그 지점에서부터 사전에 조사된 지형도와 용맥의 행도 가능성을 되짚어 가면서 역코스를 밟아 옛날 봉산 또는 연구산(連龜山)까지 더듬어 용맥의 흐름을 타고 용맥상의 도상도를 그려가면서 그 만두(봉산 또는 연구산) 부터 생가터 지점까지 용맥을 확인했다. 그 결과 이른바 교구통맥법에 비춰 정확히 3태교구의 결작으로 이뤄진 대지명혈의 요건을 갖추고 있었다. 그 내룡한 용맥이나 후룡의 성신(산봉) 또한 후중하며 그 규모도 대단했다.

지도상에서 확인한 대로 생가터 (대구시 전체)의 근조산은 이른바 앞산(660m)이 틀림없었고 앞산에서 낙맥 결인 비룡해 대구시내의 주요 지룡을 분지케 한 비파산이 앞산의 품에 안기듯 자태를 뽐내면서 강세의 '앞산' 용세를 순화시킨 뒤 낙맥해 큰 자락은 두류산을 거쳐 달성공원을 지나 금호강과 신천이 합수돼 감돌아 가는 지점에서 침산을 밈춰 세우고 그 마무리를 하고 있다.

그리고 다른 한지맥이 평맥과협해서 우선룡으로 비룡 봉산 또는 연구산을 뭉뚱그려 앉혀놓고는 거기서 길고 긴 여정을 통해 간직해 온 땅의 기운을 응결시켜 숨고르기를 한 다음, 연이어 용맥의 흐름을 우선룡에서 좌선룡으로 변국하면서 교묘히 몸을 틀어 손사룡(동남방→북서방으로 행룡)을 토해 내듯 천심룡으로 내려 보낸 뒤 한참 뒤에 다시 북쪽으로

머리를 트는가 했더니, 다시 동북방으로 진행을 바꾸고는 무엇에 쫓기듯이 또다시 동쪽으로 회룡 한 후 동남방으로 행도를 바꾸고는 살며시 안착해 박 전 대표의 생가터라는 그 편의점 건물로 들어가며 길고긴 행룡을 마무리한다. 그러니까 巽,離,坤,兌,乾의 3태교구임이 드러났다.

산도와 사진에서 보듯 옛 봉산도 지금은 산봉우리의 형세조차 찾아보기 어렵게 개발돼 큰 빌딩숲을 이뤘고 내룡한 용맥의 흐름도 도로의 높낮이에 따라 살펴보고 행인에게 물어가면서 그 나아감을 실측할 수밖에 없었다. 그런데 그날의 일진이 좋아서였을까. 낯선사람이 나경을 들고 뛰어 다니는 것을 지켜본 대구 토박이 노신사가 나서서 필자의 궁금증을 많이 풀어주고 용맥에 대한 진행사항도 손바닥 보듯 훤히 꿰뚫어 안내해 줬다. 그 고마움이란 낯선 땅에서 어려움을 겪어 보지 못한 사람은 가늠하기 어렵다. 그 노신사는 "그냥 대구 본토배기쯤으로 적어주라"는 말만 남긴 채 가던 길을 재촉했다. 차라도 한잔 대접하고 싶었지만 여의치 않은 게 못내 아쉬웠다. 특히 그 노신사는 "어쨌든 대구의 양택대지는 달성터를 먼저 들먹인다."고 일러줬다. 그래서 일까. 앞산을 거쳐 비파산에서 내려온 주룡맥은 실제 간산에서나 지도에서도 두류산을 지나 달성공원으로 진행되고 있음이 눈에 들어왔다.

    그러나 봉산이라는 큰 마디는 박 전 대표의 생가터를 결작
시키는데 큰 몫을 하고 있음을 굳이 부인할 수 없었다. 그 맥
이 좌선으로 크게 진행해 끝마무리를 하는 곳에 이르러 우선
수로 굽이쳐 흘러오던 신천천의 물길이 중구지역에서 유별
나게 감돌아 환포한 것도 예사로운 혈증이 아닐 수 없다. 대
구시의 근조산이 앞산(사실은 후룡의 성신)인 듯이 보이지만
산도에서 확인되듯 그 본원 역시 팔공산(1192m) 이다.

[박근혜 전 대표의 생가터 산도]

팔공산의 힘찬기상을 안고 흐르는 용맥이 남쪽으로 진행하다 금호강 상류에서 도수과협으로 인상적인 낙맥과 결인을 한 뒤, 다시 크게 비룡해 성암산, 병풍산, 동학산, 봉화산, 삼성산에서 북으로 방향을 틀어 비슬산 등을 세우고 성불산을 앉힌 후 그 후중하고 크게 날개를 펼쳐 개장한 앞산을 드높이 세워 대구시의 전역에 땅의 생기를 공급한다.

이는 대동여지도에도 소상히 그려져 소개돼 있다. 팔공산 서쪽으로 분맥된 도덕산과 앞산에서 학산공원쪽으로 분지된 맥락에서 솟은 대덕산 및 삼성산에서 수성구 쪽으로 내려와 우뚝 세워진 대덕산을 직선으로 이으면 중구의 삼덕동이 상층 중심에 위치한다. 그리고 수성구에 소재한 삼덕동 역시 그 쪽을 중심 삼아 보면 삼각형의 상층중심에 위치하고 있다. 그래서 삼덕동으로 이름지은 것일까. 어쨌든 박 전 대표의 생가터는 용진혈적에 3태교구의 대지에 속한다고 해도 결코 지나침이 없다는 게 필자의 간산 평이다.

제5절 박근혜 전 대표의 선영

박근혜 전 한나라당 대표 선영의 간산은 두 곳으로 정했다. 한곳은 선친인 박정희 전 대통령을 배출한 경북 구미

시 상모리 정총골에 자리한 증조부모 산소이고, 다른 한곳은 직계 중 가장 가까운 박 전대통령 내외가 안치된 동작동 국립묘지다.

구미시 상모리 정총골 박 전대표 증조부모 산소는 작년 6월28일자 남도일보 지면을 통해 상세히 소개한 바 있다. 그러나 간산기의 쓰임이 다르기 때문에 새해 들어 박 전대표의 생가터를 답산 한 후 또다시 고령 박씨 족장지로 조성된 정총골을 둘러 봤다. 작년에 빗속에서 간산했던 때와는 달리 주위의 산세가 선명하게 눈에 들어와 또 다른 느낌을 받았으나 풍수지리학의 핵심인 용진혈적의 관점에서 보는 간산평은 다르지 않았다.

이 곳 산소터를 다시 실측해도 우선룡의 이태교구 작혈의 대지에 속했다. 乾戌, 辛酉, 坤未(서서북방룡→서서남방룡→남남서방룡)의 양두 음두가 신유의 중매를 받은 대지이다. 태조산격인 금오산의 빼이난 기상이 효자봉으로 이어져 박 전 대통령의 생가터로 주룡맥을 타고 크게 지기를 공급했음은 이전의 간산평에서도 소개했다. 그리고 효자봉에서 오른쪽으로 개장한 큰 지맥이 위이, 기복, 과협 등 주룡의 윤서를 다시 밟아서 내려오다가 증조부모 산소로 지기를 내려 보내기 위한 성신(현무봉)을 크게 일으켜 세운다.

[동작동 국립묘지에 영면한 박정희 전 대통령 내외 산소의 산도]

그리고는 우선룡으로 낙맥하면서 재촉하듯 이태의 교도
를 이룬 뒤 동·정(動·靜)의 원리에 맞춰 결혈하고는 마
침내 그 소명을 다한다. 국세 또한 잘 짜여져 명혈을 감싸
안고 있어 이른바 용, 혈, 사, 수의 4과가 두루 조화합국된
진혈임이 드러났다.

특히 청룡과 백호가 교쇄된 곳에 단정히 자리 잡은 안산

은 국중인물의 배출이 기약된다는 일자문성의 토성체의 도지목이 국세안의 지기를 잘 관리하며 수문장 노릇을 제대로 하고 있는 것이 눈에 띈다. 그리고 국세안의 여러 골짜기에서 흘러내린 미망수들이 한 곳에서 합수처를 이루고는 구불구불 구곡수를 거쳐 용호가 교쇄되고 일자문성이 지키고 있는 수구로 빠져나가니 수세 또한 뒷받침된다고 볼 수 있다.

어쨌든 박 전 대표가 양택의 빼어난 기운으로 태어나 풍파와 격랑이 우려되는 정치무대에 서서 여성으로서 제1야당의 대표로 소임을 흔들림없이 수행하고 드디어 대선주자의 반열에 오르게 된 것은 정총골에 있는 증조부모 산소에서 보내는 발음 때문이라는 것을 확인 할 수 있다.

그에 대한 확신은 그의 친산인 박 전 대통령내외의 산소를 간산하고 나서 더욱 굳어졌다. 박 전 대통령내외 묘소는 국립묘역의 드넓은 곳에서도 제1묘역인 장군묘역에서 80여m 상단에 자리 잡고 있다. 간산하는데 출입이 통제되는 곳이 많아 어려움이 뒤따랐지만 신분과 목적을 털이놓고 통사정을 한 끝에 겨우 산소자리의 가장 가까운 현무봉격인 상봉까지 올라 내룡맥을 살피고 그 태조산과 이어진 용의 행도를 눈으로 직접 확인할 수 있어 다행이었다.

[산도]에서 보듯 실측한 용맥을 용진혈적의 가장 기본요

건으로 삼는 교구통맥에 대비시켜 분석해 봤지만 안타깝게도 그 산소터는 진혈처에서 비껴나가 있다는 게 필자의 소견이다. 한때 풍수호사가들을 제쳐두고라도 온 국민의 관심이 쏠릴 만큼 소문이 무성했던 박 전 대통령의 유택은 살아생전의 명성만큼이나 그 허와 실에 대해 한마디씩 했던 사실을 되새겼다.

외람되게 남도땅 일우에서 풍수지리에 관심을 두고 일로 매진 했건만 아직 그 깊고 깊은 학문의 언저리에도 미치지 못한 필자가 당대의 국풍을 자처했던 명지사가 소점하고 용사한 일국의 대통령 유택에 대해 왈가왈부 간산평을 쓰는 것 조차 가소롭게 여길 것이 불을 보듯 뻔할 것이다.

감히 필자가 국민들에게 회자되고 있는 전직대통령의 유택을 '진혈에서 비껴서 자리 잡고 있다'고 말한 이유는 이렇다. 박 전 대통령의 산소터를 지으려는 용맥의 본원은 분명히 관악산에서 발조돼 그 한 대지룡이 남부순환도로까지 낙맥한 뒤 결인처를 만들어 관악산의 타는 듯 한 화기의 살기를 털어내고 내쳐 동작동 국립묘역을 향해 기복과 취기를 반복하면서 길게 비룡(내려온 맥이 다시 치솟아 오름)해 마침내 동작봉으로 오르기위해 동작묘역의 왼편 산허리에 당도한다.

또 거기서부터 비룡의 기세를 늦추지 않고 손사룡(동남

방에서 서북방으로 진행된 산맥)으로 치커 오르다가 일차로 만두를 형성한 산봉이 곧 박 전대통령 유택으로 내려오는 용맥의 주산이자 현무봉이다. 거기서 꺾여져 내려오는 낙맥이 천룡에 해당되리 만큼 120°를 회두해서 낙맥의 시초를 이룬다.

결국 손사맥에 실려 온 땅의 기세는 묘역내에서 제일봉인 동작봉을 지향하고 있는 격이 됐다는 것이다. 그래도 주교(走交)의 단순성을 벗어나 산봉을 세우고 낙맥 내룡했으니 그나마 주룡(?)의 형세는 갖췄다고나 할까. 거기서부터 내룡맥을 측정한 결과 [산도]에서 처럼 취기입수를 반복하면서 생룡의 지세를 갖췄다.

그 입수룡을 헛되지 않기 위한 '자연의 본태성'에 연유한 것일까. 산소 바로위 30~40m에서 부터 드디어 교구통맥의 형세를 갖춰 서남방(곤신방)에서 서쪽방(경유)으로 회두하더니 산소 바로 위에서 홀연히 60°를 틀어 북서빙에서 동남방으로 안착되는 현유혈(길게 늘어뜨린 유혈)을 작혈하고는 그 일생을 마감 정리한다. 즉 坤申,庚酉,乾亥의 2태교이다.

[박정희 전 대통령 내외 산소 전경]

그 곳이 필자가 늘상 강조하는 용진혈적의 진혈처인 것
이다. 그곳에 앉아 보면 진혈처가 갖는 요인이 거의 갖춰
졌다. 드넓은 내명당하며 안산과 조산이 그러하고 또 좌선
혈장에 우선수가 그러하다. 결혈을 마치고 난 용맥이 다시
그 기세를 추슬려 서남방(곤신)맥으로 시작되는 바로 그
곳이 박 전 대통령 내외가 영면하고 있는 자리다. 정말 가
슴 아팠다. 진혈처인 건해맥으로 지기를 돌리려고 요석이
박힌 암벽이 바로 아래쪽이니 더욱 그랬다.

진혈에서 보면 배역(背域)에 해당되고, 장군묘역 및 창빈
안씨의 능과 이승만 전 대통령 산소자리를 기준으로 삼으

면 과맥의 자리이니 차라리 필자의 간산평이 전혀 터무니 없는 내용이거나 편견과 집착에 몰입한 오류이기를 바라고 싶을 정도다.

박 전 대통령내외의 유택을 두고 '광에 물이 난다'는 등의 말은 모두가 걱정속에서 나온 탄식일 것이지만 그게 중요한 게 아니라 그 곳이 풍수지리적으로 봐서 지기가 서리지 않는 무기의 지점이라는 것이 진솔하고 용기있는 간산평이라 할 것이다. 창빈 안씨의 동작릉이 자리 잡은 유서 깊은 땅, '산골의 공작새가 알을 품는 형국'의 '동작포란형'의 명혈대지에서 **"하필 그곳이었을까"**하는 심정이 앞섰다.

필자의 선고 산소가 꼭 그런 형국의 수맥살기를 받다가 겨우 건져낸 그 혈처와 너무 흡사하게 빼 닮아서 더욱 가슴이 아팠다. **"부디 개장하라"**고 간청하고 싶지만 그런 믿음을 가질지 모를 일이다. '참된 용맥은 교묘하게 몸을 틀어 찰라의 순간 내려서는 경우가 많은데 어찌 곧게 내려와 보기 좋은 자리만 혈자리로 근거하려 하는가'라는 중국 송대 장자미 선생의 유훈과, '매번 정면만 찾아 잘못 하장하고 옆으로 살짝 돌아서 떨어진(비탈진) 언덕은 쓰지를 않네'라고 탄식한 풍수지리의 중시조 당대 양균송 선생의 경고성 경구를 떠올렸다. 이제 다음 차례인 이명박 전 서울

시장(현 대통령)이 자란 포항으로 발길을 옮긴다.

제6절 이명박 현 대통령 생가

　이명박 현 대통령의 생가터와 선영은 경상북도 포항시와 관계가 깊다. 왜냐 하면 이 전시장의 선친과 그 윗대가 삶의 터전을 잡고 살아 온 땅이 바로 포항 땅인데다가 선영들마저도 거의 포항 땅에 근거하고 있기 때문이다.　이명박 현 대통령과 그의 장형 및 중형 그리고 세명의 누이들도 생가터는 일본의 오사카시 일우라고 전해지고 있다. 타향도 아닌 타국의 이역만리의 낯선 땅을 생가터로 갖게 된 이 前시장의 6남매 운명은 일본의 강점기 시절과 그 맥을 같이하고 있어서 조국의 불운한 시대상황과도 맞아 떨어진다.

　'신화는 없다.'는 이명박 현대통령의 저서에 보면, 그의 선친 충우씨는 1935년 살길을 찾기 위해 당시 우리나라를 지배하고 있는 일본으로 건너가 오사카시의 교외에 있는 한 목장에서 목부의 일을 맡아 일했다고 한다. 수년 동안 천신만고의 가난을 무릅쓰고 열심히 일한 덕분에 그곳에서 어느 정도 자리를 잡자 일시 귀국해서 결혼한 후 다시

일본 오사카의 일터로 건너간다.

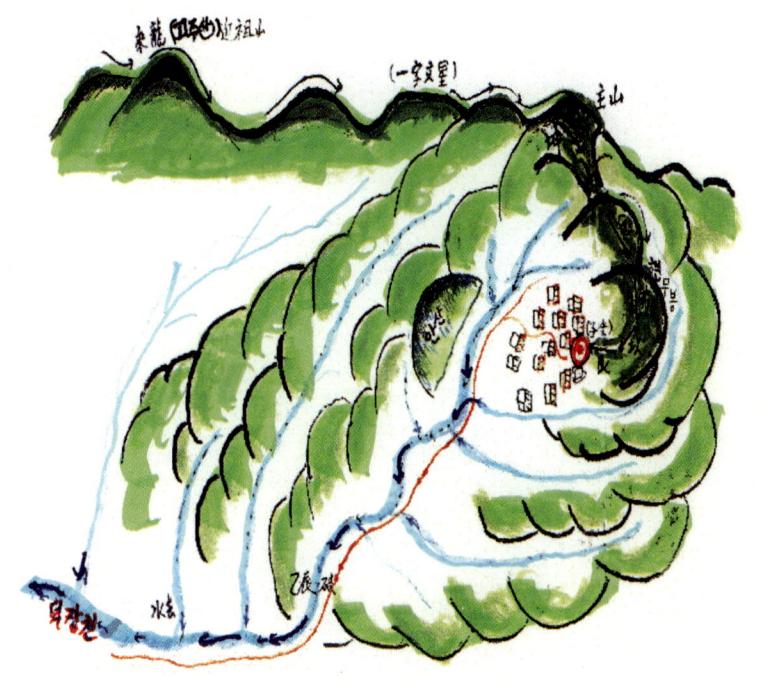

[이명박 현대통령이 성장기를 보낸 양택 ◉ 산도]

그 곳에서 이충우씨 내외는 6남매(3남3녀)를 낳아 키우다
가 일본이 패망하자 그해 11월에 귀국했다. 그때 이 현대통
령은 4세의 어린아이였다. 따라서 이 현대통령이 그 부모
로부터 잉태와 출산의 의미를 간직한 일본 오사카는 어디
쯤인가도 알아내기 어렵고, 알아낸다 해도 현재로선 답산

하기가 매우 어려운 처지이다. 다만 형들과 이 현대통령이 누대의 가난과 시련을 딛고 교수(장형)와 국회의원(중형 상득씨) 등 입지전적인 인물들로 성공하고 있는 것을 미뤄 유추해 보면 그들이 잉태와 출산 그리고 성장했던 오사카의 목장 근처의 생가터는 적어도 이태교구 이상의 명터였지 않나 여겨질 뿐이다. 필자가 그렇게 관련적 평가로서 생가터를 용진혈적의 이름을 붙이는데는 그만한 근거가 있다.

[이명박 현 대통령의 성장기 양택과 그 내룡산도]

필자는 일본을 세 번 다녀왔다. 그 때마다 오사카시를 모두 둘러볼 기회를 가졌다. 그 곳에 유적지와 역사적 유래 등을 살피고, 주변 산세를 보면서 일본 땅에서 몇 번째 안에 드는 수려하고 조화롭게 잘 짜인 산세를 보면서 예사롭지 않는 텃기운을 느낄 수 있었다. 또 어떤 운명적 과정에서든 일본에서 태어나 다시 한국으로 귀국해 요직에 올

라 자기 몫을 해내고 있는 명사들이 한결같이 오사카 출신이라는 것을 주변에서 많이 들어왔다. 따라서 필자가 직접 눈으로 확인했던 오사카의 형세적 운기와 관련해 보면 결코 우연이 아니라는 것을 짐작케 했다. 그리고 풍수지리학적으로도 '어떤 터에서 잉태되어 출산하고 성장했는가가 그 사람의 일생을 좌우하는 매우 중요한 변인'이 된다는 것 또한 간과 할 수 없다.

주룡맥이 충만한 지기를 공급해 온 그 마무리의 용진혈적에 서리는 서기의 땅기운을 받고 잉태된 순간과 그렇지 않은 경우와는 그 출생 주체자의 일생이 너무 확연하게 달라진다는 것이 곧 '인걸은 지령'에 담겨진 풍수지리의 신묘한 이치이기 때문이다. 이는 **"훌륭한 자녀를 두려거든 부부가 명당터에서 잠자리를 해야 할 기회를 만들어야 한다."**는 암도 스님(전 백양사 주지)의 말씀도 생가터의 중요성을 강조하고 있는 것이다. 똑같은 친하의 명당디리도 가장 그게 영향을 받는 것은 그 터에서 잉태와 출산 그리고 장기간의 성장기를 보내아 되고 다음은 잉태와 출산을 명터에서 하되 성장기는 다른 고장에서 보내는 것의 순서가 된다.

왜냐 하면 부부가 합궁해서 태초의 생명 출생요인을 가질 때 부부의 음양 기운과 집터의 청기가 조화되어 그 수태가 정기를 타기 때문에 잉태의 순간이 중요한 것이다.

출산이 다음 중요한 것은, 산모의 뱃속에서 세상 밖으로 나와 첫호흡을 하며 삼라만상의 기를 찰나적 순간에 호흡해서 태아의 몸속에 통기시키게 될 때 그 빨려들어가는 기(天氣와地氣)가 어떤 것이냐가 매우 중요하다는 것이다. 또 성장기도 어린 시절에 지기의 습득이 예민하고 강할 때 어떤 터에서 그 기간을 보내느냐가 중요하기 때문에 생득적인 요인에 따라 등급을 따지는 것이라 할 수 있다.

다시 이야기의 실마리를 경북 포항시 흥해읍 덕성1리 덕실마을로 되돌린다. 이 곳이 바로 이 현 대통령이 해방과 더불어 귀국한 부모형제를 따라 처음 정착지로 정해져 4살부터 포항시내 달동네로 가기전까지 머물렀던 곳이기 때문이다. 지금 그 터에다 옛집을 헐고 새 양옥집(사진)을 짓고 살고 있는 사람은 이인학씨였다.

그를 만나 여러 가지 궁금증을 풀 수 있었다. 일본으로 건너가기 전까지 이 현 대통령의 선친이 나서 자란 곳이 바로 덕성1리 538번지에 자리 잡은 초라한 시골집이었고 그 이전의 선대부터 월성 이씨들이 이 곳에 터를 잡아 살아왔다고 한다. 이충우씨(이 현대통령의 선친)는 일본으로 가면서 그의 종형에게 자기의 생가터이자 누대에 걸쳐 살아 온 그 보금자리를 관리해 주도록 맡겨놓았다는 것이다.

그리고 귀국과 더불어 다시 그집에서 7~8년을 살다가

포항시내로 이사를 갔고, 그때 그 집을 인수해 지금까지 살고 있다고 했다. 그러니까 이 현대통령은 4세부터 11세 전후까지 그터에서 성장기를 보낸 셈이다.

[산도]에서 보듯 근조산이라 할 목성체(탐랑성)의 고주산에서 낙맥, 결인, 과협, 위이 등 주룡의 체계적 순서(주룡의 윤서)를 거쳐 좌선룡으로 회룡해 여섯 번의 박환절용의 교도를 거쳐 3태교구(곤신→경유→건해→임자→간인)의 통맥을 통해 작혈, 성신(산봉)이나 용맥의 행도나 그 교도의 흐름이 분명 '용진혈적'의 가혈(佳穴)이었다. 물형으로는 '매화낙지형'이다. 그 명혈에 생가터를 둔 이 현대통령 선친의 기상이 유전학적으로 감응되고, 그렇게 태어난 3형제가 왕대밭의 왕대처럼 크게 그 기상을 계승해 오늘의 큰 인물로 뻗어나고 있다고 여겨진다. 4세부터 6~7년간 3태교구의 용진혈적에 서린 청기의 땅기운을 받고 성장한 이 현대통령의 운명적 운기는 결코 헛되게 평가할 요인 일 수는 없다고 본다.

그 전에 그처럼 명혈의 양택을 사들여 고옥을 헐고 새로 지은 집에서 살게 된 현재의 집주인 이인학씨가 안타깝게도 지체가 부자유스러웠다. 결례를 무릅쓰고 그 연유를 물은 즉 본채를 헐고 새로 성주하는 동안 아래채에서 임시로 기거하게 되었는데 그 때 까닭 없이 몸이 자유스럽지 못하

고 불편하더니 이내 지체 부자유의 상태가 되었다고 속내를 털어 놓았다. 명혈의 부근에는 그 터에 서린 지기(地氣)를 설기시키지 않게 하는 수맥이 에워싸고 있게 되는 것이 혈장의 구조인데 이를 일러 풍수지리학적 용어로는 상수(相水)라고 하며 육안으로 식별할 수 없다. 지하에 깃든 수맥이기 때문이다. 그래서 옛 선사들은 털끝만큼의 잘못된 점혈이 있어서는 안된다고 경고한 것이리라.

동행했던 수맥탐지의 전문가에 의해 실측한 결과 지금도 새로 지은 집터는 땅기운이 가득 서리어 감돌지만 아래채가 있었던 자리(창고)에는 강한 수맥살기가 감돌고 있었다. 이 현 대통령의 생가터를 '성장기 터'로 소개한 점이 못내 아쉽기만 하다. 다음 회는 이 현대통령의 증조부모 산소를 소개할 예정이다.

제7절 이명박 현 대통령의 선영

이명박 현 대통령의 선대 묘소는 경북 포항시와 경기도 이천시에 자리 잡고 있다. 증조부모 산소와 조모산소는 포항시 신광면 만석1리 고주산 아래 주룡의 끝자락과 정상아래 주룡맥의 상층부쯤의 만석2리에 있다. 조부산소와 친산

은 경기도 이천시 호법면 송갈1리 영일 목장 내에 소재하고 있다. 필자는 선대 묘소 중 증조부모 산소의 간산에 주안점을 두기로 했다. 왜냐 하면 포항시 흥해읍 덕실 마을에 근거를 두고 있는 월성 이씨의 집터는 누대에 걸쳐 살아온 보금자리이자 이 현 대통령의 선친 생가이면서 이 현 대통령이 4세부터 6~7년 동안 성장기를 보낸 양택길지임을 확인한 후 그의 선영에 대한 간산을 시행했기 때문이다.

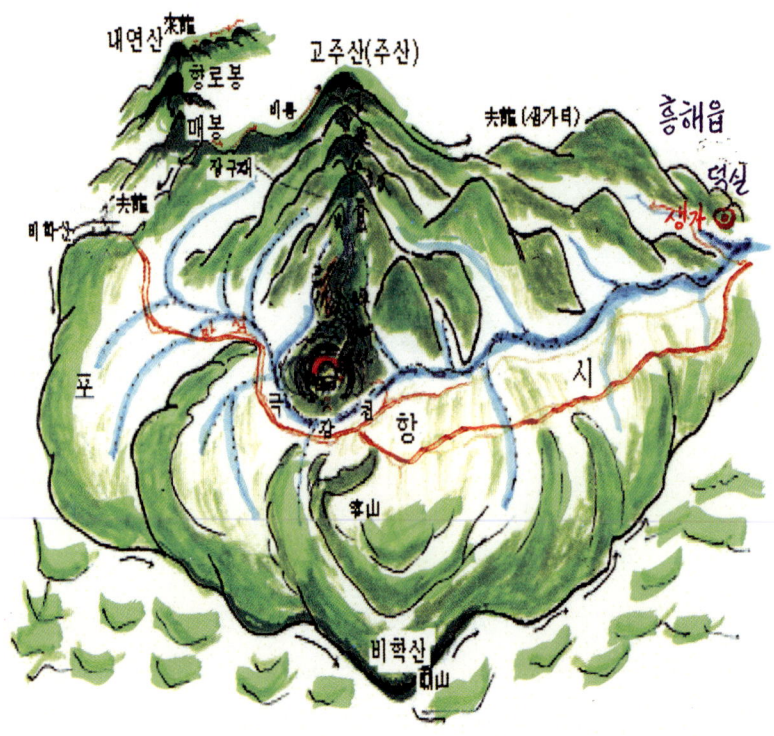

[이명박 현 대통령의 증조부모 산소 산도]

그 결과 증조부모 산소가 형기와 이기의 용세론에 가장 접근되고 재혈도 교구통맥에 맞았다. 용진혈적의 요건에 가장 부합됐다고 판단한 것이다. 증조부모 산소의 주산이자 생가터(성장기터)의 근조산이기도한 고주산(347.5m) 바로 아래쪽에 자리 잡은 조모산소를 간찰하고 나서 비학산 지맥의 상단에 위치한 법광사 인근의 9대 조부모산소까지 살펴봤다. 물론 경기도 이천시 영일목장에 있는 조부산소와 친산은 포항을 방문하기 전 이미 간산을 마친 상태였다.

[이명박 현 대통령의 증조부모 산소]

9대 조부모산소에 이어 증조부모, 조부모, 친산을 모두 답산 했으니 이 현 대통령의 발음을 받을만한 산소는 모두 섭렵한 셈이다. 필자는 증조부모 산소가 진혈에 자리 잡아 그 산소의 발복에 의해 이 현대통령 형제들이 시련을 극복하고 늦게나마 출세 가도를 달릴 수 있다는 믿음이 컸다.

증조부모 산소를 제외한 나머지 선영이 진혈 대지인데도 필자의 얕은 안목과 간산 관점이 수준에 못미쳐 그 진위를 가리지 못했다면 모르되, 적어도 형기적으로 파악한 용세론이나 이기적 용세론에 입각해 내룡맥을 실측, 분석해도 다른 산소는 증조부모 산소의 용진혈적의 요건만큼 충족시키지 못했다.

법광사 인근의 9대 조부모산소는 석맥이 뻗쳐 아직 강유의 법도에 접근되지 못했다. 조모산소는 언뜻 형기적으로 진혈처로 보이지만 교구가 성립되지 못해 지기가 서릴 수 없는 지점이었다. 친산은 일반적으로 펑가하는 '무해지시'의 평범한 산소에 불과했다. 이 현 대통령의 증조부모 산소를 찾아가는 길은 그리 어렵지 않았다. 그의 증조부모 산소는 '**처사 월성이공, 배 월성김씨**'라고 표기됐다.

필자는 늘 그랬듯이 이번에도 주룡맥에서 혈처는 물론이고 근조산인 고주산까지 이르는 용맥과 성신의 본원을 먼저 살펴보기 위해 혈처에서 고주산의 용맥을 측정했다. 또

고주산은 어디로부터 본원이 발조 됐는지를 세심하게 살펴봤다. 작년에 전·현직 대통령의 생가와 선영의 테마로 간산기를 쓸 때 대구시 용진마을의 노태우 전 대통령의 생가터를 찾았다가 크게 도움을 받았던 임순만씨의 고향이 마침 포항이어서 또다시 안내를 받았기 때문에 이번 답산에 큰 힘이 됐다. 그의 친절함을 잊을 수 없다.

그런데 임씨와 토착민들조차 고주산이 그 유명한 비학산에서 크게 돌아 비룡한 연후에 솟아오르고, 거기서 증조부모 산소까지 용맥이 이어진 것이라고 여기고 있었고, 필자와 일행 또한 그렇게 판단했다.

이 곳을 다녀간 많은 풍수지리가들 마저도 이 산소를 '회룡고조형격'의 작혈로 소개하고 있었다. 하지만 고주산에 올라 멀리 북쪽을 바라보고는 내룡맥의 본원이 비학산이라고 여긴 것은 큰 오류임을 확인할 수 있었다. 또 지도에 나타난 산세에서도 어김없이 그 진위를 찾을 수가 있다.

고주산이나 비학산 모두가 그 본원은 태백산맥의 간룡인 영덕군 백암산(1003.7m)에서 비롯돼 경북 청송군의 주왕산국립공원의 주왕산을 거쳐 무포산, 바데산, 내연산, 향로봉을 지나 833.2m의 매봉에 다다른다. 그 대지룡맥이 '샘재' 직전에서 서쪽으로 분맥돼 괘령(869.1m)을 지나 다시 남쪽으로 선회해 762.3m의 수봉인 명산 비학산을 세운

다. 그리고 샘재 직전에서 분맥된 또 다른 지룡맥이 장구재(585.5m)에서 기복을 반복하다가 엿재에서 크게 결인한 다음 곧장 솟구쳐 올라 347.5m의 수봉 고주산을 우뚝 세운다.

이 고주산에서 낙맥, 비룡을 세 번 거듭해 3봉의 목성체의 빼어난 성신을 조금씩 낮게 세우고는 이내 낙맥, 살며시 내려앉아 평맥으로 돌변하면서 간룡의 9대 강령의 하나인 동·정(動·靜)의 조화를 형성한다. 머지않아 고요한 지점을 형성, 공급해온 땅기운을 서리게 하려는 징후를 보인 셈이다.[산도 참고] 필자는 고압선 철탑이 세워진 용맥부터 철저하게 심룡했다.

아무리 후룡이 출중하고 생기 넘쳐 내룡한다 해도 그 주룡맥에 실려 온 지기가 한곳에 서리게 하려면 그 용의 행도에 어김없는 규칙성이 교구통맥의 이법에 맞아야 하기 때문이다. 내룡 낙맥한 지룡이 동남방으로 머리를 트는가 했더니, 다시 동방맥으로 전신해 상당히 길게 내려오는가 싶어 생기를 잃은 것처럼 보였으나, 지기를 추스르고 세력을 강화시키기 위해 이른바 통천·지맥(통원맥)의 하나인 계축룡(쌍금룡)으로 전변하다가 다시 북동의 룡으로 머리를 틀더니 이전의 동방맥 좌측의 파쇄된 용맥(군인 참호의 흔적)이 다시 드넓고 후덕한 맥으로 되살아났다.

그리고 또한번 통원맥(계축룡)을 거쳐 마침내 산소에서 20~30m 지점에서부터 재빠르게 교구통맥의 법도에 따라 북동, 동으로 틀어서 좌선작혈의 남동맥으로 입혈해 내룡 맥에 실려서 잘 간직해온 땅기운이 빙글 서리는 지점에 당 도해 그 길고긴 용맥의 행도에 대단원의 마침표를 찍는다. 그 지점이 바로 이 현 대통령의 증조부모 산소가 들어서 있는 곳이다.

필자의 심룡 및 심혈의 안목과 그 준거가 정통 풍수지리 학의 용진혈적의 이치에 들어맞는다고 한다면 이 산소는 분명 이태교구의 진혈대지에 드는 곳이라고 해도 과언이 아니다. 묘소의 왼편에도 지기가 서린 것이 지기탐지기로 확인됐으니 남동맥의 혈입수가 상당히 길게 뻗쳐 있을 것 으로 짐작할 수 있다. 즉 艮寅→甲卯→巽巳→巳 혈입수로 입혈되었다.

필자 나름대로 용진혈적의 증거를 찾고 나서야 용맥을 실측하다가 땅벌에 쏘인 손목과 손목 부위의 통증을 느끼 기 시작했다. 다음 기회에 이 산소를 찾는 사람들은 주의 하기 바란다. 이 산소에서 전후좌우를 살펴보니 혈전에는 곡강천이 예사롭지 않는 수량으로 환포하며 돌아가고, 좌 선룡의 작혈에 우선수의 음양조화 합국으로 역관을 형성 하고 있다. 광활한 들녘으로 발달해서 혈처를 옹위하며 나

지막하게 산소를 옹위하는 안산과 그 너머로 창공을 찌를 듯이 수려하게 솟아 있는 비학산이 큰 날갯짓으로 혈처를 잘 포옹하고 있다. 이태교구의 용진혈적부터 대지명혈이라 했던가.

생가터(성장기터)가 명당의 양택이고 증조부모 산소가 이만하다보니 온갖 시련을 헤치고 대권주자로서의 입지를 굳혔을 것으로 풍수지리학적인 해석을 내리며 하산 길에 올랐다. 그렇지만 용맥상에 세워진 송전철탑과 군사시설로 인해 파쇄된 중간용맥의 상처가 매우 큰 아쉬움으로 남았다. 청룡과 백호가 산소를 에워싸 주지 못한 허전함은 용진혈적의 산소로서는 그리 큰 흠이 될 수 없다고 치더라도 용맥에 흉터가 있는 점은 안타깝기 그지없었다.

참고문헌

(저자; 가, 나, 다 순)

김갑천	편저	**양택비결**	명문당	2002
김동규	역	**인자수지**		
	역저	**지리나경투해**	명문당	
김두규	저	**한국풍수의 허와 실**	동학사	1995
	저	**우리땅 우리풍수**	동학사	1998
	역	**호순신의 지리신법**	장락	2001
김명제	역	**무기해**	명문당	1994
김석주	편역	**풍수지리 실무**	좋은글	2000
남궁승	역	**양균송의 의룡경**	신흥문화사	2007
노병한	저	**거림 풍수학 상·하권**	안암문화사	2005
신광주	저	**전통풍수지리학1,2,3권**		
심원봉	저	**주역강의**		
오상익	역	**장경**	동학사	1993
신 평	저	**신 나경연구**	동학사	1996
	역주	**지리오결**	동학사	1993
	역주	**풍수학 설심부**	관음출판사	1997
엄윤문	저	**명당잡는 법**	동양서적	1997
우영재	저	**지기를 해부한다**	관음출판사	2002

유종근 최영주	공저	한국풍수원리1,2권	동학사	1997
이규상	저	천하명당 여기에 있다	신아출판사	1999
이문호 최주대 박채양	공저	조상을 잘 모셔야 자손이 번성한다.	브레북스	2007
이세복 이우영	공저	정통풍수의 이론과 방법	동학사	1997
임응승	저	수맥과 풍수	유림	1998
장태상	저	풍수총론	전통문화사	2000
정관도	해설	무학대사 지리전도서	지선당	2002
조용헌	저	명문가 이야기	푸른 역사	2002
최명우	저	명당	수문출판사	1997
최창조	저	한국풍수사상	민음사	1984
		좋은 땅이란 어디를 말하는가	서해문집	1990
		한국의 자생풍수	민음사	1997
한중수	역	청오경	명문당	1996
저 자 미 상		무기경		
졸 저		'봉전과 떠나는 풍수기행'	남도일보사	2007 ~ 2009

정 일 균(鄭 日 均)

- 전남 구례 태생
- 순천사범학교, 광주교육대학교, 한국방송통신대학교 졸업
- 동아일보사 '비행청소년선도의 지혜모음' 논문당선('68)
- 국민훈장(황조근조) 수상(2003. 2.)
- 제 1회 한국사도상 수상(2002)
- '광주교육상' 수상(2002)
- 광주광역시교육청 초등교육국장, 금호초등학교장 역임
- 광주대학교 사회교육원 '풍수지리학' 강의
- 광주금호평생교육관 '풍수지리학과' 강의(11년)
- '봉전과 떠나는 풍수기행' 남도일보 81회 연재

- 연락처 H.P: 011-605-5253

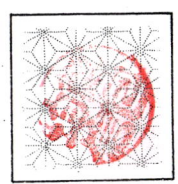

한국의 재혈풍수 ⑦

초판인쇄 2010년 10월 5일
초판발행 2010년 10월 15일

지은이   鳳田 鄭日均
펴낸이   소광호
펴낸곳   관음출판사

주   소 130-070 서울시 동대문구 용두동 751-14 광성빌딩 3층
전   화 02) 921-8434, 929-3470
팩   스 02) 929-3470
홈페이지 www.gubook.co.kr
E - mail gubooks@naver.com

등   록 1993. 4.8 제1-1504호
ⓒ 관음출판사 1993

정가 30,000원